콘텐츠 투어리즘 연구

애니메이션·만화·게임과 관광·문화·사회

일본대중문화총서 01

콘텐츠 투어리즘 연구

애니메이션·만화·게임과 관광·문화·사회

오카모토 다케시 편저 ｜ 엄인경 옮김

콘텐츠 투어리즘의 매력

> 콘텐츠 투어리즘은 사람이 '즐거움'을 끌어낼 수 있는
> 정보 '콘텐츠'와 얽힌 관광이며 현대 관광을 고찰하는 데
> 자극적인 시좌를 제공해 준다.

2000년대 후반 무렵부터 콘텐츠 투어리즘이 주목을 끌고 있다. 콘텐츠 투어리즘이란 일반적으로 애니메이션이나 만화, 영화, 캐릭터 등의 콘텐츠를 계기로 한 여행 행동이나 이를 활용한 관광 진흥을 가리킨다. 다양한 시도가 각지에서 이루어지며 정책적, 산업적으로도 주목받고 있다.

학술적 관심도 점차 높아져서 학회발표나 논문에서 그 연구 성과가 평가받고 있다[→09]. 『이야기를 여행하는 사람들(物語を旅するひとびと)』(마스부치[増淵], 2010), 『애니메이션·만화로 지역 진흥(アニメ·マンガで地域振興)』(야마무라[山村], 2011), 『n차 창작 관광(n次創作観光)』(오카모토[岡本], 2013), 『콘텐츠 투어리즘 입문(コンテンツツーリズム入門)』(콘텐츠투어리즘학회[コンテンツツーリズム学会], 2014) 등, 관련 서적도 출판되었다[→자료일람]. 2015년에 출판된 『JAPAN FORUM』(British Association for Japanese Studies의 심사 논문 잡지) 27권 1호에서는 「Japanese Popular Culture and Contents Tourism」이라는 특집이 편성되어 국제적 관심도 얻기 시작하였다.

대학 수업 내용에서도 콘텐츠 투어리즘을 포함하거나 수업 명칭에

콘텐츠 투어리즘이 붙는 과목이 생겼다. 편자가 소속한 대학은 물론이고 강의하러 가는 타 대학에서도 관광이나 콘텐츠에 관한 것을 교육하고 있는데, 그러한 가운데 콘텐츠 투어리즘에 관한 보고서나 졸업논문 테마로 콘텐츠 투어리즘을 다루고 싶다는 학생수가 해마다 증가한다는 인상을 받는다. 자치체나 기업 등에서 불러 강연회를 가게 되는 일도 늘었다. 콘텐츠 투어리즘을 연구하거나 실천하고 싶다는 분들로부터 적극적 질문을 받으면서 주목도가 높아졌다는 것을 실감한다.

이러한 상황에서 '콘텐츠 투어리즘을 실천하거나 연구하고 싶다'고 희망하는 지역 분들이나 학생들로부터 자주 문의를 받는 것이 '어떻게 조사, 연구를 진행하면 좋을지 모르겠다', '콘텐츠 투어리즘이란 무엇인지를 체계적으로 알고 싶다'는 것이었다. 앞에서 말한 것처럼 콘텐츠 투어리즘에 관련된 서적이나 논문이 세상에 나오지 않은 것은 아니다. 다만 아직 새로운 분야이므로 다양한 논자들이 독자적으로 연구를 진행하는 상태이며, 그 이론이나 조사 방법이 확립되지 않은 것이 실정이다.

다방면에서 기대를 한 몸에 받고 있는 콘텐츠 투어리즘이지만 연구해야 할 것도 많다. 콘텐츠 투어리즘은 현재도 진행 중인 현상이며, 날마다 다양한 시도가 나오고 있고 우리를 둘러싼 사회 환경이나 정보 환경도 변화해간다. 콘텐츠 투어리즘은 그와 관련된 사람들에게 반드시 좋은 결과만 초래한다고 볼 수도 없고, 콘텐츠를 활용한 지역 진흥이 무조건 성공하는 것도 아니다. 애초 성공과 실패의 기준이나 법칙도 확립되어 있지 않으며, 어떠한 방식이 최적일지 실천 속에서 모색이 지속되고 있다.

하지만 언제까지고 '잘 모르겠다'는 말만 계속할 수만도 없다. 콘텐츠 투어리즘이란 무엇인지, 어떠한 경위로 현재에 이르고 있는 것인지, 지금까지의 영화나 드라마 관광과의 유사점과 차이점, 어떠한 장점과 단점이 있는 것인지, 지속가능성은 있는지, 아니 지속시킬 필요성은 있는 것인지……. 다양한 질문거리로 생각할 토대를 만들고 조사연구나 실천이 활발하게 지속되어 가는 것이 중요하다.

이 책은 콘텐츠 투어리즘의 실천이나 연구를 실행하려는 분들을 위해 2015년 출판한『콘텐츠 투어리즘 연구 ─ 정보 사회의 관광 행동과 지역 진흥』의 개정증보판이다. 개정하면서 기존 내용을 업데이트하고, 새로운 사례나 개념을 추가함과 동시에 새로운 집필자들을 맞이했다. 총 30명의 연구 성과를 공유하고자 한다.

다양한 입장, 관점에 입각한 글들을 읽음으로써 콘텐츠 투어리즘의 다양성과 재미를 독자 여러분들이 느끼신다면 참으로 다행스럽겠다. 콘텐츠 투어리즘은 현재진행형으로 나아가고 있고 새로운 사례가 잇따라 계속 나온다. 그 한편으로 자유도가 높다는 점이나 무엇이 나올지 알 수 없다는 두근거림이 콘텐츠 투어리즘의 매력이기도 하다. 이 책을 계기로 독자 여러분들이 새로운 연구나 실천을 꽃피우게 된다면 더할 나위 없이 기쁠 것이다.

이 책이 성립하기까지 다양한 분들과 단체의 도움을 받았다. 우선은 집필을 담당해 주신 선생님들을 비롯하여 이 책에 관하여 지도와 편달을 해주신 여러분들께 감사 인사를 드린다. 그리고 이 책에 게재한 연구 결과를 얻는 과정에서 조사 작업에 협력해 주신 여러분들께도 깊이 감사드린다. 여러분들의 협력이 없다면 콘텐츠 투어리즘 연구의 진전은 없을 것이다. 이 책이 독자 여러분들께 모종의 도움이 되어 조금이라도 보은이 되기를 바란다.

2019년 2월 4일
오카모토 다케시

한국어판 서문

독자 여러분, 안녕하세요? 오카모토 다케시(岡本健)라고 합니다. 제가 책임 편저를 맡은 책이 번역되어 한국 독자분들에게 소개되어 매우 기쁘게 생각합니다. 콘텐츠 투어리즘에 관하여 공부하고 싶은 분, 연구하고 싶은 분, 실천하고 싶은 분, 즐기고 싶은 분들에게 도움이 될 수 있다면 더 바랄 나위가 없겠습니다.

이번 번역판 서문을 쓰면서 원서가 출판된 2019년 4월 이후의 이야기를 조금 덧붙이고자 합니다. 저는 지금 이 글을 2023년 7월 31일 아침, 좀비에 관한 텔레비전 프로그램 수록을 위해 교토(京都)에서 도쿄(東京)로 향하는 신칸센 안에서 쓰고 있습니다. 영화 〈부산행〉에서처럼 신칸센 안에서 좀비가 나타나지 않기를 기도할 뿐입니다.

저는 현재 오사카(大阪)에 있는 긴키대학(近畿大学)의 부교수입니다. 종합사회학부와 정보학연구소 소속이고, 담당하는 과목은 '미디어 문화론', '미디어 사회론', '이동과 사회', 'e스포츠' 등이며, 연구 대상은 콘텐츠 투어리즘, 좀비, VTube, 게임 문화 등입니다. 동시에 '좀비 선생님'으로서 VTuber 활동도 하고 있습니다. 대학 교원 중에서는 살짝 이색적인 존재일지도 모르겠습니다.

제가 대학의 교원이 된 것은 2012년 4월입니다. 2012년 3월에 홋카이도대학(北海道大学)에서 관광학으로 박사학위를 수여받았습니다. 그때 쓴 박사학위 논문 제목이 『정보 사회의 여행자 특징에 관한 관광사회학적 연구(情報社会における旅行者の特徴に関する観光社会学的研究)』였습니다. 제목에는 전혀 드러나지 않았지만 '애니메이션 성지순례'

필자와 좀비 선생님 아바타

에 관한 연구였습니다. 이 박사논문은 대폭 수정하여 2013년에 『n차 창작 관광(n次創作観光)』(北海道冒険芸術出版)이라는 책으로 출판되었습니다. 그 후 2018년에 박사논문과 연계한 버전이 『애니메이션 성지 순례의 관광사회학(アニメ聖地巡礼の観光社会学)』(法律文化社)이라는 학술서로 출판되었습니다.

관광학 박사학위를 수여받고 2012년 4월에 '관광 정책'이나 '관광 비즈니스'와 같은 과목을 담당하는 교원으로 교토분쿄대학(京都文教大学)에서 근무를 시작했습니다. 그 후 나라현립대학(奈良県立大学)을 거쳐 2019년 4월에 긴키대학에 부임하였습니다. 즉 이 책은 제가 지금의 대학에 근무하기 시작한 직후 출판된 것입니다. 그로부터 시간은 빠르게 흘러 벌써 4년이 경과하였습니다. 그동안 몇 가지 일들이 있었습니다. 콘텐츠 투어리즘에도 관련되는 사항을 소개해 두려고 합니다.

가장 큰 일이라면 역시 코로나 사태였습니다. COVID-19 팬데믹은 전 세계 사람들에게 커다란 영향을 주었습니다. 그런데 이렇게 사람들의 신체적 이동이 제한되었을 때, 오히려 이전보다 활성화된 이동이 있었습니다. 그것은 바로 인터넷을 통해 접속할 수 있는 '미디어 공간'이나 영화, 애니메이션, 게임, 만화 등의 '콘텐츠' 세계인 '콘텐츠 공간'으로의 '정신적 이동'이었습니다.

정액제로 콘텐츠를 송신받는 정기 구독 서비스나 YouTube와 같은 동영상 투고 플랫폼, 디지털 게임, 아날로그 게임 등이 많은 사람들에게 이용되었습니다. 사람과 물리적 거리를 두는 '사회적 거리두기'가 요청되었고 '불요불급의 외출'은 삼가야 했으며, '집 시간'을 보내는 방식을 모색하는 중에 이러한 놀이가 선택된 것입니다.

예를 들어 닌텐도에서 2020년 3월 20일 발매된 〈모여봐요 동물의 숲〉(이하, 〈모동숲〉)은 COVID-19 중에 대히트를 기록했습니다. 『패미통 게임백서 2021(ファミ通ゲーム白書2021)』(角川アスキー総合研究所編)에 게재된 「2020년 가정용 게임 소프트 판매수 TOP10」에 따르면 〈모동숲〉 패키지판과 다운로드판을 포함한 연간 추정 판매수는 9,020,260장으로 1위였습니다.

이는 COVID-19에 의해 '신체적 이동의 제한'이 발생하였고 이에 관한 산업이 큰 대미지를 입게 된 현상이었음을 말하는 한편, '미디어 공간'이나 '콘텐츠 공간'으로의 정신적 이동을 잘 디자인하면 새로운 형태의 '관광'이나 '이벤트'를 구상할 수 있다는 가능성을 시사합니다. e스포츠도 여기에 포함될 것입니다.

또 한편 코로나19 사태 속에서 대히트를 기록한 작품은 고토게 고요하루(吾峠呼世晴)의 〈귀멸의 칼날(鬼滅の刃)〉입니다. 이 작품은 현실 공간에서 사람들의 이동까지 촉진하게 되었습니다. 만화 최신판이 나오면 서점에 사람들이 모여들었고, 영화가 공개되면 사람들이 영화관으로 모였습니다. 그리고 다양한 공식 타이업 관광 기획이 실시되었습니다.

흥행수입 랭킹 1위가 된 〈극장판 귀멸의 칼날 무한열차편〉(2020)에서 그려진 이야기 무대가 '증기기관차 내부'였으므로 JR큐슈(九州)나 SL군마(群馬), 교토철도박물관과의 콜라보 이벤트가 실시되었습니다. 공식적인 타이업뿐 아니라 유저나 지역에 따른 작품과의 결합이 이루어진 행

〈귀멸의 칼날〉과 교토철도박물관 콜라보 이벤트에서 헤드마크가 '무한'이라고 붙은 증기기관차

사도 있었습니다. 이 작품 주인공인 카마도 탄지로(竈門炭治郎)의 성씨인 '카마도(竈門)'라는 이름이 들어간 신사를 팬들이 방문한 것입니다. 또한 작중에서 탄지로가 검술 수행을 한 결과 거대한 바위를 단칼에 두쪽을 내버리는 신이 있었던 덕에, 나라현(奈良県) 나라시(奈良市)의 야규 일도석(柳生一刀石)에도 사람들이 모여들었습니다. 작품과 관련된 장소로 사람들의 신체적 이동이 다양한 형태로 이루어진 것입니다.

이처럼 〈귀멸의 칼날〉과 관련된 콘텐츠 투어리즘에는 종래의 스탠다드한 애니메이션 성지순례와 다른 점이 있습니다. 그것은 여행자가 이동의 목적지로 삼는 장소가 '작품에 등장한 장소에만 한정되지 않는다'는 점입니다. 등장 캐릭터의 이름이나 에피소드 또는 등장하는 증기기관차 등 이야기의 '요소'와 관련지어서 여행자가 이동하거나, 관광진흥이 실시되었던 것입니다.

COVID-19는 사회의 다양한 측면에 영향을 주었는데, 이 점에서는 대학도 예외가 아니었습니다. 대학은 광범위한 지역에서 모여든 학생이나 교직원들이 커뮤니케이션을 취하는 공간입니다. 이러한 공간인 대학에서도 감염 확대를 억제하기 위해 '온라인 수업'이 도입되었

상) VTuber 스오 산고와 테마 파크 시마 스페인
　마을의 콜라보 이벤트 모습
하) VTuber 스오 산고와 테마 파크 시마 스페인
　마을의 콜라보 이벤트 특별 메뉴

습니다. 그러한 상황 속에서 저는 학생들이 즐겁게 수업에 참여할 수 있었으면 하는 생각에서 VTuber '좀비 선생님'으로서 수업 동영상이나 게임의 실황, 토크 이벤트 방송 등을 실시하기로 했습니다.

그렇게 시작한 VTuber 실천은 아주 흥미로운 문화현상이었으며, 연구 대상으로서도 매력적이었습니다. 그러는 사이에 이 분야에도 콘텐츠 투어리즘이 관련을 갖게 되었습니다. 2023년 2월 11일부터 버추얼 라이브 그룹인 '니지산지(にじさんじ)'에 소속된 VTuber '스오 산고(周央サンゴ)'와 미에현(三重県) 시마시(志摩市)에 있는 테마파크 '시마 스페인 마을(志摩スペイン村)'의 콜라보 이벤트가 실시되었습니다. 스오 산고가 YouTube 방송 중에 '사람과 교통편만 없는 최고의 테마파크'라고 형용한 장소에, 결과적으로 전년 대비 약 1.9배나 되는 23만 6천 명의 방문자가 2개월 만에 모여든 것입니다. 스오 산고와 시마 스페인 마을 사이에 직접적 관련성은 물론 없었습니다. 애니메이션 성지순례와 크게 다른 점이라면, 애니메이션에는 이야기라는 것이 있지만 VTuber에게는 캐릭터 설정은 있고 이야기가 없다는 점입니다.

저는 현재 이러한 연구를 하고 있습니다. 그리고 최신 사례를 포함한 새로운 서적도 기획하고 있습니다. 사실 신칸센 안에서 그 구상을 다듬는 중입니다. 콘텐츠 투어리즘 연구는 정말 흥미롭고 사회의 다양한 것들과 연결됩니다. 이 책이 여러분들의 관심을 불러 깨우고 여러분들이 연구하고 싶은 것을 자유롭게 수행하는 데에 조금이라도 기여할 수 있다면, 이 책을 쓴 보람이 있어 진심으로 다행이라 느낍니다. 여러분들의 훌륭한 연구 성과에 관하여 제가 알게 되는 날이 오기를 기대합니다.

마지막으로 고려대학교 엄인경 선생님에게 깊이 감사드립니다. 제 책을 번역하여 한국 여러분들에게 전달하여 주셔서 진심으로 고맙습니다. 또 이 책을 세상에 내보내 주시는 보고사 여러분들께도 감사 인사를 드립니다. 그리고 독자 여러분, 이 책을 손에 들고 읽어주셔서 고맙습니다. 이제 다음 페이지부터 흥미로운 콘텐츠 투어리즘 세계를 함께 즐겨봅시다.

2023년 7월 31일
오카모토 다케시

＊오카모토 다케시(2023), 「YouTuber, 게임 실황자, VTuber 등 복합적 현대 문화를 연구할 때 유용한 연구 방법 제안 ── 코로나19 때 VTuber '좀비 선생님'에 따른 정보 공간의 필드워크」〔岡本健(2023), 「YouTuber、ゲーム実況者、VTuberなどの複合的で複雑な現代文化を研究する際に有用な研究手法の提案 ── コロナ禍におけるVTuber「ゾンビ先生」による情報空間のフィールドワーク」, 『近畿大学総合社会学部紀要: 総社る』11巻 第2号, pp.15~30.【다운로드URL】http://doi.org/10.15100/00023608〕.

목차

제1부 콘텐츠 투어리즘의 연구 가능성과 과제

제2부 콘텐츠 투어리즘의 기초

제3부 콘텐츠 투어리즘의 연구 방법

제4부 콘텐츠 투어리즘의 현장

제5부 콘텐츠 투어리즘 연구의 전개

01 콘텐츠 투어리즘을 연구하다

▌콘텐츠 투어리즘의 정의

콘텐츠 투어리즘이란 무엇인가? 이 질문에 관하여 먼저 생각할 필요가 있는 것이 '콘텐츠란 무엇인가?'이다. '콘텐츠'란 정보 내용이라는 의미이며 이 말이 사용된 배경으로 디지털화와 네트워크화가 진전된 것을 들 수 있다(하세가와[長谷川]·후쿠토미[福富], 2007). 다른 미디어 사이를 유통하게 된 정보 내용을 표현하기 위한 말이다. 그렇다고는 해도 '정보 내용'이라면 넓은 의미에서는 세상에 존재하는 거의 모든 것을 가리키는 말이 되어 버린다.

콘텐츠의 정의는 다양한데, 2004년에 성립한 〈콘텐츠의 창조, 보호 및 활용 촉진에 관한 법률〉 안에 '영화, 음악, 연극, 문예, 사진, 만화, 애니메이션, 컴퓨터 게임, 기타 문자, 도형, 색채, 음성, 동작 혹은 영상 혹은 이들을 조합한 것, 또는 이에 관련된 정보를 전자계산기를 매개로 하여 제공하기 위한 프로그램(전자계산기에 대한 지령으로, 하나의 결과를 얻을 수 있도록 조합한 것을 말한다)이며, 인간의 창조적 활동에 의해 만들어진 것 중에서 교양 또는 오락의 범위에 속하는 것'이라는 내용이 있다.

다른 용어의 정의와 마찬가지로 '콘텐츠'도 해당 시기 논의에 최적의 형태로 정의되고 있다. 다양한 논자들에 의해 콘텐츠가 정의되었는데, 그들의 공통되는 특징을 정리하면 '정보가 어떠한 형태로 창조

·편집된 것이며, 그 자체를 체험·소비함으로써 즐거움을 얻을 수 있는 정보 내용'이라고 할 수 있다. 그리고 그것이 현실 공간에서 결실을 맺으면 아날로그 콘텐츠가 되고, 정보 공간에서 결실을 맺으면 디지털 콘텐츠가 된다(오카모토[岡本], 2013).

즉 콘텐츠 투어리즘이란 위와 같이 정의할 수 있는 '콘텐츠'를 동기로 한 관광이나 여행 행동, '콘텐츠'를 활용한 관광, 지역 진흥을 가리키는 말이라 할 수 있다. 이것은 상당히 폭넓은 정의이다. 왜 이렇게 정의해 두어야 하는가? 그것은 콘텐츠 투어리즘 연구에는 향후 등장할 다양한 사례를 포함하면서 콘텐츠와 관광에 관한 자유롭고 활발한 논의를 할 가능성이 열려 있기 때문이다. 현시점에서 협소하게 정의를 내려 버리면 그에 들어맞지 않는 대상이 논의의 범위 밖으로 밀려버릴 위험성이 있다.

▌관광과 미디어, 콘텐츠

관광학 중에서 관광과 미디어에 관한 연구는 활발히 이루어졌다. 관광이 미디어에 의해 평가된 것을 확인하는 행동이 되었다는 것이 지적되었고(부어스틴, 1964), '관광의 시선'이 미디어에 의해 구축되며 재생산된다는 것도 지적되었다(어리, 1995). 그 후 미디어에 의해 지역 이미지가 어떻게 정해지는지, 어떻게 여행 행동이 유발되는지에 관하여 다양한 논의가 이루어졌다(야마나카[山中], 1996; 나카타니[中谷], 2010 등). 그리고 영화나 텔레비전, 잡지 등의 미디어뿐 아니라 인터넷 웹이나 게임 등 새로운 미디어에 관한 분석도 필요해지고 있다(엔도[遠藤], 2004).

관광이라는 행위가 사전에 관광 목적지의 정보를 어떠한 방법으로 얻고 나서 행하는 것인 한, 그 견해는 필연적으로 미디어의 영향을 받게 된다. 또 그 한편으로 어떠한 미디어 환경에 둘러싸여 있는가에 따라 영향을 받는 방식이 달라진다. 일본에서는 2000년대 후반부터 관광 정보원으로서 인터넷의 존재감이 증가했다(오카모토[岡本], 2009). 또한 정보원으로서만이 아니라 인터넷에 접속할 수 있는 단말기의 모바일화, 멀티미디어화한 결과, 여행자나 지역의 개인들이 다양한 정보를 관광의 사전, 도중, 사후에 발신할 수 있게 되었다. 관광에만 한정된 것이 아니라 개인이 텍스트, 사진, 동영상, 음성 등으로 비교적 용이하게 정보를 수집, 편집, 공개하는 것이 가능한 상황이 되었으며, 또한 그것이 많은 사람들에게 시청된다. 무언가를 위한 수단적 정보뿐 아니라 사람을 즐겁게 만드는 '콘텐츠'에 관해서도, 아마추어가 제작한 것을 프로가 만든 것보다 많은 사람들이 시청하고 즐기는 일 또한 드물지 않게 되었다. 바야흐로 미디어 사업자나 관광 관련 사업자만이 정보를 발신하는 상황이 아니게 된 것이다.

이러한 상황에서 관광과 미디어, 콘텐츠는 어떻게 서로 관련되고, 사람은 그 안에서 어떻게 생활하는 것일까?

▌ 콘텐츠 투어리즘 연구의 의의

콘텐츠 투어리즘은 디지털화와 네트워크화가 진전된 정보 사회에서 특징적인 관광이라 할 수 있다. 이러한 배경에서 생긴 '콘텐츠 투어리즘'이지만, 뒤집어서 생각해 보면 애초에 '관광'을 생각할 때 '콘텐츠'에 관하여 지금까지 별로 사고한 적이 없다는 것을 알아차릴 수 있다.

이미 앞에서 '콘텐츠'를 정의했는데, 이 콘텐츠에서 즐거움을 얻을

지 아닐지는 그 체험자에게 맡겨진 상황이다. 어떤 작품에 관한 감상
은 사람에 따라 다양하다. 아무리 저명한 크리에이터가 만든 영화라
도 시시하게 생각하는 사람이 있기 마련이고, 아마추어가 만든 동영
상이라도 재미있다고 평가하는 사람도 있다. 어떤 정보가 '콘텐츠'가
되느냐 아니냐는 체험자에 의해 결정된다(오카모토[岡本], 2014).

마찬가지로 관광에 관해서도 이 사고방식이 들어맞게 되었다. 이
전에는 관광 대상으로 간주하지 않던 것이 관광 대상이 되는 케이스
를 볼 수 있다. 예를 들어 공장이나 맨홀과 같은 인공물을 그 본래의
의미나 기능, 문맥에서 떼어놓고 애호하는 태도가 대표적이다. 권위
를 가진 유명 관광지가 아닌 장소가 관광 목적지가 되고, 미디어 산업
이나 관광 산업의 의도와는 다르게 즐기는 방식을 선택하는 여행자
가 나타난 것이다. 관광 대상이나 공간의 의미는 다양한 사람들의
퍼포먼스 집합에 의해 구축되고 있다(호리노[堀野], 2014, 2015).

이러한 상황에서 사람은 어떠한 사항들로부터 '즐거움'을 끌어내
는 것인가? 그리고 그 '즐거움'을 동기 삼아 어떻게 이동하는 것인가?
이를 정면에서 다룰 필요가 있다. 이러한 틀에서 콘텐츠와 투어리즘
에 관하여 생각하는 것이 콘텐츠 투어리즘 연구이다. 이는 인터넷이
발달한 현대 사회에만 한정되지 않는다. 개념 자체는 정보 사회와
관련하여 탄생한 것이지만 '즐거움'에 착안한 시점으로써 과거로 거
슬러 오르는 것 또한 가능하다.

물론 다룰 수 있는 콘텐츠도 애니메이션에 국한되지 않는다. 영화
나 드라마, 소설, 만화, 게임 등 여러 가지다. 나아가 이른바 '작품'이
아니더라도 사람이 즐거움을 끌어낼 대상이라면 콘텐츠 투어리즘 연
구의 범주가 된다(오카모토[岡本], 2014). 그렇지만 처음부터 모든 콘텐
츠를 총체적으로 다루는 것은 범위가 지나치게 확장되기 때문에 무

▌ 도야마(富山) 애니메이션 성우 토크 &
미니 라이브와 성지순례의 경제효과

콘텐츠 투어리즘 연구학회는 2014년 9월 7일에 도야마에서 대회를 개최했다. 당일에는 오전에 〈제1회 콘텐츠 투어리즘 연구학회 설립 기념 대회〉(참가자 86명)를, 오후에는 〈유루유리(ゆるゆり)〉[1] 토크 & 미니 라이브 개최 및 도야마 성지순례를 실시했다.

토크 & 미니 라이브는 도야마 국제회의장에서 이루어졌고 입장객은 1,624명, 입장료는 S석 4,000엔, A석 3,500엔, B석 3,000엔이었다. 성지순례는 도야마의 각 시(市)나 조(町)에서 시행했다. 앙케트는 토크 & 미니 라이브 회장에서 수거했으며 입장객 1,624명 대비 회답수는 596건(회수율 36.7%)[2]이었다. 참가자는 8할이 도야마현 외의 사람이 었으며 도쿄 270명, 수도권 691명으로 추정[3]할 수 있었다. 해외는 홍콩에서 2명(같은 날 개최된 학회에는 싱가포르에서 1명 참가). 토크 & 미니 라이브를 포함한 성지순례의 숙박과 지출액은 총계 5,971,500엔이었으며(백지 회답 70을 제외), 총 참가자수 1,624명으로 환산하니 추정액은 18,436,722엔이었다. 회장까지의 교통기관(복수 회답 가능)은 전철이 299명, 버스 128명, 비행기 40명, 자동차 206명, 기타 27명이었다([그림 02-1]). 1,624명으로 추정하면 전철 815명, 버스 349명, 비행기 109명으로 생각할 수 있다. 렌터카로 합승한 성지순례의 경우도 많았다.

---

1 도야마현을 무대로 한 여중생 4명의 일상을 그린 만화·애니메이션 작품.
2 〈유루유리〉 토크 & 미니 라이브는 같은 날 2회 개최했으므로 2회 모두 참가한 팬이 있을 가능성이 있다. 그 때문에 위의 회수율은 보다 높을 가능성이 있다. 따라서 이하의 경제효과는 최대 경제효과일 가능성이 있다.
3 '수도권'이나 '호쿠리쿠 신칸센 연선(北陸新幹線沿線)'은 도쿄를 포함하며 배타적이지 않으므로 총수는 회답수보다 많다.

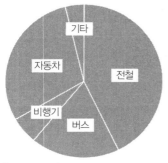

[그림 02-1] 회장까지의 교통수단

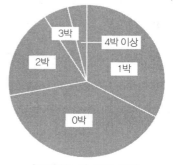

[그림 02-2] 여행 일정

여행 일정은 가까운 도야마현 현민, 이시카와현(石川県) 현민을 제외하면, 0박 147명(30.9%), 1박 177명(37.1%), 2박 85명(17.9%), 3박 23명(4.8%), 4박 이상 18명(3.7%, 연 숙박수 102박)([그림 02-2]). 도야마현 현내 등을 추가하면 과반수가 당일치기이다. 합계 576명(백지 회답을 제외)이 520박이므로 전체적으로는 1,624명이 대략 1,465박을 한 것으로 추정된다. 콘텐츠 투어리즘 연구학회가 도야마에서 한 행사에서는 ①애니메이션 성지순례 및 ②이벤트 결산이 흑자였다는 두 가지 측면에서 큰 경제효과가 있었다고 할 수 있다.

▌도야마에서의 애니메이션 성우 토크 & 미니 라이브 개최까지의 프로세스

앞 절에서 〈유루유리〉 토크 & 미니 라이브를 실시한 결과 큰 경제효과가 있었다고 기술했는데, 그 개최까지의 프로세스는 어떠했을까? 이번 절에서는 콘텐츠 이벤트 기획·실시 방식에 관하여 이야기하고자 한다.

바야흐로 콘텐츠 투어리즘은 지역 활성화와 정보 발신의 유효한 수단, 방법의 하나로 많은 연구자나 대학원생이 연구를 진행하고 있으며, 지역 활성화를 바라는 지역 기업이나 상공회도 주체적으로 활동하는 등 적극적으로 추진되고 있다.

콘텐츠 투어리즘 연구학회는 '실제로 콘텐츠 투어리즘에 관한 이벤트를 하고 그 데이터를 수집, 분석, 발표하는' 것을 특색으로 하며, 설립기념대회(이하 '본대회') 같은 날 오후부터 〈콘텐츠 투어리즘 연구학회 프레젠츠 유루유리 나나모리중학교(七森中)☆오락부 토크 & 미니 라이브〉(이하 〈이벤트〉)를 개최했다.

〈유루유리〉는 도야마현 출신 만화가 나모리(なもり)가 그린 여중생들의 느슨한 일상생활을 그린 작품으로 만화책 누계 매출은 100만 부를 넘는다(2011년 12월 현재). 만화나 애니메이션에서는 다카오카시(高岡市)의 JR 도야마역이나 쇼핑센터 등 도야마현에 실재하는 건물, 도야마 명산품을 사용한 언어유희(현지 라면 도야마 블랙, 흰 새우, 송어 초밥 등) 등을 거론할 수 있으므로 분명 콘텐츠 투어리즘의 대상이다.

그렇다면 이벤트를 개최하기 위해서는 어떻게 하면 좋은가? 대학의 축제나 서클 활동 같은 가벼운 접근으로는 어렵다. 이하 이벤트 스태프 시점에서 논하고자 한다.

본 이벤트의 전체적인 회의는 도야마대학(富山大学)에서 여러 차례 개최되었고 그 외의 논의는 때마다 메일이나 전화로 하였다. 이벤트 개최의 목적이나 예상되는 결과, 스태프 후보자의 선정, 본 연구학회 개최를 향한 단계 확인 등 모든 것을 처음부터 하나씩 차근차근 생각했다. 이외에도 지역 기업 관계자가 〈유루유리〉 관계자와 교섭하기 위해 상경하는 등 교섭에서 자료 작성이나 여비 등의 비용이 들었고, 그 비용을 어떻게 충당할 것인가에 관해서도 논의했다.

이벤트 개최에서는 '기획안이 가장 중요'하다. 기획안은 관계 각소에 제시하여 이벤트 개최에 이해·협력을 요구하는 '초안'과 같은 기능을 맡는 것이므로, '이벤트 개최의 목적'이나 '개최 결과 무엇을 얻을 수 있는가' 등을 써야 한다. 이러한 것들이 콘셉트가 되고 그 콘셉트에 기초하는 5W3H(Who, When, Where, What, Why, How, How much, How many)로 간단한 그랜드 디자인을 그리며 대략적인 골격을 만든다. 또한 SMART 법칙이라 일컬어지는 Specific(구체적이고 알기 쉬운), Measurable(수치로 내서 계측 가능한), Agreed upon(합의, 동의가 있으며 달성 가능한), Realistic(현실적인 결과 지향), Timely(기한이 명확한)를 이용하여 살을 붙여나간다. 이렇게 하면 최소한의 기획안이 완성된다.

이번 이벤트를 5W3H와 SMART 법칙에 적용해 보면, '누구를 부르고 싶으며, 그 개런티는 얼마인가', '그 팬의 수는 몇 명이며 몇 명 정도의 팬이 참가해 줄 것인가', '이벤트 내용은 어떠한가', '그 이벤트를 언제, 어디에서 개최하는가', '협찬이나 보조금은 필요한가', '기획안을 보여줄 지역 관계자는 누구인가', '지역 기업에 협력 의뢰할 것인가, 그 개런티는 얼마인가' 등이 구체화된다.

우선 보조금은, 관광이나 컨벤션에 주력하는 지방자치체가 있다면 관계하는 담당부서를 소개해 줄 것이다. 담당자에게 기획안을 보여주고 '무슨 목적으로 이벤트를 개최하는 것인가'나 '참가 예상 인원수' 등을 설명하다 보면 '지역 이외로부터 방문객인가' 혹은 '보조 대상이 되는 이벤트인가' 등의 여러 조건을 클리어할 수 있는지 없는지 알 수 있다. 그 조건을 클리어할 수 있다면 방문자 수에 따른 보조금을 얻을 수 있다. 위의 이벤트에서는 보조금을 받을 수 없었지만, 본 대회는 도야마현 이외에서 찾아온 참가자 수에 따른 보조금을 받았다. 본 대회의 목적을 '학술학회가 설립한 기념대회를 개최하고 콘텐츠 투어리즘의 실증 실험을 하는 것(본 이벤트 개최 시의 앙케트 조사로부터)'으로 하고, 그 결과는 '콘텐츠 투어리즘에 의해 〈유루유리〉 팬들이 도야마현에 어느 정도의 경제효과를 초래했는지 앙케트 조사의 분석으로 판명된다'고 보아 앞 절과 같이 분석했다. 이 보조금으로 본 대회 개최 장소 렌탈 요금이나 인쇄비 등을 대고 개최 비용 전액을 충당할 수 있었다.

다음으로, 지역 기업과의 연계는 콘텐츠 투어리즘 연구학회장 세이케 아키토시(淸家彰敏, 도야마대학 경제학부 교수)의 세미나를 들었던 사람이 경영자인 지역 기업, 이벤트 개최에 전문지식, 노하우를 가진 지역 광고회사, 미디어 기업의 출신자 등과 연계해 주었다. 또한 도야마대학 경제학부 출신의 지역 관계자들이 도야마 정재계에서 열심히 설명하는 자리를 갖는 등, 도야마 내부의 인적 파워나 네트워크가 본 이벤트 개최에 커다란 원동력이 되었다.

그리고 본 연구회의 관계자(대학 교직원이나 학생)가 그랜드 디자인을 담당하고, 어떻게 실현할 수 있는지 경로를 세웠다. 이때 지역 기업의 지원을 받고 권리처분을 확실하게 하면서 보다 구체적인 계획을 세울 수 있었다.

이렇게 이벤트 개최를 향하여 '우리가 할 수 있는 것은 어디까지인가? 누군가의 협력을 얻지 못하면 실현할 수 없다고 볼 때 어디까지 협력을 요구할 것인가?'를 명확히 하고 기획안 내용에 각 담당자를 정했으며, 그 담당자가 생각한 것을 기획안에 반영시키며 한 발 한 발 착실하게 실현할 수 있도록 해 간 것이다.

이번 이벤트를 일단 성공으로 이끈 요소로서는 ①정재계(국회의원, 지방자치체의 각 담당부서, 기업·경제계), ②〈유루유리〉의 권리 관계자(특히 주식회사 포니 캐니언), ③자원봉사 스태프와 같은 본 이벤트 관계자들과 ④일본 전국의 〈유루유리〉 팬이라는 4자 간 이해와 협력을 얻을

수 있었던 점, '이 이벤트를 성공시킨다, 문제를 일으키지 않는다·
일으키지 않게 한다'는 공통 인식이 있었던 점 등이 아닐까 생각한다.

▌세계로부터의 호객

일본에서 제작되는 수많은 애니메이션은 일본의 일상적 생활 문화
를 배경으로 한다. 관광청에 따르면 일본을 찾는 관광객의 만족도
조사에서는 '일본의 생활 문화 체험'이 가장 높다고 하며, 일본의 만화,
애니메이션이 전 세계에서 관광객을 데려오는 셈이다. 일본은 섬나라
라서 항만과 많은 관광지가 근접해 있으며, 크루즈에 최적화되어 있다.
일본 각지 49곳 항구에는 호화여객선이 기항하며 1인당 3~4만 엔을
소비한다. 참고로 〈유루유리〉 토크 & 미니 라이브 1,624명 참가의
경제효과 1,800만 엔은 호화여객선 '아스카(飛鳥) Ⅱ'의 승객 900명이
기항했을 때의 절반에 해당하는 경제효과이다.

도라에몽은 중국, 닌자 핫토리 군은 인도 아이들에게 어마어마한
아이돌이다. 배 안에서는 애니메이션을 상영하고, 매일 캐릭터와 놀
수 있으므로 아이들은 매우 좋아한다. 평생의 추억이 되는 것이다.
유럽에서 북극해를 빠져나와 호화여객선이 온다. 독일인 경제 엘리
트의 마음속에는 일본 애니메이션 〈알프스의 소녀 하이디〉가 자리
잡고 있다.

▌세계로부터 찾아오는 애니메이션 성지순례
―디즈니와 일본 애니메이션

전 세계 사람들의 어릴 적 세상을 애니메이션으로 빛나게 만들어준

것은 디즈니 애니메이션과 일본 애니메이션 두 흐름이었다. 디즈니 애니메이션은 엘리트 집단이 분업하여 만들어냈고, 일본 애니메이션은 저소득 대중 오타쿠 집단이 싼값으로 만들어왔다. 엘리트가 대중에게 애니메이션을 전달하는 디즈니와, 대중이 대중에게 애니메이션을 전달하는 일본의 차이가 바로 여기에 있다. 〈유루유리〉의 토크 & 미니 라이브에서는 참가자 1,624명의 과반수가 애니메이션 산업에 관여하고 있거나 관여하기를 희망하고 있었다([표 02-1]).

[표 02-1] 애니메이션 산업에 관여하고 싶은가? (전체 596명)

이미 관여하고 있다	35	5.9%
경제적인 문제와 상관없이 관여하고 싶다	69	11.6%
불안 요소가 없다면 관여하고 싶다	208	34.9%
과거 관여했었다	12	2.0%
기타	145	
백지	127	

디즈니가 영화 흥행 네트워크와 디즈니랜드를 무기로 세계전략을 마련하는 것에 비하여, 일본은 만화책과 디지털 게임의 상승효과로 세계에 각개 전투식으로 확대하는 식이라 뚜렷한 전략이 없다. 그러나 엘리트가 창작하는 디즈니 애니메이션에 비해 방대한 수의 서민들이 창작에 참가한다.

한편 세븐일레븐은 미국 브랜드였다. 그것이 일본의 세븐일레븐 재팬에 의해 일본 브랜드가 되었고, 현재 세계 최대의 편의점이 되었다. 유니버설 스튜디오 재팬은 미국 브랜드이지만, 일본 애니메이션 이벤트의 확대에 의해 점령되는 중이다. 가까운 미래에 유니버설 스튜디오 재팬이 일본 브랜드가 되어 콘텐츠 세계를 제패할 것이다.

그런 미래의 꿈을 꾸어본다.

세이케 아키토시(淸家彰敏)·마스모토 다카시(增本貴士)

* 이 장은 제1·2·4·5절은 세이케 아키토시가 집필하고, 제3절 도야마에서의 애니메이션 성우 토크 & 미니라이브 개최까지의 프로세스는 마스모토 다카시가 집필했다. 여기에 기재하여 본 장이 공저라는 것과 각 절의 담당자를 밝혀둔다.

03 콘텐츠 투어리즘과 경영학

콘텐츠 투어리즘은 관광학 중에서도 새로운 학문 대상으로 애니메이션 무대를 탐방·관광하는 '애니메이션 성지순례'의 의미가 강하며, 이러한 점에서 무대 탐방이 지역 활성화의 한 수단으로서 주목받고 있다. 이는 '애니메이션'이라는 '어린이'가 보는 텔레비전 프로그램을 '어른'들도 시청하고 있으며, 자신이 처리할 수 있는 시간과 금전 등을 가지고 탐방·관광할 수 있는 어른(이 시점에서 애니메이션 성지순례자, 애니메이션 무대지 탐방자가 된다. 이하 '순례자')을 대상으로 한 관광 행위임을 알 수 있다. 나아가 순례자가 해당 지역에서 소비를 한다면, 즉 돈을 써준다면, 해당 지역 외에서의 소비를 불러들이는 것이므로 지역 상점이나 조직(이하 '지역주민')이 비즈니스 기회를 잡고 순례자를 대상으로 하는 경영에까지 나서는 움직임을 보이기 시작했다.

이 움직임은 대단히 자연스러운 일이다. 순례자의 음식이나 관련 상품 구입 등을 지역주민이 지원하고 대가를 얻는 것은, '"순례자의 수요"와 "지역주민의 공급" 밸런스를 취하'는 것이 된다. 또한 '지역주민 누가 무엇을 판다'는 정보가 웹(web)으로 유통되면 '순례자의 누군가가 지역주민의 공급을 살 것이다'라는 추측이 성립되며 판매를 향한 준비를 하게 된다. 즉 매매 정보가 모이고 사고 싶은 사람과 팔고 싶은 사람이 생기게 되므로 시장이 성립한다고 생각해도 된다. 여기에 비즈니스가 있으며 '경영'이 있게 된다.

팬이 작성한 다양한 성지순례 가이드북

그렇다면 '경영'에 관하여 경영학 학술적 어프로치로 콘텐츠 투어리즘을 파악해 보자.

앞에서 말한 것처럼 '순례자의 관광, 소비 행동에 의해 지역 활성화가 가능하지 않을까' 하는 사고방식은, 드러커(Drucker)의 '고객 창조'에 가깝다. 즉 지역의 명산품을 사용한 한정 상품을 만들거나 판매함으로써 순례자가 성지순례 기념으로 구입하리라는 것을 예상할 수 있으며, 또 '그 상품을 갖고 싶다'고 순례자가 생각하게 만드는 것은 상품에 대한 요구를 낳게 된다. 이는 '요구 자체를 낳을 만한 상품을 제공함으로써 고객에게 만족을 주는 것'으로 해석할 수 있으며, 이벤트 등에 맞추어 추가로 만들거나 판매하면 지속적으로 만족을 주게 된다. 이것이 바로 '고객 창조'이다.

여기에서 '마케팅'이 필요해진다. 원래 마케팅은 '고객이 무엇을 사고 싶어 하는가?'를 묻는 것에서 시작되는 것이기 때문이다.

　우선, 고객의 현상과 가치관을 이해한 다음 잠재적 요구를 정확히 파악하고, 그 요구에 맞는 상품을 제공함으로써 '사고 싶다'고 생각하게 만들어 팔리게 한다.

　다음으로, 팔리기 위해서는 '사람들은 무엇에 충족되지 않았는가'나 '사람들은 무엇을 사고 싶은 것인가'를 조사하여 고객이 필요로 하는 '가치'를 찾아낸다.

　그리고 잠재적인 요구는, 데이터 분석과 현장에 직접 가서 관찰하여 알게 된 주관적 정보를 논리적으로 링크시켜 파악한다. 이렇게 함으로써 '고객이 무엇을 바라는 것인가'나 '고객을 만족시키려면 어떻게 해야 하는가'를 알게 된다. 그 방법으로 '로지컬 씽킹'이 있고, '로직 트리'[그림 03-1]로 정리하거나 '인과 루프도'로 인과관계를 선으로 이어 명확히 하는 등 '가설 사고'로 사항을 파악하는 것이 유효하다.

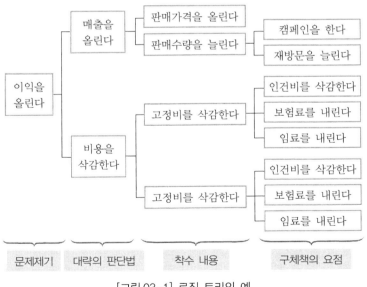

[그림 03-1] 로직 트리의 예

팬이 와시노미야초 지역 상점에 가지고 온 상품들

이러한 흐름을 거쳐 지역주민은 순례자에게 '이노베이션'을 일으키게 된다. '이노베이션'은 오랫동안 '기술 혁신'으로 번역되어 신기술에 관한 것이라 여기기 쉽지만, 이 말을 처음 정의한 슘페터(Schumpeter, 1977)에 따르면 ①창조적 활동에 따른 신제품 개발, ②새로운 생산방법의 도입, ③새로운 마켓의 개척, ④새로운 자원 공급원의 획득, ⑤조직 개혁을 거론하며 기업가(entrepreneur)가 기존 가치를 파괴하고 새로운 가치를 창조해 가는 것(창조적 파괴)이 경제 성장의 원천이라고 했다. 따라서 '새로운 가치를 창조하고, 고객을 만들어내는 활동'이라 할 수 있으며, 기존 상품의 새로운 용도를 발견하는 것이나 순례자가 원하게 되는 상품을 새롭게 만들어 판매하는 것도 이노베이션이다.

예를 들어 사이타마현(埼玉県) 구키시(久喜市) 와시노미야(鷲宮)(구

〈러키☆스타〉신여가 운반되는 와시노미야초 하지사이

와시노미야초)는 〈러키☆스타〉의 애니메이션 무대 성지로 유명하며 '츤다레 소스'를 지역 상점에서 판매하고 있다. 츤다레 소스의 내용물이 되는 소스는 종래 제조법이 이미 있는 것이었지만, 소스를 담은 병 라벨에 〈러키☆스타〉에 등장하는 캐릭터를 인쇄하고, '캐릭터의 그림'과 '비틀기'—츤데레 캐릭터의 성격을 드러내는 말을 비틀어서 츤다레라고 하면서, 일본식 소스를 나타내는 '다레'라는 뜻도 담았다—로 새롭게 만듦으로써 순례자의 마음(요구)을 사로잡아, 누계 5만 병 이상의 매출을 올렸다. 즉 이전부터 있던 소스를 〈러키☆스타〉로 새롭게 상품화하여 순례자에게 판매함으로써 누계 5만 병의 매출을 올린 것은, '최소의 자원으로 큰 성과를 올리는 궁리'를 하여 순례자가 원하게 되는 상품으로까지 승화시킨 이노베이션이다.

한편 드럭커는 이노베이션에 관하여 ①예기치 못한 성공, 실패, 사건, ②갭을 찾는다, ③요구를 발견한다, ④산업구조의 변화를 안다,

⑤인구 구조의 변화에 착안한다, ⑥인식 변화를 파악한다, ⑦새로운 지식을 활용한다를 거론했다(우에다, 2009). 이 일곱 가지를 종합적으로 고찰해 보자.

우선, 평소라면 알아차릴 일이 거의 없을 만한 작은 변화를 알아차리는 것이 중요하다. '애니메이션 같은 것은 아이들이 보는 것'이라는 구태의연한 고정관념으로밖에 생각하지 못한다면, 작금의 콘텐츠 투어리즘 현상을 이해하기란 어렵다. 지금은 다종다양한 제품, 서비스가 존재하며 가치관이 다양화되고 있다. 이는 '시간의 흐름'이며 나날이 계속 변화하는 것이므로 그 움직임을 쫓으면서 새로운 가치 창조를 할 수 있는 정보를 얻어야 한다. 그렇게 하면 예기치 못한 성공, 실패, 사건이 생기고, 어떻게 회복할 것인가에 따라 다음 수단이 결정된다. 그 리스크를 없앨 수 있다면 원상 복구될 수 있고, 퍼스트 무버 어드밴티지(First Mover Advantage)[1]도 얻을 수 있다.

다음으로 새로운 가치에는 다양한 가치관이 반영되므로 마땅한 모습과 현실의 괴리를 생각할 수 있다. 쉽게 말하면 '상식을 의심하라'는 것이다. 예를 들어 지금까지는 스커트 길이가 길었던 것이 짧아지거나, 간호사의 흰색 옷이 핑크색으로 바뀌는 등 이러한 일들은 드물지 않게 되었다. 더욱이 텔레비전이나 패션잡지에서 다루어지면서 '예쁘다'는 가치관이 매스컴을 통해 발신되고, 그 정도 길이나 색깔도 괜찮지 않겠느냐 하는 허용을 낳았다.

또한 요구는 존재하지만 '정말 그것을 사람들이 찾을 것인가?' 하는 의문이 생긴다. 그 회답은 사람들이 소비하느냐 아니냐 하는 '시장'에서 판명된다. 이는 '사람들 입장에서 가치란 무엇인가?'를 추구하는 것이

---

1   어떤 시장에 처음 참여함으로써 얻을 수 있는 이익이나 메리트. 선발 우위성, 선행
     자 이익이라고도 한다.

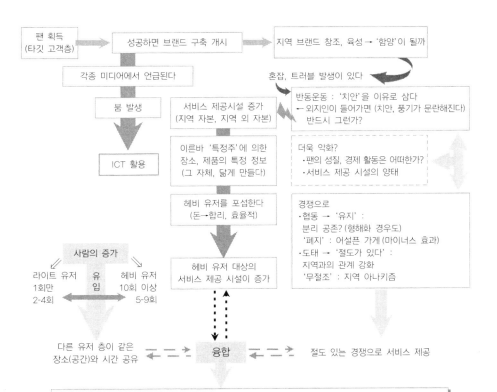

[그림 03-2] 순례자와 지역주민 커뮤니케이션 흐름

되고, 시장에서는 사람들의 판단의 결과가 판명되며, 고객의 사고가 드러난다. 드러커는 '고객이 가치가 있다고 생각하는 것은 그들만이 답할 수 있다. 억측해서는 안 된다'고 하였는데, 고객 아래에 위치하여 체계적이며 지속적으로 대답을 찾아야 한다는 것이다.

그리고 지역주민이 순례자를 환영하고, '환대'하는 정신으로 마주함으로써 재삼 방문하고 싶어지는 마음을 갖게 만드는 것이 가장 중요해진다. 이 순례자와 지역주민의 커뮤니케이션 흐름을 [그림 03-2]에서 볼 수 있다.

따라서 콘텐츠 투어리즘과 경영은 '이노베이션'이라는 키워드로 강하게 결부되어 있으며, 순례자와 지역주민 간의 교류를 통해 지속적으로 유지·발전할 수 있는 것이다.

마스모토 다카시(增本貴士)

참고문헌

우에다 아쓰오(2009), 『드럭커 시대를 초월하는 단어 —— 통찰력을 단련하는 160가지 영어 지식』〔上田惇生(2009), 『ドラッカ―時代を超える言葉 —— 洞察力を鍛える 160の英知』, ダイヤモンド社〕.

슘페터 조지프(저), 시오노야 유이치·나카야마 이치로·도하타 세이이치(역)(1977), 『경제발전의 이론』상·하〔シュムペーター, J.(著), 塩野谷祐一·中山伊知郎·東畑精一(訳)(1977), 『経済発展の理論』, 岩波文庫〕.

04 콘텐츠 투어리즘과 경제학

▌'인간학으로서의 경제학' 지평을 목표로

경제학이라는 말을 들으면 어떠한 이미지를 품게 되는가? 투자나 돈벌이 등 실리적이고 난해한 이미지를 가질지 모른다. 분명 이러한 이미지도 틀린 것은 아니지만 그런 것들은 경제학의 아주 작은 측면을 파악한 것에 불과하다. 경제학에서 중요한 문제는 의사결정에 관한 것이며, 더 나아가 합리적 의사결정이 논의의 중심이기 때문이다.

의사결정을 논의할 때, 경제학은 인간을 합리적인 존재라고 상정한다. 합리적 인간이란 자기의 효용(만족)이나 이윤(이익)을 가장 우선시하고, 뛰어난 계산능력을 갖춘 감정이 없는 컴퓨터 같은 인물이다. 이러한 인간이 존재할까?

경제학은 이 이기적 인간을 출발점으로 하여 이론 모델을 구축해 왔다. 다양한 조건 하에서 최적의 의사결정이 경제학 연구의 주류였기 때문이다(나카고메[中込], 2008).

나아가 또 하나 경제학의 큰 문제점을 든다면, 그것은 귀결주의적 접근방식이다. 귀결주의란 결과에만 주목한다는 사고방식이다. 합리적 인간이라면 눈 깜박할 사이에 최적의 대답(효용이나 이윤이 최대가 되는 의사 결정)을 이끌어낼 수 있으므로, 대답에 이르기까지의 과정은 문제가 되지 않는다. 이러한 사고방식을 콘텐츠 투어리즘에 응용하면 어떻게 될까? 아마 키워드가 되는 것은 '경제효과'일 것이다.

　　귀결주의적으로 콘텐츠 투어리즘을 검토하면 성지에서 거두는 경제효과(수치화할 수 있는 효과)가 최대의 관심사가 된다. 콘텐츠 투어리즘에 관련된 사람들은 이 경제효과를 최대로 만들기 위한 안을 검토한다. 귀결주의에서는 성지를 방문하는 여행자의 목적은 문제가 되지 않는다. 성지에 발걸음을 옮긴 결과로 지역에서 돈이 어느 정도 쓰였는지가 문제인 것이다. 경제학을 고려한 콘텐츠 투어리즘의 과제라면, 다른 성지의 사례를 통해 히트한 요인을 분석하여 효율적으로 경제효과를 낳는 '성지'를 만들어낸 방법을 명백히 하는 것이다. 그러나 이것만으로는 콘텐츠 투어리즘 성공과는 거리가 멀다.

　　오카모토(岡本, 2013)의 연구 등에서 밝혀졌듯이, 성지순례를 하는 여행자는 다양한 목적을 가지고 제각각 투어리즘을 즐긴다. 이 여행의 목적인 프로세스 자체를 이해하는 것은 과연 의미가 없는 것일까? 의사결정의 프로세스를 고려했다고 쳐도 의사결정의 결과나 결론에는 변함이 없을지도 모른다. 그러나 의사결정에 이르기까지의 프로세스를 검토함으로써 투어리스트 심리에 다가갈 수 있다. 이것이 콘텐츠 투어리즘의 본질적 의미이다.

　　콘텐츠 투어리즘의 성공사례를 보면, 지역 측이 여행자와 같은 시점에 서 있는 것을 알 수 있다. 이렇게 함으로써 호스트와 게스트라는 이항대립이 해소되고, 같이 작품을 즐김으로써 지역이 활성화된다. 그 결과 경제효과가 초래되는 것이 바람직하다. 중요한 것은 경제효과를 '목적'으로 삼아서는 안 된다는 사실이다. 지역 측이 여행자 측의 다른 가치관을 받아들이는 것, 같은 시점에 서서 사안을 본다는 사실이 중요하다. 우리의 의사결정 프로세스나 의사결정에 영향을 준 심리적 요인에 다가가는 것은, 앞으로의 경제학을 생각할 때에도 중요한 과제이다.

　행동경제학의 등장에 따라 경제 이론이 현실사회와 잘 맞아떨어지지 않는다는 문제가 지적되고 있다. 행동경제학은 현실 인간을 논의의 기점으로 삼아서, 우리가 의사결정을 할 때 생기는 많은 심리적 영향을 밝혔다. 감정을 갖는 우리는 다양한 요인에 따라 의사결정을 바꾸게 된다. 행동경제학에도 문제가 없는 것은 아니지만, 경제학과 심리학의 융합이라는 면에서 우리에게 많은 흥미로운 시사점을 준다. 종래 경제학의 전제인 합리적 개인을 넘어 현실의 인간에게 초점을 맞춘 새로운 경제학 연구가 진행되어 간다면, 앞으로의 경제학은 '인간학'으로서의 측면이 강해질 것이다.

　콘텐츠 투어리즘 연구의 중요한 시좌인 타자 이해의 중요성은, 지금까지 경제학에서는 논의되지 않았지만 대단히 큰 문제이다. 종래의 경제학은 수치화할 수 없는 효과에는 눈길을 주지 않았기 때문이다. 이러한 점에서도 콘텐츠 투어리즘 연구는 현실사회나 우리 인간의 심리를 중시하는 새로운 경제학의 연구 테마로서도 적합한 것이다.

마키 가즈오(牧和生)

참고문헌

오카모토 다케시(2013), 『n차 창작 관광 ── 애니메이션 성지순례/콘텐츠 투어리즘/관광사회학의 가능성』〔岡本健(2013), 『n次創作観光 ──アニメ聖地巡礼/コンテンツツーリズム/観光社会学の可能性』, 北海道冒険芸術出版〕.

나카고메 마사키(2008), 『경제학의 새로운 인지과학적 기초 ── 행동경제학에서 이머젠티스트의 인지경제학으로』〔中込正樹(2008), 『経済学の新しい認知科学的基礎 ──行動経済学からエマージェンティストの認知経済学へ』, 創文社〕.

05 콘텐츠 투어리즘의 심리·사회·문화적 임팩트

▐ 개인에서 사회로 전해지는 다양한 문제군

콘텐츠 투어리즘에는 경제적 임팩트뿐 아니라 심리적·사회적·문화적인 임팩트도 있다. 그것은 개인, 소집단, 조직 사회 등의 사회적 단위의 양태 및 그들 상호작용이 콘텐츠 투어리즘에서 어떻게 영향을 받는지, 거꾸로 콘텐츠 투어리즘에 어떠한 영향을 주는지에 관해 생각하는 시점이다.

예를 들어 '여행자'에 관해 생각해 보자. 여행자의 젠더[→13], 콘텐츠 투어리즘은 여행자 입장에서 어떠한 의미를 갖는 것인가 등의 문제이다. 여기에는 심리학적인 문제가 포함된다[→06,07]. 다음으로 콘텐츠 투어리즘 안에서 사람들이 어떠한 상호작용을 하고 있는지 생각할 수 있다. 일반적으로 관광의 상호작용 연구에서는 지역주민(호스트)과 여행자(게스트)의 관계성이 어떻게 존재하는지 논의되어 왔는데[→08], 콘텐츠 투어리즘에서는 다양한 액터[→12]들이 복수의 공간[→11]을 횡단하면서 서로 작용하고, 그 관계성은 복잡해지고 있다. 그리고 지역이나 사회 전체에서 콘텐츠 투어리즘이 어떠한 기능을 갖는가 하는 물음도 중요하다. 콘텐츠 투어리즘의 효과는 유입 방문객 수나 경제효과 등으로 측정되지만, 그밖에도 지역 사회에 새로운 정보나 네트워크가 유입되거나, 지역 사회 내에서의 사람들 관계성이 변용되는 등 사회적 측면도 볼 수 있다[→75]. 나아가 지방과 도시,

커뮤니티에 관련된 문제(오카모토[岡本], 2015)나, 사회에서 콘텐츠 투어리즘이 맡는 역할이나 기능에 관해서도 논의가 필요하다. 또한 글로벌화가 진행되면서 나라를 초월한 왕래가 활발해지고, 각국에서 콘텐츠에 관련된 관광 정책[→17,18]이 추진되고 있는 현대에는 콘텐츠 투어리즘의 국제적 전개에 관한 연구도 필요해지고 있다[→15].

▌콘텐츠 문화와 지역 문화, 관광 문화

콘텐츠 투어리즘은 '문화'의 존재 방식에 관해 고찰할 때에도 유용한 시각이 된다. 이때 문화는 넓은 의미의 문화이며, 사람의 행동양식이나 그에 따라 만들어진 시스템이나 구조물 등을 가리킨다. 콘텐츠 투어리즘에는 크게 다음 세 가지 문화가 관련되어 있다고 할 수 있다(오카모토[岡本], 2013).

우선은 콘텐츠 문화이다. 이것은 '콘텐츠 투어리즘을 연구하다'[→01]에서 정의한 '콘텐츠'와 얽힌 문화이다. 애니메이션이나 만화, 영화, 소설 등의 작품은 물론 CGM(Consumer Generated Media: 소비자 생성 미디어)으로 작성되는 콘텐츠 등도 해당된다. 콘텐츠 문화에는 캐릭터나 스토리, 배경과 같은 콘텐츠 작품을 성립시키는 요소와 관련된 것이나, 콘텐츠 제작에 관한 것[→16], 콘텐츠 애호자가 지니는 행동양식 등도 포함된다. 다음으로 지역 문화이다. 이것은 지역에서 양성된 문화를 말하며, 해당 지역의 자연이나 건축물, 마쓰리나 지역의 독특한 풍습, 그것들로 구성된 경관 등을 가리킨다. 지역 문화에는 지방의 문화뿐 아니라 도시 문화도 포함된다. 즉 어떤 특정한 지역과 관련된 문화라는 의미로 사용한다. 그리고 관광 문화란 관광 양식이나 사람이 관광을 할 때 목적으로 삼는 문화, 관광 행동 중에 체험하는 문화, 관광하는 사람을 향해 구축한 문화 등을 가리킨다. 콘텐츠 투어리즘의 문화적 임팩트를 논할 때에는 콘텐츠 문화와 지역 문화, 관광 문화 각각에 관해서는 물론이고 그 관계성에 대해서도 논의가 필요하다. 예를 들어 콘텐츠 투어리즘의 여행문화로서의 특징(오카모토[岡本], 2010), 콘텐츠 문화와 신사(神社) 문화와의 관련성(오카모토[岡本], 2014), 콘텐츠 투어리즘에서 관광 문화는 누구에 의해 어떻게 구축되며, 체험·수용되고 있는가 하는 문제(오카모토[岡本], 2013) 등이다.

심리·사회·문화적 임팩트를 연구하는 것은, 콘텐츠 투어리즘이 사람이나 사회에서 어떠한 의미를 갖는 것인가 하는 인문학적 질문에 착수하는 것임과 동시에 경제적 임팩트를 낳기 위한 메커니즘에 다가가는 활동으로 이어진다.

오카모토 다케시(岡本健)

참고문헌

오카모토 다케시(2010), 「현대 일본에서 젊은이들의 여행 문화에 관한 연구 ─ 애니메이션 성지순례를 사례로」〔岡本健(2010), 「現代日本における若者の旅文化に関する研究 ─ アニメ聖地巡礼を事例として」, 『旅の文化研究所研究報告』 19, pp.1~19〕.

오카모토 다케시(2013), 「콘텐츠 투어리즘에서 관광 문화 양식에 관한 연구 ─ 애니메이션 성지에서 볼 수 있는 지역 문화와 콘텐츠 문화의 관계성에 주목하여」〔岡本健(2013), 「コンテンツツーリズムにおける観光文化のあり方に関する研究 ─ アニメ聖地で見られる地域文化とコンテンツ文化の関係性に注目して」, 『旅の文化研究所研究報告』 23, pp.71~88〕.

오카모토 다케시(2014), 「콘텐츠와 신사·신화의 관계성 ─ 관광자원으로서의 이야기·지역·문화」〔岡本健(2014), 「コンテンツと神社·神話の関係性 ─ 観光資源としての物語·地域·文化」, 『コンテンツツーリズム論叢』 5, pp.28~35〕.

오카모토 다케시(2015), 「미디어 콘텐츠와 관광, 도시, 커뮤니티 ─ 정보사회의 세

번째 장소로서의 애니메이션 성지」〔岡本健(2015),「メディアコンテンツと観光、都市、コミュニティ —— 情報社会のサードプレイスとしてのアニメ聖地」,『奈良県立大学研究季報』25(2), pp.193~212〕.

06 콘텐츠 투어리즘과 심리학

▌콘텐츠 투어리즘의 한 형태인 '성지순례'의 심리적 메커니즘

애니메이션 시청자가 작품 속에 등장하는 건물이나 풍경의 모델이된 지역을 방문하는 '성지순례'는 전국 각지에서 볼 수 있다. 작품에따라 내용, 팬층, 성지가 되는 장소 등은 다르지만 성지순례에 공통되는것은 대상이 되는 콘텐츠(예를 들어 애니메이션의 텔레비전 방송)의 시청을계기로 하여 그 작품에 관심을 가지고 성지가 되는 장소의 존재를알게 되어 여행 동기가 생긴다는 일련의 흐름이다(오카모토[岡本], 2010).

애니메이션 시청이 어떻게 해서 성지순례로까지 결부되는 것인지,여기에서는 심리학, 특히 인지심리학적 시점에서 성지순례의 발생요인에 관하여 생각해 보고자 한다. 인지심리학에서는 눈이나 귀와같은 감각기관으로 입력된 정보의 처리방식이나 처리된 정보가 그후의 행동에 끼치는 영향 같은 것이 연구 대상이 된다. 애니메이션을시청하는 행위는 실로 시각과 청각으로부터 들어오는 정보처리의 연속이다. 따라서 인지심리학 분야에서 축적되어온 식견은 애니메이션시청과 그 후의 성지순례 행동의 관계를 생각할 때 적용하기 쉬운접근법 중 하나라고 할 수 있다(가바타[嘉幡], 2009).

▌인지심리학 이론의 응용―단순 접촉 효과

인지심리학에서 연구되는 현상으로서 '단순 접촉 효과(mere exposure effect)'가 있다. 이 현상은 어느 대상에 반복적으로 접촉함으로써 그 대상에 대한 호감도가 상승하는 것을 말하며, 1960년대부터 보고되었다. 맨 처음에 이 현상을 보고한 자욘스(Zajonc, 1968)에 의한 실험에서는 튀르키예어를 모르는 실험 참가자들에게 튀르키예어 단어를 다른 횟수(0회, 1회, 2회, 5회, 10회, 25회)로 제시하고, 단어에 대한 호감을 '좋다'부터 '나쁘다'까지 7단계로 평가하도록 했다. 그 결과 제시 횟수가 많은 단어일수록 호의도 평가가 높다는 것이 드러났다. 그 이후 연구에서 이러한 대상의 반복 제시에 의한 호의도 상승은 한자, 얼굴, 이름, 사진, 소리, 회화 등 다양한 종류의 자극을 이용한 실험에서 확인되고 있다(미야모토·오타[宮本·太田], 2008). 또한 자극 제시 시간이 대단히 짧고(1000분의 1초 정도), 실험자가 자극을 알아차릴 수 없을 만한 경우라도, 반복 제시된 자극은 제시되지 않은 자극보다 호감도가 있다는 것이 보고되었다(Kunst-Wilson and Zajonc, 1980).

시각이나 청각 같은 감각을 통한 정보는, 보고 들었다는 자각이 없어도 무의식 레벨에서 처리되며, 모르는 사이에 판단이나 행동에 영향을 준다. 당연히 애니메이션 시청에서도 같은 일이 충분히 일어날 수 있다. 더구나 애니메이션 시청 장면은 단순 접촉 효과의 실험 상황과 상당한 공통점을 지니고 있다.

텔레비전 애니메이션 작품은 주 1회 페이스로 방영되는 경우가 많다. 즉 애니메이션 시청자 입장에서는 매주 정해진 시간에 같은 종류의 자극 제시가 되풀이되는 셈이 된다. 온디맨드 전송이나 DVD, Blue-ray 등에 의한 시청일 경우는 상황이 다르지만, 어쨌든 자극의 반복 제시 자체에는 변함이 없다. 단순 접촉 효과가 의식적인 인식

유무에 관계없이 발생한다는 것을 생각하면, '작품 중에 ○○가 나왔다'는 것을 알아차리느냐 아니냐에 상관없이, 작품에 등장하는 자극에 대한 호의적 태도의 초석이 이미 깔려 있을 가능성이 있다. 단순 접촉 효과의 실험에서는, 자극의 최대 제시 횟수를 10~30회 정도로 설정하는 것이 일반적이다. 이 제시 횟수는 우연히도 1, 2시즌에 걸치는 텔레비전 애니메이션 방영 횟수와 비슷하다.

이러한 공통점에서도 단순 접촉 효과와 같은 인지심리학에서 연구된 현상이 성지순례 행동에 관련되어 있을 가능성은 충분히 생각할 수 있다. 여기에서는 단순 접촉 효과만을 다루었지만 그밖에도 심리학의 기초연구에서는 다양한 현상이 보고되고 통제된 실험에 의한 객관적 증거도 존재한다(인지심리학의 폭넓은 지견에 관해서는 하코다[箱田] 외(2010)에 상세하다). 콘텐츠 투어리즘의 연구는 심리학 기초연구에서 얻어진 식견을 사회적으로 어떻게 응용할지 검토할 때 대단히 유용한 연구 영역이라고 할 수 있을 것이다.

가바타 다카시(嘉幡貴至)

참고문헌

오카모토 다케시(2010), 「콘텐츠·인듀스트·투어리즘 ── 콘텐츠로 생각하는 정보사회의 여행 행동」〔岡本健(2010), 「コンテンツ·インデュースト·ツーリズム ── コンテンツから考える情報社会の旅行行動」, 『コンテンツ文化史研究』 3, pp.48~68〕.
가바타 다카시(2009), 「애니메이션 성지순례의 발생 요인에 관한 일고찰 ── 인지심리학적 관점에서」〔嘉幡貴至(2009), 「アニメ聖地巡礼の生起要因についての一考察 ── 認知心理学的観点から」, 『CATS총서』 1, pp.65~69〕.
하코다 유지·쓰즈키 다카시·가와바타 히데아키·하기와라 시게루(2010), 『인지심리학』〔箱田裕司·都築誉史·川畑秀明·萩原滋(2010), 『認知心理学』, 有斐閣〕.

미야모토 소스케·오타 노부오(편저)(2008), 『단순 접촉 효과 연구의 최전선』〔宮本
　　聡介·太田信夫(編著)(2008), 『単純接触効果研究の最前線』, 北大路書房〕.

Kunst–Wilson, W.R. and Zajonc, R.B.(1980), "Affective discrimination of stimuli
　　that cannot be recognized," *Science*, 207, pp.557~558.

Zajonc, R.B.(1968), "Attitudinal effects of mere exposures," *Journal of Personality
　　and Social Psychology*, 9(2, Pt.2), pp.1~27.

07 콘텐츠 투어리즘과 사회심리학

▎ 사회심리학적 검토의 필요성

투어리즘의 현대적 의의에 관하여 야마무라(山村, 2009)는 '꿈이 없는 현실 공간'과 '꿈을 꿀 수 있는 가상 공간'의 상보관계가 중요한 의미를 갖는다고 시사하고 있다. 현대의 젊은이들은 '희망이 없는 현실 공간'과 '꿈은 꿀 수 있지만 온기가 없는 가상 공간' 사이에 살고 있으며, 가상 공간에서 결핍된 온기를 현실 세계에서 보완할 필요가 있다. 이들 젊은이들은 현실 세계와 가상 세계를 왕래함으로써 자기 삶의 균형을 유지하려고 하며, 그것이야말로 애니메이션 성지순례를 비롯한 관광 정보 혁명 시대의 여행이 가지는 중요한 의미의 하나라는 것이다.

나아가 애니메이션 성지순례에 의한 가치 공유도 투어리즘의 현대적 의의의 하나라는 시사점도 있다(야마무라[山村], 2009). 성지에서는 애니메이션 콘텐츠가 매체가 되어 커뮤니케이션이 촉진되고 동시에 관계자들 사이에서 작품에 대한 '경애', 교류할 때의 '기분 좋음'이나 '즐거움'과 같은 것이 가치로서 공유된 것으로 여겨진다. 교류를 통해 지역주민들과 이러한 가치를 공유할 수 있다면, 여행자는 그 장소를 '내가 있을 곳'으로 인식할 수 있게 되며, '내가 있을 곳'이라는 감정이 그 장소로 재방문을 낳게 되는 것이라 보인다.

애니메이션 성지순례에서 시작된 지역 진흥에서도, 지역주민과의 교류가 중요한 열쇠가 된다. 애니메이션 성지순례에서 시작된 지역 진흥은 '지역 측과 여행자가 현실 공간, 정보 공간의 쌍방을 통해 커뮤니케이션을 하고, 지역 진흥을 협동으로 행하는 새로운 형태의 마을 진흥'이며, 〈러키☆스타〉의 성지인 와시노미야 마을 진흥에서도 성지 순례자가 자원봉사로 마을 진흥 이벤트를 기획/참가한 사례를 볼 수 있다. 이러한 것들은 종래의 '여행회사가 기획·실시하는 투어'나 '지역 측이 주도하여 여행객을 유치'하는 형태와 달리 '여행자가 주체적으로 여행하고 지역주민과 상호작용하는 가운데 서로의 태도 변용을 촉진하고, 상호 이해를 촉진'하는 여행 형태이다(오카모토[岡本], 2010).

이상과 같이 애니메이션 성지순례를 비롯한 콘텐츠 투어리즘 연구에서, 호스트와 게스트의 상호작용은 중요한 요인이라는 점이 시사된다. 이처럼 개인의 사회적 행동이나 사회 활동, 상호적 영향관계를 개인의 퍼스널리티나 속성을 답습하여 과학적으로 연구하는 심리학 영역을 사회심리학이라고 한다. 타자와의 교류가 열쇠가 되는 애니메이션 성지순례에서는, 사회심리적 관점에서 이루어지는 연구가 아직 적다. 애니메이션 성지순례를 사회심리적 관점에서 검토함으로써 애니메이션 성지순례의 새로운 견식이 발견될 것이라 기대된다.

이번 장에서는 애니메이션 〈빙과(氷菓)〉의 성지로 알려진 다카야마(高山)에서 개최된 〈2013년도 가미야마(神山) 고등학교 문화제〉에서 행한 앙케트 결과를, 사회심리적 관점에서 분석함으로써 콘텐츠 투어리즘 연구의 사회심리학적 연구 가능성을 제시한다.

▌애니메이션 성지순례자의 행동 특성

오카모토(岡本, 2009)는 애니메이션 성지순례자의 행동 특성을 '애니메이션에서 사용된 풍경을 촬영 / 정보를 홈페이지에서 발신', '노 트에 기록하기 / 에마(絵馬)[1]와 같이 지역에 무언가 순례의 기념을 남 기기', '현지 사람이나 팬들 사이의 교류를 즐긴 적이 있다', '고빈도 로 해당 지역을 방문하는 재방문자가 있다'고 정리했다. 또한 애니메 이션 성지순례의 특징 중 하나로써 재방문 비율이 많은 것을 들 수 있다. 애니메이션 콘텐츠를 매체로 한 커뮤니케이션을 통해 지역주 민과 가치를 공유함으로써, 여행자는 그 장소를 '내가 있을 곳'으로 인식하고 그것이 재방문을 낳는다(야마무라[山村], 2009)고 가정하면, 고빈도 재방문자일수록 현지 사람들과 혹은 팬들끼리의 교류를 즐기 는 것이 아닐까 추측된다. 그리고 현지 사람이나 팬들끼리의 교류를 즐기는 사람일수록 그곳에서 자기 장소를 발견하고, 결과적으로 애 니메이션 성지순례의 충실감이 향상되는 것이라 고찰된다.

이상을 보면 방문 빈도와 성지순례 행동의 변용, 그리고 만족도 관계에 관하여 검토하는 것, 나아가 애니메이션 성지순례자의 퍼스 널리티가 성지순례 행동에 어떠한 영향을 끼치는지를 명백히 하는 것을 목적으로, 〈2013년도 가미야마 고등학교 문화제〉 방문자를 대 상으로 앙케트 조사를 했다.

▌애니메이션 성지순례자의 퍼스널리티

애니메이션 성지순례자의 퍼스널리티 요인으로 본 조사에서는 '공 감성'을 다루었다.

공감성이란 '타자의 경험에 관하여 어떤 개인이 품는 반응을 다루

---

1   소원이나 감사의 내용을 적어 신사에 봉납하는 나무 액자로 사각형, 오각형, 원 등 모양이 다양해짐.

는 일련의 구성 개념'(데이비스, 1999)이라고 정의된다. 공감성에는 타자 심리상태의 정확한 이해에 관련된 '인지적 측면'과 타자 심리상태에 대한 대리적 정동 반응에 관련된 '정동적 측면'이 있으며, 이러한 두 측면을 다면적으로 파악한 다원적인 것이라 생각할 수 있다(데이비스, 1999). 다원적 공감성은 타인을 돕는 것이나 타인에 대해 적극적 태도를 보이는 행동인 '향(向)사회적 행동' 및 타자에게 향해진 의도적 행동인 '공격성'과 관계된다고 보이며, 타자와의 관계성에서 중요한 요인이다(데이비스, 1999).

공감성의 높낮이를 측정하는 것으로 다원적 공감성 척도(스즈키·기노[鈴木·木野], 2008)를 거론할 수 있다. 척도란 질문 항목에 대해 '딱 들어맞는다', '대체로 들어맞는다', '별로 들어맞지 않는다', '들어맞지 않는다'와 같은 점수로 회답을 요구하며, 그러한 합계 득점에 따라 그 요인의 높낮이를 측정하는 것을 말한다. 다원적 공감성 척도는 인지적 측면, 정동적 측면 각각에서 측정할 수 있다. 인지적 측면에는 '늘 남의 입장에 서서 상대를 이해하려고 한다'처럼 자발적으로 타자의 심리적 관점을 취하려는 경향인 '시점 획득', 재미있는 이야기나 소설을 읽었을 때 이야기 속 사건이 만약 나에게 일어난다면 하고 상상하는 등 가공인물의 감정이나 행동에 자신을 투영하여 상상하는 경향인 '상상성', 이 두 요인이 포함된다. 정동적 측면에는 '슬퍼하는 사람을 보면 위로해 주고 싶어진다'처럼 타자에 대한 동정이나 배려 등 타자 지향적 감정인 '공감적 배려', '타인의 성공을 순수하게 기뻐하지 못할 경우가 있다'처럼 타자가 괴로워하는 장면의 자기 지향적 반응인 '개인적 고통', '주변 사람이 그렇다고 하면 나도 그렇다고 생각하게 된다'와 같이 타자의 심리상태에 대해 기질적으로 동조하기 쉬운 '피영향성', 이 세 가지 요인이 포함되어 있다.

'시점 획득'은 타자에 대한 비이기적 감수성이나 자존심과 정(正)의 상관관계에 있다. 즉 타자에 대한 비이기적 감수성/자존심이 높아지면 높아질수록 '시점 획득'의 경향이 높아진다(데이비스, 1999). 또한 '상상성'은 타자에 대한 감수성과 정의 상관관계에 있다는 것도 밝혀졌다(데이비스, 1999). 그리고 Hatcher, Nadeau Walsh, Reynolds, Galea and Marz(1994)는 고등학생과 대학생을 대상으로 관계 촉진 기능 훈련을 실시하여, 고등학생은 '상상력'이, 대학생은 '시점 획득'이 훈련에 따라 증가함을 나타냈다.

이상에서 공감성의 '인지적 측면'은 타자와의 관계에 영향을 주고 타자와의 관계 속에서 촉진된다는 것을 예측할 수 있다. 따라서 '인지적 측면'이 애니메이션 성지순례 행동, 특히 재방문 유치로 이어지리라 예측되는 현지 쪽이나 팬들끼리의 관계에 어떻게 영향을 주는지에 착안하여, 애니메이션 성지순례의 사회심리적 효과를 밝히는 것을 조사 목적으로 했다.

▌ 사회심리학적 분석
―〈빙과(氷菓)〉의 성지 다카야마(高山)의 조사 결과에서

조사는 애니메이션 〈빙과〉의 무대로 알려진 기후현(岐阜県) 다카야마에서 실시했다. 조사 실시 시기는 2013년 9월 8일, 〈빙과〉의 팬 이벤트 〈2013년도 가미야마고등학교(神山高校) 문화제〉에서 앙케트를 배포했다. 조사 대상자는 가미야마고등학교 문화제 참가자들이었다.

배포한 앙케트는 방문 빈도나 방문 중의 활동을 묻는 페이스 시트와 더불어, 다원적 공감성 척도(스즈키·기노[鈴木·木野], 2008), UCLA 고독감 척도(구도·니시카와[工藤·西川], 1983), 충실감 척도의 심리 척도(오노[大野], 1984)를 포함했다.

　공감성 높낮이에 따른 차이를 검토하기 위해 공감성 득점의 평균치를 중앙치로 분할하여, 공감성이 낮은 무리 108명, 공감성이 높은 무리 169명으로 분류했다.

　공감성 높낮이에 따른 고독감 차이를 검토하기 위해 t검정(두 무리 사이의 평균에 유의미한 차이가 있는지 없는지의 검정)을 행하고, 각 무리의 평균치를 비교했다. 그 결과 공감성이 낮은 무리에 비해 공감성이 높은 무리 쪽에서 고독감이 통계적으로 유의미하게 낮은 것으로 드러났고, 공감성 낮은 무리 쪽이 애니메이션 성지순례 중에 보다 고독감을 느끼고 있음이 밝혀졌다. 고독감에 영향을 준다고 생각되는 성지순례 중의 행동에 관하여 공감성 높낮이에 따른 차이를 비교했더니, 공감성 높은 무리 쪽이 공감성 낮은 무리에 비해 '애니메이션 성지의 사진이나 동영상을, 애니메이션에 등장하는 것과 같은 앵글로 촬영'하거나 '현지 사람들과 교류'한다는 사실이 드러났다. 공감성 높은 무리 쪽이 애니메이션 성지순례 중에 비교적 고독감을 느끼지 않는다는 사실에, 이러한 애니메이션 성지순례 중의 행동이 영향을 준다고 생각하면, '고독감' 저하에 유효하다고 추측되는 행동 요인은, '애니메이션 성지의 사진이나 동영상을 애니메이션에 등장하는 것과 같은 앵글로 촬영'하는 것 및 '현지 사람들과의 교류'로 고찰된다.

　다음으로 방문 빈도에 따른 차이를 검토했다. 다카야마에 〈빙과〉 성지순례로 방문한 횟수 1~4회를 방문 빈도가 낮은 무리 159명, 5회 이상을 높은 무리 50명이라 분류하고, 방문 빈도의 높낮이에 따른 충실감 차이를 검토하기 위해 검정을 했다. 그 결과 방문 빈도가 낮은 무리와 비교하여 방문 빈도가 높은 무리 쪽의 충실감이 유의미하게 높다는 사실이 드러났고, 몇 번씩이나 성지순례로 찾아오는 재차 방

문 쪽이 성지순례의 충실감도 보다 높다는 사실이 통계적으로 유의
미하게 드러났다. 방문 빈도가 높은 무리와 낮은 무리의 성지순례
중의 행동 차이에 관하여 비교했더니, 방문 빈도가 높은 무리 쪽이
방문 빈도가 낮은 무리에 비하여 '순례자들 간의 교류', '현지 사람들
과 교류'를 많이 하는 것이 밝혀졌다. 방문 빈도가 높은 무리 쪽이,
애니메이션 성지순례 중에 보다 충실감을 느낀다는 것이 밝혀진 것
에, 이러한 애니메이션 성지순례 중의 행동이 영향을 준다고 생각하
면, '충실감' 향상에 유효하다고 추측되는 행동 요인은, '순례자들 간
의 교류', '현지 사람들과의 교류'로 고찰된다.

마지막으로 방문 빈도가 높은 무리에 비해 충실감이 낮다고 추측
된 방문 빈도 낮은 무리에게서, 현지 사람들과의 교류 유무가 충실감
에 끼치는 영향을 검토했다. 방문 빈도가 낮은 무리를 현지 사람들과
의 교류가 있는 무리 14명과 현지 사람들과 교류가 없는 무리 145명
으로 나누어, 교류 유무에 따른 충실감 차이를 검토했더니, 교류가
없는 무리에 비하여 교류가 있는 무리 쪽의 충실감이 통계적으로 유
의미하게 높다는 것이 드러났다.

▌ '충실감'을 높이는 커뮤니케이션

애니메이션 성지순례자의 퍼스널리티 특성으로서 공감성이 높으
냐 낮으냐로 무리를 분류하고, 그것이 미치는 영향을 검토했더니, 공
감성이 낮을수록 '고독감'이 증가한다는 것이 밝혀졌다. '고독감'을
경감시킬 가능성이 있는 순례 중의 행동으로서는 '애니메이션 성지의
사진이나 동영상을 애니메이션에 등장하는 것과 같은 앵글로 촬영'하
는 것 및 '현지 사람들과의 교류'를 들 수 있었다. 다음으로 방문 빈도

가 끼치는 영향을 검토한 바 '충실감'은 방문 빈도가 높을수록 증가하는 것이 명백했다. '충실감' 향상에 효과적이라고 예측되는 순례 중 행동으로는 '순례자들 간의 교류' 및 '현지 사람들과의 교류'를 들 수 있다. 나아가 방문 빈도가 높은 무리에 비하여 충실감이 낮다고 보인 방문 빈도가 낮은 무리에서도, 현지 사람과의 교류가 있는 쪽이 현지 사람들과의 교류가 없는 쪽에 비해 통계적으로 유의미하게 충실감이 높다는 사실이 드러났다.

방문 빈도가 낮은 무리를 대상으로 현지 사람들과의 교류 유무가 충실감에 끼치는 영향을 검토한 바, 방문 빈도가 높은 무리에 비하여 '충실감'이 떨어지는 방문 빈도 낮은 무리 대상에서도, '현지 사람들과 교류'함으로써 '충실감'이 향상되는 것이 명백해졌다. 따라서 가령 처음 하는 성지순례라고 해도 현지 사람들과 적극적으로 커뮤니케이션을 취함으로써 보다 충실한 성지순례를 할 수 있게 될 것으로 예측된다. 성지순례자와 현지 사람들과의 적극적인 커뮤니케이션이야말로, 애니메이션 성지순례에 머물지 않는 지역 진흥, 그리고 방문한 순례자의 충실감으로 이어질 수 있다는 시사를 얻었다.

▌사회심리학적 시점의 연구 의의와 가능성

본 장에서는 콘텐츠 투어리즘의 사회심리학적 시점에서 연구의 가능성을 제시하고자, 실제로 실시한 앙케트 조사 결과를 분석함으로써 사회심리학적 연구의 가능성을 보였다. 이번에 실시한 앙케트에서는 애니메이션 성지순례자의 퍼스널리티 특성으로서 공감성, 고독감을 다루었는데, 애니메이션 성지순례자를 특징짓는 퍼스널리티 특성은 이외에도 많을 것이다. 또한 애니메이션 성지순례에서 현지 사람이나 순례자들 간의 상호작용이 중요하다고 시사된 본 결과를 바탕으로, 향후에는 방문자인 게스트 시점의 검증뿐 아니라 방문자를 받아들이는 측인 호스트 검토까지 포함하여 그들의 상호관계를 보다 상세히 검토해갈 필요가 있다.

콘텐츠 투어리즘 연구가 발전하려면 학제적인 어프로치에 의한 연구가 불가결하다. 향후 사회심리학적 어프로치에 의한 성과가 많이 나온다면, 다른 분야의 견해와 정밀하게 맞추어 완성시킴으로써 더 큰 연구로 발전할 것을 기대할 수 있다.

사이카 레이(雜賀玲衣)

참고문헌

오노 히사시(1984), 「현대 청년의 충실감에 관한 연구 ── 현대 일본 청년의 심정 모델에 관한 검토」〔大野久(1984), 「現代青年の充実感に関する一研究 ── 現代日本青年の心情モデルについての検討」, 『教育心理学研究』 32(2), pp.100~109〕.

오카모토 다케시(2009a), 「러키☆스타 성지 '와시미야' 순례와 정보화 사회」, 간다 고지(편), 『관광의 공간』〔岡本健(2009a), 「らき☆すた聖地」鷲宮」巡礼と情報化社会」, 神田孝治(編), 『観光の空間』, ナカニシヤ出版〕.

오카모토 다케시(2009b), 「「러키☆스타」로 보는 애니메이션 성지순례에 의한 교류형 마을 만들기」, 시키타 아사미·우치다 준이치·모리시게 마사유키(편저), 『관광의 지역 브랜딩 ── 교류에 의한 마을 만들기의 시스템』〔岡本健(2009b), 「「らき☆すた」に見るアニメ聖地巡礼による交流型まちづくり」, 敷田麻実·内田純一·森重昌之(編著), 『観光の地域ブランディング ── 交流によるまちづくりのしくみ』, 学芸出版社〕.

오카모토 다케시(2010), 「콘텐츠·인듀스트·투어리즘 ── 콘텐츠로 생각하는 정보사회의 여행 행동」〔岡本健(2010), 「コンテンツ·インデュースト·ツーリズム ── コンテンツから考える情報社会の旅行行動」, 『コンテンツ文化史研究』 3, pp.48~68〕.

구도 쓰토무·니시카와 마사유키(2008), 「고독감에 관한 연구(I) ── 고독감 척도의

신뢰성·타당성 검토」〔工藤力·西川正之(2008), 「孤独感に関する研究(I) —— 孤独感尺度の信頼性·妥当性の検討」, 『実験社会心理学研究』 22(2), pp.99~108〕.

스즈키 유미·기노 가즈요(2008), 「다차원 공감성 척도(MES)의 작성 —— 자기 지향·타자 지향의 분별에 초점을 맞추어」〔鈴木有美·木野和代(2008), 「多次元共感性尺度(MES)の作成 —— 自己指向·他者指向の弁別に焦点を当てて」, 『教育心理学研究』 56(4), pp.487~497〕.

야마무라 다카요시(2009), 「관광혁명과 21세기 —— 애니메이션 성지순례형 마을 만들기로 보는 투어리즘의 현대적 의의와 가능성」〔山村高淑(2009), 「観光革命と21世紀 —— アニメ聖地巡礼型まちづくりに見るツーリズムの現代的意義と可能性」, 『CATS叢書』 1, pp.3~28〕.

마크 H. 데이비스(저), 기쿠치 아키오(역)(1999), 『공감의 사회심리학 —— 인간관계의 기초』〔デイヴィス, M.H.(著), 菊池章夫(訳)(1999), 『共感の社会心理学 —— 人間関係の基礎』, 川島書店〕.

Hatcher, S.L., Nadeau, M.S., Walsh, L.K., Reynolds, M., Galea, J. and Marz, K(1994), "The Teaching of Empathy for High School and College Students: Testing Rogerian Methods with the Interpersonal Reactivity Index," *Adolescence*, 29, pp.961~974.

08 콘텐츠 투어리즘과 '호스트 & 게스트'론

관광 연구에서 '호스트 & 게스트'란 찾아가는 측인 관광객을 게스트, 관광객을 맞이하는 측 사람들을 호스트라고 하고, 호스트와 게스트의 상호교류나 사회에 대한 영향 등을 고찰하기 위한 틀이다. 이 이론은 미국 문화인류학자 발렌 스미스(Valene Smith)에 의해 제창되어 1977년에 간행된 문헌에서 다루어졌다(스미스, 1991). 당초에는 주로 관광객이 지역에 미친 영향, 특히 마이너스 영향 측면의 사례가 고찰되었다.

▌'호스트 & 게스트'론을 둘러싼 여러 개념

'호스트 & 게스트'론에서는 개발도상국에서 관광개발이 이루어진 경우, 선진국 여러 나라에서 오는 게스트들에 의해 지역민인 호스트가 일방적으로 영향을 받는다는 점이 종종 지적된다. 게스트는 돈을 지불하기 때문에 자신들의 이미지나 요청대로 관광을 체험하고 싶어하는 경향이 있다. 이를 호스트가 받아들여 게스트가 좋아할 만한 관광 공간을 구축하고, 춤, 식사, 토산품, 숙박공간 등을 연출, 창출한다. 호스트 입장에서는 민족의 '전통문화' 그대로가 아니어도 수익이 되니, 외부자인 관광객이 좋아한다는 이유면 문화를 개변하지 않을 수 없다. '전통문화'가 관광에 의해 '파괴'되고, 관광 장소에서 '쇼 비즈니스'처럼 변화하는 경우도 많다.

때로는 관광객이 호스트 생활에 '개입하는' 경우마저 있다. 게스트가 이문화에 대해 갖는 호기심이 과도하게 높아지다 보면 통상의 호스트 사회에 개입하게 될 때가 있으며, 프라이버시를 침해받은 호스트의 스트레스는 높아진다. 호스트는 게스트가 향하는 파인더의 피사체가 되는 것이다(스미스, 1991). 이렇게 관광 산업은 게스트 주도로 전개되고 호스트는 약한 입장에 놓이게 된다.

'호스트 & 게스트'론에는 몇 가지 중요한 이론이 포함된다. 우선 선진국들의 게스트가 개발도상국에 관광차 방문하고, 호스트가 이를 받아들이는 것은 관광의 '남북 문제'와 관계된다. 관광의 '남북 문제'란 '남'을 개발도상국, '북'을 선진국에 비유하여 '북'이 '남'에 향하는 일방적인 경제적, 정치적, 문화적 착취를 가리킨다. 즉 선진국들이 개발도상국에 있는 관광 목적지에 자금을 투입하고, 관광 개발을 하며, 관광객으로 방문하고, 호텔이나 여행회사 등의 스태프도 게스트의 언어를 말할 줄 아는 사람으로 보내는 등 경제적으로 우위의 상황에 서는 것을 가리킨다. 선주민과 같은 지역주민은 관광 산업에서 거의 경제적 환원을 받지 못하거나, 허드렛일과 같은 직업에밖에 종사할 수 없다. 이는 관광의 '신 식민지주의'라고도 하며, 관광의 장에서 벌어지는 권력 문제로 취급되었다(야마시타[山下], 1996, 2007).

또 하나는 '문화의 상품화'이다. 게스트가 좋아하는 관광 공간이 호스트나 개발 측에 의해 추진되면 원래의 '전통적 민족문화'와는 다른 것으로 변화한다(스미스, 1991). 민족들 사이에서 중시되던 종교적, 사회적 의미는 소멸하고 방식이나 형태도 게스트 대상으로 변화된다. 예를 들어 무용이라면 댄스 쇼가 되어 식사와 같이 제공되고, 호스트(공연자)와 게스트(관객)으로 분리된다. 최종적으로는 게스트도 참가하거나 호스트와 함께 사진 촬영이 배려되기도 한다. 이는 원래의 문화가 관광 산업에서 관광객이 지향하는 방식으로 변화함으로써 사회적인 의미나 독특한 격식이 상실되고, 단순한 엔터테인먼트가 되어 '전통문화'가 변용해버리는 것을 나타낸다. 이를 '문화의 상품화'라고 한다. 투어든 무용이든 토산품이든, 게스트의 수요에 따라 연출되고 개변되는 일이 관광의 장에서 전개된다.

이밖에 글로벌리제이션에 의해 어디에서도 비슷한 상품이 보이는 등의 '문화 획일화'도 문제시되었다(야마시타[山下], 1996). 관광으로 파급되는 것은 관광자 수요에 따른 자극적인 문화이며, 문화 안에서의 힘의 격차가 드러나는 것이다.

세 번째는 '문화의 구경거리화'이다(스미스, 1991). 게스트는 이문화의 경우 호기심을 가지고 찾는 경향이 있다. 따라서 게스트는 자신들에게 '재미있다', '신기하다'고 여겨지는 장면을 보고자 한다. 그 부분만을 강조하면 '기묘한 문화'로 간주될 것이다. 예를 들어 지금은 민족의상을 입지 않지만, 관광자 대상으로 의상을 입고 시설 앞에 서게 되는 호스트에게 카메라를 들이대는 게스트, 이제 벌레를 먹지 않는데도 제공하는 호스트와 징그럽다고 여기면서도 시도해 보는 게스트, 이러한 경우가 '문화의 구경거리화'의 사례일 것이다.

관광 공간은 관광객용으로 만들어진 공간일 뿐이라고 생각하는 게스트가 '진짜 생활'을 보고 싶다며 호스트의 사회생활을 엿볼 경우가 있어서(MacCannell, 1976), 프라이버시 침해로 문제시되었다. 예를 들어 관광에 종사하지 않는 사람들이나 그들의 생활 행위를 허가없이 카메라로 촬영하거나, 부락에서 부족의 신성한 의례에 무단으로 들어가 촬영하는 일 등은 호스트 사회에서 '흙발로 돌아다니는' 무례한 행위일 뿐이다. 이는 민족 문화에 대한 호기심을 넘어 선진국들이 게스트(보는 자), 개발도상국의 호스트(보여지는 자)라는 일방적인 관계성이 구축된 것과 연결된다. 특히 선주민 입장에서는 이 '구경거리화'가 인권 문제로 불거질 때도 있다.

'호스트 & 게스트'론은 시대와 더불어 변화하고, 호스트와 게스트의 일방향적 문제만이 아니라 상호작용으로서의 교류, 호스트의 긍정적인 문화에 대한 관여, 문화 보전과 계승의 가능성, 관광 정책 등 정치적 시야를 담는 등 다양해졌다. 특히 호스트가 외부 문화를 유용하면서 스스로의 의미나 연출을 부가하는 듯한 능동적인 행위를 오타 요시노부(太田好信)는 '문화의 객체화'라고 불렀다(오타[太田], 1998).

▌'호스트 & 게스트'론의 한계―'문화의 중개자'라는 틀

그러나 이러한 호스트와 게스트의 이항대립 구도 속에서는 현실의 복잡한 관광 현상을 분석하기란 어렵다. 관광 공간에는 관광객인 게스트, 받아들이는 측인 호스트만 있는 것이 아니라 다양한 사람들이 생활한다. 이들을 다 포함하여 분석하려는 새로운 시도가 '문화의 중개자'론이다. 원래는 '문화의 브로커'라는 말로 호스트와 게스트의 중개 역할을 하는 사람들의 속성을 파악했다. 이는 관광업 중개자, 종래 호스트와 게스트에 포함되지 않았던 정부나 지방자치체 등을 가리킨다. 여기에서 문제가 되는 것이, 과연 누가 호스트인가 하는 점이다. 호스트라면 지역주민 전체를 가리킬 경우가 많지만, 같은 지역주민이라고 해도 관광업에 종사하는 사람들이 있고 일반주민이 있다. 다른 구분법을 사용하면, 일시적으로 거주하는 외국인, 이민자, 선주민이 있다. 다민족 사회에서는 이민자와 선주민의 혼혈화가 진행되어 더 복잡해진다. 호스트의 정의가 '받아들이는 측'으로 애매한 만큼 다의적으로 받아들여졌지만, 분석의 편의상 주로 지역주민, 관광업 종사자라는 틀이 주류라 할 수 있다.

'문화의 중개자'는 이러한 틀에서 제외되는 집단이나 사람들을 넣음으로써 세세한 고찰을 시도하려는 개념이다. 호스트를 관광업 종사자, 지역주민이라고 한다면, 미디어나 관광업 중개업자는 '문화의 브로커'가 된다. 나아가 호스트와 게스트의 '틈'에서 문화의 가교가 되는 사람들도 '문화의 중개자'에 포함된다. 그들은 통역, 관광국원, 연구자, NPO나 문화교류 관계자, 코디네이터, 가이드업, 큐레이터, 바이어, 셰프 등으로 다양하며, 호스트와 게스트 양쪽에 다 포함되어 호스트와 게스트의 문화를 잇는 역할을 하는 사람을 가리킨다(나카무라[中村], 2001).

예를 들어 어떤 곳을 자주 다니는 사이에 그 지역에 살게 된 게스트, 스스로 관광자이면서 가이드와 더불어 관광자의 편의를 돕게 된 재방문자, 장기 체재하며 호스트처럼 일하면서 현장에 관계하게 된 게스트, 몇 번씩 게스트의 출신국을 방문하여 말이나 문화에 정통한 호스트, 문화교류로 여러 번 왕래한 사람, 미디어에서 다양한 체험정보를 전하는 사람들 등 다양하다. 정의는 애매하지만 이 세 가지에 의한 분석은 관광의 장에서 인간관계를 보는 유효한 수단 중 하나라 할 수 있다.

▌콘텐츠 투어리즘 분석에 대한 응용

콘텐츠 투어리즘의 장에서도 '호스트 & 게스트' 시점을 통한 분석이 가능하다. '애니메이션 성지순례자'가 게스트, '성지'가 된 지역주민이 호스트가 된다. 특히 지역 상점가, 상공회나 지방자치체, 각종 관광시설, 주변의 일반시민 등은 호스트에 해당하며, 그들은 애니메이션을 통한 마을 만들기에 주목하고 추진하려 한다. 게스트는 좋아하는 콘텐츠의 무대, 모델이 된 지역을 찾아감으로써 콘텐츠나 캐릭터를 추체험하고 호스트와 교류한다. 콘텐츠의 추체험이라는 의미에서는 필름 투어리즘(영화나 드라마의 촬영지, 모델지를 방문·추체험하는 관광)과 유사하며, 게스트 행동의 특성이 지역 또는 콘텐츠와 어떻게 관계되는지 생각해야 한다.

한편 호스트는 콘텐츠 관련의 이벤트, 상품, 캐릭터를 이용한 선전광고 등을 실천하고, 애니메이션이나 만화로 지역을 진흥시킨다는 측면에 역점을 둔다. 호스트는 콘텐츠를 감상하는 등의 노력도 한다. 또한 호스트 스스로가 콘텐츠의 팬인 경우, 게스트와의 교류는 활발해지고 지역은 활성화된다.

게스트들은 애초에 이차원 콘텐츠에 경도되어 '성지순례'를 하지만, 방문을 반복하고 호스트와 교류하는 동안 점차 삼차원인 그 지역의 팬이 되어간다. 즉 게스트는 재삼 방문으로 자주 다니는 사이에 '문화의 중개자'가 될 수 있다. 때로는 게스트가 호스트에 한없이 가까운 존재가 될 경우도 있는가 하면, 호스트가 다른 콘텐츠의 팬이라 다른 지역의 게스트가 되는 경우도 있다. 또한 미디어에서 게스트와 호스트에 의한 정보의 상호 발신, 협력한 상태로 실시한 이벤트, 상품 개발 등 다양한 인간관계에 의한 상호작용이 전개되고 있으며, 콘텐츠를 통한 복잡한 제상은 향후 더욱 연구가 필요하다.

나카무라 준코(中村純子)

참고문헌

오타 요시노부(1998), 『트랜스포지션의 사상 ── 문화인류학의 재상상』〔太田好信 (1998), 『トランスポジションの思想 ── 文化人類学の再想像』, 世界思想社〕.

나카무라 준코(2001), 「관광산업에서 '문화중개자'의 역할」〔中村純子(2001), 「観光 産業での「文化仲介者」の役割」, 『日本国際観光学会論文集』 8, pp.77~82〕.

야마시타 신지(편)(1996), 『관광인류학』〔山下晋司(編)(1996), 『観光人類学』, 新曜社〕.

야마시타 신지(편)(2007), 『관광인류학』〔山下晋司(編)(2007), 『観光人類学』, 新曜社〕.

발렌 L. 스미스(편), 미무라 히로시(감역)(1991), 『관광·리조트 개발의 인류학』〔スミ ス, V.L.(編), 三村浩史(監訳)(1991), 『観光·リゾート開発の人類学』, 勁草書房〕.

MacCannell, D.(1976), *The Tourist: A New Theory of the Leisure Class*, Schocken Books.

09 콘텐츠 투어리즘 연구의 분포

콘텐츠 투어리즘에 관한 연구 성과는 지금까지 어느 정도의 수가 어떠한 매체에서 발표되고 있는가? 이번 장에서는 국립정보학연구소가 제공하는 논문 데이터베이스 'CiNii Articles'[1]의 수록 데이터에 기초하여 콘텐츠 투어리즘 연구의 분포 상황을, 특히 본서 초판 시점인 2015년 이후의 변화 동향을 중심으로 보고자 한다.

▌조사방법

연구 성과의 발표 매체로는 잡지 등에 게재되는 논문, 도서, 학회 발표 등 다양한 경우가 있는데, 여기에서는 본서 초판에 따라서, 특히 그중에서도 잡지 논문 발표 상황에 관하여 매 출판년도에 따른 논문 수의 추이, 논문이 게재되는 잡지와 그 출판자의 상황을 보기로 한다.

CiNii Articles는 일본에서 출판되는 논문을 대상으로 분야를 막론하여 망라적으로 데이터를 수집하는 일본 최대의 논문 데이터베이스이다. 본 조사에서는 이 책 초판에 따라 CiNii Articles를 이용하여 '콘텐츠 투어리즘'과 '콘텐츠 관광'이라는 두 검색어로 키워드 검색을

---

1   http://ci.nii.ac.jp/

했다[2]. 검색 대상은 2014년 이후에 출판된 논문으로 한정하였고, 초판 시점(2014년까지)의 결과와 비교했다. 본 조사의 검색은 2018년 9월 9일에 실시하였다(초판 조사는 2014년 12월 15일에 실시). 검색 결과에 중복되어 포함된 논문[3], 콘텐츠 투어리즘과는 관련이 없다고 여겨지는 논문 등을 제외하고 최종적으로 223편의 논문을 분석 대상으로 삼았다 (초판 조사 때는 150편).

▌ 출판년

분석 대상 논문의 출판년도 상황을 [그림 09-1]과 같이 제시한다. 그리고 여기에서는 이 책 초판 조사 때의 데이터(2005년부터 2013년까지)도 추가함으로써 연도에 따른 변화를 보다 확인하기 쉽게 했다.

이 책 초판의 조사 시점에서는 9년 동안(2005~2013) 150편 정도의 출판량이었던 것에 대해, 본 조사에서 4년 반 정도(2014~2018년 중반까지)만에 220편 이상이 출판된 것에서도 알 수 있듯, 이 책 초판이 출판된 후 콘텐츠 투어리즘에 관련된 연구는 증가하고 있다. 초판 조사 시점에서는 2012년이 32편으로 최다였던 것에 비해, 2014년 이후는 평균 40편 이상의 논문이 출판되고 있으며 2014년과 2016년에는 둘 다 53편으로 최다 논문수를 기록하고 있다. 현재 콘텐츠 투어리즘 연구는 안정적으로 일정 성과를 계속 창출하는 영역이 되었다고 할 수 있다.

---

2 CiNii Articles의 키워드 검색에서는 논문 타이틀, 게재지명, 초록 등 어떠한 항목에 해당하는 키워드가 포함되는 논문이 검색된다.
3 복수의 연구회가 공동으로 개최한 집회에서 발표된 논문으로 각각의 연구회가 발행하는 프로시딩에 같은 내용 그대로 중복해서 게재된 경우 등.

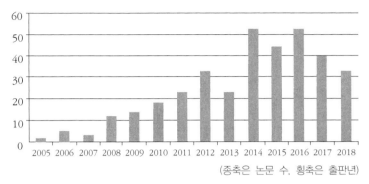

(종축은 논문 수, 횡축은 출판년)

[그림 09-1] 매 출판년마다 콘텐츠 투어리즘 관련 논문 발표 수

▎게재지 · 출판자

[표 09-1]은 콘텐츠 투어리즘 연구 논문의 게재지, [표 09-2]는 그 출판자의 분포에 관하여 상위 12위까지를 표로 정리한 것이다.

이 책의 초판에서 조사했을 때(2014)는 게재 논문이 가장 많은 잡지라도 9편(『일본관광연구학회 전국대회 학술논문집(日本観光研究学会全国大会学術論文集)』)이며, 콘텐츠 투어리즘 연구는 관광학 관계의 잡지나 콘텐츠 투어리즘 관련 특집을 꾸린 잡지에 많이 게재되는 경향이었다. 한편 이번 조사 시점에서는 우선 『콘텐츠 투어리즘 학회 논문집(コンテンツツーリズム学会論文集)』(콘텐츠 투어리즘 학회 발행)이 30편으로 가장 많은 논문을 게재하고 있다. 콘텐츠 투어리즘이라는 말을 내세우고 있듯이 콘텐츠 투어리즘 연구 발표의 장으로 크게 기능하게 된 것을 알 수 있다. 그밖에는 『International Journal of Contents Tourism』(홋카이도대학 관광학 고등연구센터[北海道大学観光学高等研究センター])도 콘텐츠 투어리즘을 내세운 잡지로 5편의 논문을 게재하고 있다. 이러한 저널은 콘텐츠 투어리즘 연구 발표의 장에서 중핵적으로 기능한다고 볼 수 있다.

[표09-1] 콘텐츠 투어리즘 관련 논문 게재잡지 상위 12위

잡지명	논문수	분야
콘텐츠 투어리즘 학회 논문집	30	콘텐츠 투어리즘
일본지리학회 발표요지집	16	지리학
CATS 총서	11	콘텐츠 투어리즘
일본디자인학회 연구발표대회 개요집	9	디자인
지리 요지집	7	지리학
JSAI대회 논문집	6	정보공학
지역 활성연구	6	지역 활성화
International Journal of Contents Tourism	5	콘텐츠 투어리즘
다마 뉴타운 연구	5	지역 활성화
제76회 전국대회 강연논문집(정보처리학회)	5	정보공학
지역 활성학회 연구대회 논문집	4	지역 활성화
관광과학연구	3	관광

[표09-2] 콘텐츠 투어리즘 관련 논문 출판자 상위 12위

잡지명	논문수	분야
콘텐츠 투어리즘 학회	30	콘텐츠 투어리즘
일본지리학회	23	지리학
홋카이도대학 관광학 고등연구센터	16	관광학
지역 활성학회	10	지역 활성
일본디자인학회	9	디자인
인공지능학회	6	정보공학
정보처리학회	5	정보공학
다마 뉴타운 학회	5	지역 활성
전자정보통신학회	4	정보공학
슈토대학 도쿄대학원 도시환경과학연구과 관광과학역	3	관광학
닛케이 BP사	3	일반
일본관광연구학회	3	관광학

　콘텐츠 투어리즘만을 대상으로 하는 잡지 이외에는『일본지리학회 발표용 요지집』(16편),『지리 요지집』(7편) 등의 지리학,『CATS총서』(11편),『관광과학연구』(3편) 등의 관광학,『일본디자인학회 연구발표대회 개요집』(9편) 등의 디자인,『JSAI(인공지능학회)대회 논문집』(6편),『정보처리학회 제76회 전국대회 강연논문집』(5편) 등의 정보공학, 그리고『지역 활성 연구』(6편),『다마(多摩) 뉴타운 연구』(5편),『지역 활성학회 연구대회 논문집』(4편) 등의 지역 활성화에 관한 잡지에 콘텐츠 투어리즘 연구가 많이 게재되었다. 초판 조사 시점에서는 '특집을 꾸린 잡지가 콘텐츠 투어리즘 연구의 장'이라고 말할 수 있을 정도로 영역 윤곽이 분명하지는 않은 상태였는데, 본 조사가 이루어진 시점에서는 콘텐츠 투어리즘 연구가 이들 다섯 분야(지리학, 관광, 디자인, 정보공학, 지역 활성화)와의 관련이 강한 영역으로 윤곽을 이루고 있는 것을 볼 수 있다.

　각 관련 분야와 콘텐츠 투어리즘 연구의 관련을 보면, 제각기 다른 경향을 볼 수 있다. 콘텐츠 투어리즘 그 자체를 다루는 잡지에 게시된 논문 대부분은 특정 지역, 콘텐츠에 관한 사례 연구(〈아이치현(愛知県) 세계 코스프레 서미트〉, 우지시(宇治市)의 〈울려라! 유포니엄〉 등), 지역을 한정하지 않고 특정 콘텐츠에 관하여 논하는 연구(애니메이션, 만화, 그림엽서, 건축물, 사찰과 신사 등), 보다 일반적으로 콘텐츠 투어리즘이란 무엇인가를 논하거나, 역사적 경위나 콘텐츠 간의 비교, 여행자 행동 분석 등을 다루는 연구이다. 관광학 분야의 잡지에 게재되는 논문도 대부분은 콘텐츠 투어리즘 잡지에 게재되는 논문과 마찬가지이지만, 일부 웹 상의 관광과 관련된 데이터 분석(동영상의 태그 등)이나 콘텐츠 투어리즘에 관련된 시스템 개발에 관한 연구가 포함된다(이러한 경우는 콘텐츠 투어리즘 잡지에서는 그다지 잘 보이지는 않는다). 지리학 분야도 콘텐츠 투어리즘에 관한 사례 연구가 많이 게재되고 있지만, 동시에 보다 일반화된 추상적 논고가 많이 게재되는 경향도 있다(「젊은이와 관광과 지리학」, 「지역과 스토리텔링」, 「인바운드 투어리즘과 지리학」 등). 지역 활성 분야에서는, 콘텐츠 투어리즘이 어떻게 지역 활성화로 연결되는지가 주로 연구의 초점이다. 정보공학에서는 다양한 연구가 이루어지고 있는데, 스스로 관광에 관한 무언가의 '콘텐츠'를 제작하는 연구(여기에서 말하는 콘텐츠는 애니메이션·만화 등이 아니라 어플리케이션 등에 해당한다)와 기존 콘텐츠의 Linked Open Data (컴퓨터 이용이 쉽도록 데이터끼리 링크시킨 데이터 형식)화에 관한 연구, 관광을 지원하는 시스템 개발 등의 경향이 비교적 강하다. 디자인 분야에서도 정보공학에 가까운 논문이 많은데, 크게 나누면 콘텐츠 투어리즘을 지탱하는 시스템(관광지 안내 어플리케이션이나 관광정보 사이트, 음성 가이드 등) 제작, 디자인에 관한 연구와 콘텐츠 투어리즘을 유발할 만한 콘텐츠 자체의 디자인 연구가 이루어지고 있다.

이렇게 콘텐츠 투어리즘 연구의 윤곽이 보인다고는 해도 발표의 장이 여기로만 제한된 것은 물론 아니다. 콘텐츠 투어리즘 관련 연구의 게재지는 113종에 이르며, 75종이던 이 책 초판 조사 때보다 훨씬 증가했다. 다양한 영역과 관련된 가능성은 유지하면서, 특별히 관련도 깊은 영역이 어느 정도 보이게 된 상황이라고 할 수 있다.

▌ 정리

이 책 초판 출판 시점과 비교하여 콘텐츠 투어리즘 연구는 안정적으로 성과를 양산, 발표하게 되었다. 또한 분산되어 있던 게재 미디어가 수렴되고 있으며, 사례를 중심으로 콘텐츠 투어리즘 자체를 다

루는 잡지를 핵심에 두면서, 일부는 관광학 일반에 관한 잡지에 게재
되고, 또 지리학 분야에서도 많은 발표가 이루어지고 있다. 한편 정
보공학, 디자인 분야에서는 콘텐츠 투어리즘을 지원하는 시스템 개
발과 관광에 관한 '콘텐츠' 자체의 개발(단, 여기에서 말하는 '콘텐츠'란
어플리케이션 시스템이다)이 활발히 이루어지고 있다. 또한 지역 활성
화 분야는 지역 활성화의 수단으로 콘텐츠 투어리즘에 착안하여 많
은 논고를 내고 있다. 현재는 콘텐츠 투어리즘 연구의 윤곽이 보이게
된 단계라고 할 수 있을 것이다.

　또한 이 책 초판의 조사도 마찬가지인데, 본 장은 어디까지나 연구
동향을 'CiNii Articles에서 검색할 수 있는 논문'이라는 하나의 지표
로 밝히고자 시도한 것이다. 실제로는 CiNii Articles에서 검색할 수
없는, 일반 잡지나 도서에 관련 연구가 게재된 경우도 있다. 콘텐츠
투어리즘 분야의 연구를 해나갈 때, CiNii Articles에 한하는 것이
아니라 제20, 21장에서 소개하는 정보 탐색 툴을 이용하여 광범위한
정보원을 가지고 와서 선행연구를 조사할 필요가 있을 것이다.

사토 쇼(佐藤翔)

제2부

콘텐츠 투어리즘의 기초

제2부에서는 콘텐츠 투어리즘을 연구할 때
알아두었으면 하는 배경적 기초 지식을 정리했다.
우선은 콘텐츠 투어리즘의 역사를 개관하고,
콘텐츠 투어리즘을 둘러싼 공간과
관련된 액터들에 관하여 정리를 한다.
그리고 콘텐츠 투어리즘에서 여행 행동 특징을 정리하고,
그 다음 젠더 및 국제화 측면에 대해서도 언급한다.
또한 콘텐츠의 제작과 지역의 관계성에 관하여 서술하고,
그것을 활용하는 일본의 정책 상황과 더불어,
영국을 예로 해외 정책 상황을 제시한다.

CONTENTS

TOURISM

10 콘텐츠 투어리즘의 역사

▌전근대의 투어리즘

근대 이전에 관광 현상이 발생하는 전제로서, 에도 시대(江戸時代, 1603~1868)에 들어 다섯 가도(街道)[1]를 중심으로 한 교통로 정비, 그리고 세키쇼(関所)[2]를 중심으로 한 교통제도가 확립된 점을 지적할 수 있다. 즉 그 이전 중세 단계에서는 장원 영주나 유력 신사 및 사찰, 시대가 내려가면 전국(戦国)시대 다이묘(大名)[3]와 같이 각 권력이 난립하고, 그에 따라 세키쇼가 각지에 설치되어 각 지역 주권에 의해 통행세인 세키센(関銭) 징수가 이루어지는 등, 일반 서민이 안전하고 싼값으로 일본 전국을 이동할 수 있는 환경이 아니었다. 물론 에도 시대에도 세키쇼가 존재했으므로 원활한 국내 이동이 가능했던 것은 아니고, 또한 이동 수단도 한정된 상황이었던 것을 부정할 수 없다. 나아가 금전적인 면에서 사람에 따라서는 평생에 한 번 정도 여행이 가능한 상황이기도 했다(고다마[児玉], 1992; 마루야마[丸山], 1992). 그러나

---

1 [역] 다섯 가도(五街道)란, 에도(江戸, 지금의 도쿄)를 기점으로 하여 혼슈(本州) 중앙부를 달리는 도카이도(東海道), 나카센도(中山道), 닛코 도중(日光道中), 오슈 도중(奥州道中), 고슈 도중(甲州道中)의 중요한 다섯 가도를 말한다.
2 [역] 가도의 요소나 경계에 설치하여 내전 때는 방위, 평소에는 통행인이나 물품의 검사를 하던 곳이며 치안유지의 기능도 있었으므로 교통과 상업의 관문이나 장애로 작용했고, 1869년에 폐지되었다.
3 [역] 넓은 영지를 가진 무사 출신 대영주.

이것은 현대적 가치관에 따른 판단이며 많은 사람들에게 이동의 기회가 부여된 것은 평가할 수 있다.

세키쇼 통행을 위해서는 세키쇼 증서를 지참하고 그것을 제시할 필요가 있었다. 그러한 의미에서 에도 시대의 여행에는 이유가 필요했다. 인가를 받을 수 있는 여행의 사유는 사찰이나 신사의 참배, 탕치(湯治)와 같은 온천 치료이며, 나머지는 공용이나 상업상의 이유 등이었다. 따라서 여행 목적지의 대부분은 신사나 사찰, 온천지였다. 다만, 당시의 여행일기를 보면 대부분의 사람들이 목적지에 곧바로 향하는 것이 아니라 우타마쿠라(歌枕)[4]와 같은 유명한 장소가 있는 큰 도시, 그리고 목적지가 아닌 신사나 사찰 등 여행 도중에 다양한 장소를 찾아간다. 그리고 이러한 현상에 따라 근대적 개념에서 말하는 관광업이 발생하게 되었다(아오야기[青柳], 2002; 오노데라[小野寺], 1990; 간자키[神崎], 2004).

우선 많은 사람들이 찾는 신사나 사찰이 있는 곳에는 안내인이 있다. 역할이라면 길안내부터 시작하여 명소, 구적(舊蹟)의 소개, 숙소나 토산품 알선과 같이 지금의 관광가이드와 같은 역할을 담당했다. 특히 이세 신궁(伊勢神宮)[5]이나 구마노 삼산(熊野三山)[6], 후지산(富士山) 등 큰 신사나 사찰에서는 오시(御師)[7]라 불리는 참배 전반을 도맡는 여행업자의 존재가 전국 각지로 확산되었다. 이처럼 여행자를 받아

4　[역] 일본의 전통 시가인 와카(和歌)나 하이쿠(俳句)에 많이 읊어진 명소.
5　[역] 미에현(三重県) 이세시(伊勢市)에 있는 대신사로 일본 황실의 종묘이자 국가 신도의 중심.
6　[역] 구마노 지방에 있는 구마노 본궁대사(本宮大社), 구마노 하야타마대사(速玉大社) 구마노 나치대사(那智大社) 세 신사를 총칭하는 말. 구마노 삼사(熊野三社)나 미쿠마노(三熊野)라고도 부른다.
7　오시는 중세 무렵부터 존재하였으며 당초에는 신사에 소속되어 있던 기도사 등을 가리켰지만 점차 참배를 알선하는 사람들로 변화해갔다.

들이는 체제 확립만이 아니라, 여행자 측의 지식 또한 양성되었다. 도중기(道中記)라 불리며, 대표적인 신사나 사찰의 참배를 하기 위한 루트, 숙소를 제공하는 마을마다의 명소나 구적, 토산품 등을 소개하는 가이드북이 많은 사람들에게 읽혔고, 여행 때는 휴대되었다. 그리고 명소, 구적이라는 인식 자체도 각 지역 사회에서 다양한 변화를 보이게 된다. 그림이나 지역지 제작에서는 여행 문화가 큰 배경으로 존재하며, 이미 여행자들의 동향은 무시할 수 없는 것이었음을 알 수 있다(아오야기[青柳], 2002; 가마다[鎌田], 2013; 다나카[田中], 2004; 하라[原], 2014).

그러나 메이지 시대에 들어 세키쇼가 철폐되기까지 이미 기술한 것처럼 에도 시대의 여행 이유는 신사나 사찰 참배에 있으며, 여행 도중의 구경이나 행락의 관련성 속에서 여행 문화가 만들어져 갔다는 사실은 중요하다. 즉 신사나 사찰 참배와 구경 및 행락은 이항대립적인 것이 아니라 유기적으로 결합되면서 성립해간 여행 문화인 것이다.

▌근대의 여행 문화

근대 이후 정치제도가 크게 변혁하면서 동시에 교통, 통신 제도도 크게 변화했다. 특히 1872년에 신바시(新橋)·요코하마(横浜) 사이에 개통된 철도는 교통로의 확대뿐 아니라, 여행 문화, 나아가 사회 생활조차도 크게 바꾸었다고 할 수 있다. 에도 시대에는 숙소 마을을 중심으로 한 가도를 따라 경제 유통이나 사람들 이동이 이루어졌던 것에 비해, 근대 이후에는 철도역을 중심으로 발달했다. 예를 들어 에도 시대까지는 지역 사회의 우지가미(氏神)[8]에게 참배하는 형식이던 새해 첫 참배가, 철도회사의 캠페인에 의해 교외에 있는 대규모 신사에 참배하러 가는 형태로 변화한 사례를 들 수 있다. 또 메이지 초기에는 숙소 마을이 쇠퇴함에 따라 한적한 장소로 변모해간 가루이자와(軽井沢)나 가마쿠라(鎌倉)가 철도망 발전과 더불어 다시 활성화되는 등 철도의 발달은 근대 관광을 생각할 때 무시할 수 없는 일이다(히라야마[平山], 2012; 야마모토[山本], 2005).

물론 근대의 관광을 생각할 때, 새로운 시점을 도입함으로써 신규 이미지가 확립된 것도 지적할 수 있다. 에도 시대까지는 해금(海禁)[9] 상태였고, 일본 외부 문화권의 가치관이 유입될 기회는 적었다. 그러나 메이지 시대 이후 그 이전과 비교하면 많은 외국인들이 일본을 찾아오게 되어, 일본 문화의 새로운 측면에 초점이 맞춰졌다. 그 중 하나가 외국인의 피서지로 각광받은 가루이자와(軽井沢)이며, 일본 알프스나 세토 내해(瀬戸内海)라는 새로운 지역 이미지가 확립되어가기도 했다. 에도 시대까지는 참배나 수렵 목적 이외에는 이루어진 적이 없던 등산이 산에 오르는 것 자체를 평가하는 식으로 변화한 것처럼, 거친 파도가 이는 곳들의 집합체로서만 인식되던 세토 내해가 광범위한 다도해로 인식되게 된 것이 근대이다. 이러한 가치관 성립에는 외국인의 시선이 크게 영향을 주었고, 일본인들도 이처럼 새로운 평가축을 가지고 인식하게 되었다(니시다[西田], 1999; 다마이[玉井], 2011).

---

8 [역] 신으로 제사되는 씨족의 선조, 혹은 그 씨족과 관련된 신. 일정 지역 사람들을 수호하는 신을 일컫기도 한다.

9 쇄국이라는 말은 에도 시대 후기에 사용되기 시작했으며 마쓰마에(松前), 쓰시마(対馬), 나가사키(長崎), 류큐(琉球)라는 '네 개의 출입구'로 불린 루트로 해외 교류를 했다. 따라서 나라를 닫고 있었다는 '쇄국'이 아니라 해상 사용의 제한이나 금지를 의미하는 '해금'이라는 말이 학술 연구상에서 사용된다.

▌ 이야기 문화의 변용

이러한 사회적 변화 속에서 근세부터 근대에 걸쳐 콘텐츠 투어리즘 자체도 크게 변용되었다. 위에서 말한 것처럼 에도 시대까지는 여행을 하려면 신사나 사찰 참배나 탕치 등 세키쇼를 통과하기 위한 이유가 필요했다. 그러나 그 반면, 행정(行程)에 관해서는 허가가 필요하지 않았기 때문에 많은 여행객들이 와카(和歌)[10]에서 다루어진 장소를 둘러보거나, 도중기나 기행문에서 많이 취급된 장소에 들르는 등 단선적이지 않게 다양한 곳을 경유하면서 여행했다. 이 점에서 여행자들은 에도 시대에 발달한 출판문화를 배경으로 하여 생성된 여행 문화에 크게 영향을 받았다고 할 수 있다. 그러나 신사 및 사찰 참배에 수반하는 풍광 수려한 경치를 애호하는 문화 자체도 근대 이후에는 크게 변화해간다.

최대 요인은 앞서 말한 철도망의 발달이다. 도보에서 철도 이동이 되었고, 단순히 이동이 용이해졌다고 말할 수도 있지만 그뿐 아니라 경치를 소비하는 방식, 찾아갈 장소의 수 증가, 대량의 인원 수송 등 보다 많은 변화를 지적할 수 있다. 메이지 시대에 수많은 기행문을 계속해서 썼던 다야마 가타이(田山花袋)[11]를 예로 들 것까지도 없이, 관광지의 사회 변용은 당시 사람들 입장에서도 괄목할 만한 것이었다. 철도 발전에 따라 관광지가 증가하고 변용이 일어나며 또한 관광 자체도 변화한다. 그것은 토산물 하나에도 변화를 초래하였고, 당연하지만 장소의 이미지 생성에도 크게 영향을 끼쳤다(다마이[玉井], 2013).

그러나 그 이후 이야기 문화의 변용에 가장 영향을 주게 된 것은

---

10 [역] 5·7·5·7·7의 다섯 구 31음절로 이루어진 전통적 단시형 정형시.

11 [역] 다야마 가타이(田山花袋, 1872~1930). 일본 근대의 자연주의 문학자로 『이불(布団)』, 『시골 선생(田舍敎師)』 등의 대표적 소설로 유명하다.

신규 미디어의 등장이었다. 예를 들어 영화 감독인 오바야시 노부히
코(大林宣彦)[12]가 자신의 일련의 작품들 무대로 오노미치(尾道)[13]를 계
속 다룸으로써, 오노미치라는 장소에 대한 이미지는 근대 이전의 신
사 참배 장소나 근대 이후의 풍광 수려함이라는 것에서 전환이 이루
어지게 된다. 그 후 오노미치를 무대로 한 작품은 텔레비전 드라마,
만화 작품, 소설 등 많은 미디어에서 다루어지면서, 오노미치 자체도
영화 무대라는 것을 전면적으로 어필하게 된다. 그 최첨단에 위치한
애니메이션 성지순례는, 애니메이션이라는 미디어의 신규성에만 착
안할 것이 아니라, 지금까지 그 장소에서 배양된 다양한 역사적 경위
에 눈길을 줄 필요가 있다. 그것은 교통로의 변용이나 그에 따른 사회
적, 문화적 변용이라는 실태적 측면만이 아니라, 미디어 공간의 변용
과 같은 소프트한 면의 위상에도 착안하여 복합적으로 생각해갈 필
요가 있다(다마이[玉井], 2009).

다마이 다쓰야(玉井建也)

참고문헌

아오야기 슈이치(2002), 『후가쿠 여행 백경 ── 관광 지역사의 시도』〔靑柳周一(2002),
　　『富嶽旅百景 ── 観光地域史の試み』, 角川書店〕.

12　[역] 오바야시 노부히코(大林宣彦, 1938~2020). 일본 영상사상 자주제작 영화의
　　선구자, CM디렉터, 상업영화에서도 최첨단을 열어 '영상의 마술사'로 일컬어진
　　감독. 〈하우스〉, 〈이방인과 보낸 여름〉 등 수많은 대표작이 있고, 각본과 편집에도
　　참가하였으며 저술 활동도 활발하였다.

13　[역] 오카야마시(岡山市)와 히로시마시(広島市) 중간에 위치하며, 세토 내해에 면
　　한 곳으로 메이지 시대에 철도가 개통되자 철도 및 해운의 접점이 되었다. 많은
　　콘텐츠의 무대가 되어 언덕의 거리, 문학의 거리, 영화의 거리로 알려져 있다.

오노데라 아쓰시(1990), 「도중일기로 보는 이세 참배 루트의 변천 — 간토 지방의
경우」〔小野寺淳(1990), 「道中日記にみる伊勢参宮ルートの変遷 — 関東地方から
の場合」, 『筑波大学人文地理学研究』 14, pp.231~255〕.

가마다 미치타카(2013), 『이세 참배 — 에도 서민의 여행과 신심』〔鎌田道隆(2013),
『お伊勢参り — 江戸庶民の旅と信心』, 中央公論新社〕.

간자키 노리타케(2014), 『에도의 여행 문화』〔神崎宣武(2004), 『江戸の旅文化』, 岩
波書店〕.

고다마 고타(1992), 『일본교통사』〔児玉幸多(1992), 『日本交通史』, 吉川弘文館〕.

다나카 도모히코(2004), 『성지를 순례하는 사람과 길』〔田中智彦(2004), 『聖地を巡
る人と道』, 岩田書院〕.

다마이 다쓰야(2009), 「'성지'로 이르는 오노미치라는 필드 — 우타마쿠라에서 『가미
추!』로」〔玉井建也(2009), 「「聖地」へと至る尾道というフィールド — 歌枕から『か
みちゅ!』へ」, 『コンテンツ文化史研究』 1, pp.22~34〕.

다마이 다쓰야(2011), 「세토 내해 이미지의 역사성과 변용 — 콘텐츠 작품을 중심으
로」〔玉井建也(2011), 「瀬戸内海イメージの歴史性と変容 — コンテンツ作品を中
心として」, 『デジタルゲーム学研究』 5(2), pp.67~72〕.

다마이 다쓰야(2012), 「지역 이미지의 역사적 변천과 애니메이션 성지순례 — 가마
쿠라를 중심으로」〔玉井建也(2012), 「地域イメージの歴史的変遷とアニメ聖地巡
礼 — 鎌倉を中心として」, 『CATS叢書』 7, pp.121~138〕.

다마이 다쓰야(2013), 「콘텐츠 투어리즘의 역사적 전개」〔玉井建也(2013), 「コンテン
ツツーリズムの歴史的展開」, 『デジタルゲーム学研究』 6(3), pp.29~38〕.

니시다 마사노리(1999), 『세토 내해의 발견 — 의미 풍경에서 시각 풍경으로』〔西田正
憲(1999), 『瀬戸内海の発見 — 意味の風景から視覚の風景へ』, 中央公論新社〕.

하라 준이치로(2014), 『에도의 여행과 출판 문화 — 사찰·신사 참배사의 새로운 시
각』〔原淳一郎(2014), 『江戸の旅と出版文化 — 寺社参詣史の新視角』, 三弥井書
店〕.

히라야마 노보루(2012), 『철도가 바꾼 신사·사찰 참배 — 새해 첫 참배는 철도와
더불어 나고 자랐다』〔平山昇(2012), 『鉄道が変えた社寺参詣 — 初詣は鉄道とと
もに生まれ育った』, 交通新聞社〕.

마루야마 야스나리(1992), 『일본의 근세(제6권) — 정보와 교통』〔丸山雍成(1992),
『日本の近世(第6巻) — 情報と交通』, 中央公論社〕.

야마모토 미쓰마사(2005), 『에도 구경과 도쿄 관광』〔山本光正(2005), 『江戸見物と
東京観光』, 臨川書店〕.

11 콘텐츠 투어리즘의 공간

콘텐츠 투어리즘을 생각하는 틀 중 하나로 공간에 관하여 생각해 보자. 일반적으로 관광은 사람이 공간을 이동하는 것을 전제로 한 개념이지만, 콘텐츠 투어리즘 시점에서는 현실 공간뿐 아니라 정보 공간, 허구 공간까지 그 범위를 포함함으로써 관광을 보다 깊이 고찰할 수 있다.

▌관광과 이동

애초 '관광'이란 무엇인가? 관광의 정의는 논자에 따라 다양하지만 여기에서는 '사람이 일상 공간에서 비일상 공간으로 이동하고, 일정 시간을 보냈다가 돌아오는 행위'라 해 두기로 한다. 이때 일반적으로 '이동'이란 인간의 신체가 물리적으로 장소를 옮기는 것을 가리킨다. 다만 사고방식을 바꿔 보면 이 '이동'이 그 이외의 것도 포함한다는 점을 알 수 있다. 소설이나 만화 등을 읽음으로써 이야기로 몰입하는 것, 텔레비전 게임 체험, 인터넷 서핑 등이 그것이다. 물리적 이동이 아니더라도 정신적으로 '여기가 아닌 공간'에서 시간을 보내는 심리 상태를 얻을 수 있다.

여기에서 정신적 이동이라는 점을 고려할 때 영화와 관광의 관계성에 관하여 생각해 두자. 지카모리 다카아키(近森高明)는 영화와 관광 여행의 공통점으로 '일상적 루틴을 일시적으로 이탈하여—가상과 현실이라는 차이는 있지만—비일상적인 공간에서 노닌다'는 점을 지적한다(지카모리[近森], 2011). 관광이든 영화든 비일상 공간으로의 이동이라는 것이다. 분명 콘텐츠 체험은 물리적 이동은 수반하지 않지만, 정신적으로는 콘텐츠 세계로 이동하고 비일상적 공간에서 노니는 관광이라고 생각할 수 있다.

또한 '일정 시간'에 관해서도 숙박의 유무는 관계가 없는 것으로 간주할 수 있다. 관광의 정의 안에는 숙박을 동반하지 않으면 관광이 아니게 되는 내용도 있다. 그러나 사람에 따라서는 그러한 정의에 위화감을 가질지도 모른다. 정의는 논의를 할 때 그에 맞는 형태로 설정되어야 한다. 숙박을 동반하는 것만을 관광이라고 하는 정의는, 숙박 통계 등을 조사할 때나 숙박업에 관해 논의할 때는 유효하다. 다만, 여기에서는 그러한 논의 때문에 정의를 내리는 것이 아니므로 숙박의 유무는 묻지 않기로 한다. 당일치기든, 몇 시간이든, 관광자 입장에서 비일상 공간으로의 이동 감각을 얻게 된다면 그것이 곧 관광이 되는 셈이다.

▍현실 공간, 허구 공간, 정보 공간

콘텐츠 투어리즘은 세 가지 공간에 관련된 관광이라고 생각할 수 있다(오카모토[岡本], 2015, 2018; [그림 11-1]). 우선 관광을 하는 주체를 관광 주체라고 한다면 관광 주체는 물리적 신체를 가지고 현실 공간 상에 존재한다. 일반적인 관광이란, 관광 주체가 현실 공간 상에서 물리적으로 이동해서 관광 목적지로 갔다 돌아오는 것이라 할 수 있다. 그리고 영화나 만화, 애니메이션, 게임 등의 콘텐츠를 체험하는

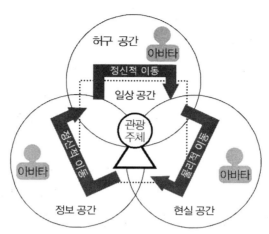

[그림 11-1] 현실 공간, 허구 공간, 정보 공간을 전제로 한 관광 이미지

것은, 비일상 공간에 정신적으로 하는 이동이라 파악할 수 있다. 이동한 곳의 공간을 여기에서는 '허구 공간'이라 이름 붙인다. '허구 공간'은 콘텐츠 내부의 이야기 세계이다. 그렇다면 인터넷 서핑이나 인터넷 상의 사람들 간 교류는 어떠한가? 그것은 '정보 공간'으로의 정신적 이동이라 부를 수 있다. '정보 공간'이란 인터넷 등의 미디어 상에서 상정할 수 있는 공간이다. 고야마 마사히로(小山昌宏)는 인터넷 공간을 '디지털화된 문자, 숫자, 그래프·도형 등의 도상(심벌), 일러스트·사진, 동영상 등의 영상(이미지)을 실재하는 것으로 표상시키고, 또한 ID나 핸들 네임, 아바타나 퍼핏(puppet) 등의 분신(기호)을 의사 인간(의사 주체)으로 기능시킬 수 있는 "의사형 현실" 공간'이라고 지적한다(고야마[小山], 2011).

개중에는 이들 세 공간을 횡단하는 관광도 있다. 예를 들어 애니메이션 성지순례의 경우는 콘텐츠의 체험(허구 공간으로의 관광)을 계기로 현실 공간으로의 이동이 이루어진다. 그와 더불어 정보 공간 상에서 타자와 상호작용도 한다.

오카모토 다케시(岡本健)

참고문헌

오카모토 다케시(2015), 「콘텐츠 투어리즘의 현장에서 보는 공간 개념 ── 현실·정보·허구 공간을 둘러싼 관광 여행의 양식」〔岡本健(2015), 「コンテンツツーリズムの現場からみる空間概念 ── 現実·情報·虚構空間をめぐる観光旅行のあり方」, 『地理』 60(6), pp.20~28〕.

오카모토 다케시(2018), 「다양한 '공간'을 둘러싼 다채로운 '이동' ── 포스트 정보관광론으로 가는 길」, 오카모토 다케시·마쓰이 히로시(편), 『포스트 정보 미디어론』〔岡本健(2018), 「多様な『空間』をめぐる多彩な『移動』── ポスト情報観光論への旅」, 岡本健·松井広志(編), 『ポスト情報メディア論』, ナカニシヤ出版, pp.209~228〕.

고야마 마사히로(2011), 『정보 세큐리티의 사상 ── 인터넷의 사회적 신뢰 창조』〔小山昌宏(2011), 『情報セキュリティの思想 ── インターネットにおける社会的信頼の創造』, 勁草書房〕.

지카모리 다카아키(2011), 「영화관」, 야스무라 가쓰미·호리노 마사토·엔도 히데키·데라오카 신고(편), 『잘 이해되는 관광사회학』〔近森高明(2011), 「映画館」, 安村克己·堀野正人·遠藤英樹·寺岡伸悟(編), 『よくわかる観光社会学』, ミネルヴァ書房, pp.134~135〕.

12 콘텐츠 투어리즘의 액터

▌ 관광의 구성요소와 트라이앵글 모델

관광이라는 사회 시스템은 기본적으로 다음 요소를 포함한다.

관광객(게스트), 관광지 주민(호스트), 관광 사업자(브로커)이다. '관광객'은 여행자로서 거주지를 떠나 관광지를 찾아왔다가 되돌아간다. 이것이 기본적인 '관광'의 구조인데, 관광지에는 거기에 사는 '관광지 주민'이 있으며, 관광은 주민 생활이나 지역 전체에 경제적, 사회적, 문화적으로 다양한 영향을 끼친다. 관광객과 관광지를 매개하는 존재로서 관광 사업자를 거론할 수 있다(야스무라[安村], 2011). 관광은 이러한 관계자(액터)들의 상호작용에 의해 구축되는 현상이다.

그렇다면 콘텐츠 투어리즘에는 어떠한 액터가 관련되고 어떠한 관계성이 생기는 것일까? 콘텐츠 투어리즘, 특히 애니메이션 성지순례와 같은 관광자 측의 행동이나 정보 발신이 활발한 사례에서는 관광자와 관광지의 매개가 되는 관광 사업자의 역할은 상대적으로 적어진다. 브로커 역할을 인터넷 등의 정보 통신 기술이 대체하기 때문이다. 콘텐츠 투어리즘 안에서는 브로커보다도 콘텐츠 '제작자'가 액터로서 더 중요해진다. 야마무라 다카요시(山村高淑)는 애니메이션 투어리즘의 매니지먼트를 생각할 때 '제작자', '지역', '팬(여행자)'을 액터로 한 트라이앵글 모델을 제창했다(야마무라[山村], 2011). 이 트라이앵글 모델에서는 삼자가 각각 '오리지널 콘텐츠'에 대해 '애정'과 '경의'

를 가지고 액터들이 서로의 메리트를 생각하는 호혜적인 관계성을
구축하는 방향성을 지향한다는 것이 드러났다.

▋ 콘텐츠 투어리즘의 액터

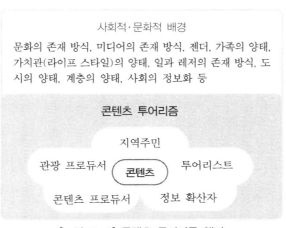

[그림 12-1] 콘텐츠 투어리즘 액터

　트라이앵글 모델은 관계성의 이상적인 형태를 제시한 것이다. 그
러나 실제 관광 현장에서는 미디어 제작자, 기업, 관광객, 행정, 지역
주민 등 다양한 각각의 액터들이 가지는 이해관계나 관심이 서로 경
합하게 되며, 그것들을 둘러싼 사회 상황을 배경으로 '욕망의 별자
리'[1] 양상을 띠는 관광 공간을 구축한다(엔도[遠藤], 2009). 콘텐츠 투
어리즘도 예외가 아니다. 사례와 대치될 때는 다양한 액터를 시야에
넣고 분석, 고찰할 필요가 있다. 여기에서는 기존 연구 성과와 관련

1　[역] 연구자 엔도 히데키(遠藤英樹)는 다양한 별들이 모여 다투면서도 밤하늘에
　　하나의 별자리를 형성하듯, 상호의 이해 관심이 부딪치면서 생기는 지역 공간을
　　이렇게 표현하였다.

되는 액터를 들어서, 각자에게 어떠한 동기가 있으며 그것들이 어떠한 관계성을 가지는지를 기술하고자 한다(岡本, 2013). 콘텐츠 투어리즘의 액터는 '투어리스트(관광자)', '지역주민', '관광 프로듀서', '콘텐츠 프로듀서', '정보 확산자'라는 다섯 종류로 나눌 수 있다([그림 12-1]). 이들 다섯 액터가 콘텐츠를 핵심으로 하여 상호 작용하고, 콘텐츠 투어리즘의 공간을 구축해 간다.

'투어리스트'는 관광 목적 지역에 실제로 찾아가는 사람들을 가리킨다. 콘텐츠를 동기로 한 투어리스트도 있고 경우에 따라서는 그 이외의 동기로 찾아오는 투어리스트도 있다. '지역주민'은 관광지와 그 주변에 거주하는 사람들을 가리킨다. '관광 프로듀서'는 관광 사업자를 포함하며 관광 진흥을 추진하는 동기를 지닌 사람들을 가리킨다. 상품 제작이나 이벤트 기획을 하는 사람들도 여기에 포함된다. '콘텐츠 프로듀서'는 콘텐츠 투어리즘의 핵심이 되는 콘텐츠를 만들거나 그것을 홍보하는 액터를 말한다. 이 액터는 기본적으로 콘텐츠의 가치를 높이는 것이 동기의 중심이다. 나아가 지금까지의 분류에는 없던 액터로 '정보 확산자'가 있다. 이 액터는 관광지나 콘텐츠에 관한 정보를 발신, 유통, 확산시키는 것을 동기의 중심으로 삼는 액터이다. 텔레비전이나 신문, 잡지 등의 기자 등은 물론, 스스로 정보를 발신하는 것이 아니라 큐레이션 사이트나 SNS 등을 활용하여 정보를 편집, 확산하는 사람들도 포함한다. 이 액터들은 액터 내에서도 다양성을 지니며 몇 가지 액터의 기능을 아울러 지닌 사람이나 조직이 존재할 경우도 있다.

오카모토 다케시(岡本健)

참고문헌

엔도 히데키(2009), 「미디어 텍스트로서의 관광」, 간다 고지(편), 『관광의 공간』〔遠藤英樹(2009), 「メディアテクストとしての観光」, 神田孝治(編), 『観光の空間』, ナカニシヤ出版, pp.166~175〕.

오카모토 다케시(2013), 『n차 창작 관광 ─ 애니메이션 성지순례/콘텐츠 투어리즘/관광사회학의 가능성』〔岡本健(2013), 『n次創作観光 ─ アニメ聖地巡礼/コンテンツツーリズム/観光社会学の可能性』, 北海道冒険芸術出版〕.

야스무라 가쓰미(2011), 「관광의 구성요소와 구조」, 야스무라 가쓰미·호리노 마사토·엔도 히데키·데라오카 신고(편), 『잘 이해하는 관광사회학』〔安村克己(2011), 「観光の構成要素と構造」安村克己·堀野正人·遠藤英樹·寺岡伸悟(編), 『よくわかる観光社会学』, ミネルヴァ書房〕.

야마무라 다카요시(2011), 『애니메이션·만화로 지역 진흥 ─ 도시의 팬을 낳는 콘텐츠 투어리즘 개발법』(전자판: 야마무라 다카요시(2018), 『〈보급판〉애니메이션·만화로 지역 진흥 ─ 도시의 팬을 낳는 콘텐츠 투어리즘 개발법』)〔山村高淑(2011), 『アニメ·マンガで地域振興 ─ まちのファンを生むコンテンツツーリズム開発法』, 東京法令出版(電子版: 山村(2018), 『〈普及版〉アニメ·マンガで地域振興 ─ まちのファンを生むコンテンツツーリズム開発法』, PARUBOOKS)〕.

13 콘텐츠 투어리즘의 여행 행동
―애니메이션 성지순례의 사례

콘텐츠 투어리즘이 주목받은 계기 중 하나는 애니메이션 성지순례였다. 애니메이션 성지란 애니메이션 작품의 로케이션지 또는 그 작품, 작가와 관련되는 토지이며, 또 팬에 의해 그 가치가 인정되는 장소를 말한다(야마무라[山村], 2008). 애니메이션 성지를 방문하거나 그 주변을 돌아다니는 것을 애니메이션 성지순례라 부른다(오카모토[岡本], 2008). 이 행동이 탄생한 것은 1990년 무렵으로 여겨지며 〈궁극초인 아루(究極超人あ〜る)〉, 〈천지무용! 양황귀(天地無用! 魎皇鬼)〉, 〈달의 요정 세일러문(美少女戦士セーラームーン)〉 등이 그 효시라 일컬어진다(가기자키[柿崎], 2005; 오카다[岡本], 2009a; 오이시[大石], 2011). 이 시점에서는 열성적인 팬들의 행동에 머물러 있었지만, 인터넷 보급에 의해 쌍방향 커뮤니케이션이 증대하면서 많은 팬들에게 퍼진 것으로 생각된다.

▌애니메이션 성지순례의 특징

애니메이션 성지순례를 하는 여행자에 관하여 애니메이션 성지 네 곳에서 2009년에 실시한 앙케트 조사로 얻어진 1,092개의 데이터를 통해 그 전체상을 보고자 한다. 성별과 연령에서는 남성이 전체의

90% 이상을 차지하며 10대에서 30대를 합계하면 역시 9할 이상이다. 주거지는 성지에 따라 다르기는 하지만 전국 각지로부터 방문하는 것으로 보이며 해외로부터의 방문자도 있다는 것이 확인된다(오카모토[岡本], 2018).

다음으로 성지순례의 행동적 특징을 보고자 한다(오카모토[岡本], 2010). 애니메이션 성지순례의 동기 형성은 애니메이션 시청과 관련 정보의 취득에서 생긴다. 그리고 현지에서는 다양한 행동적 특징을 볼 수 있다. 우선 애니메이션 배경이 된 장소에서 애니메이션과 같은 앵글로 사진을 촬영하는 것을 들 수 있다. 그때 풍경만을 촬영하는 경우나 캐릭터와 같은 포즈로 사진에 찍어 넣는 경우, 피규어 등의 상품과 더불어 촬영하는 경우 등 다양하다. 다음으로 '성지순례 노트'나 '이타에마(痛絵馬)'[1]와 같은 텍스트나 일러스트를 이용한 표현물을 현지에 남긴다. 그리고 자동차에 애니메이션 캐릭터를 배합하여 그린 '이타차(痛車)'로 현지를 찾는 순례자나, 캐릭터 분장을 하는 '코스프레'를 애니메이션 성지에서 즐기는 순례자도 있다. 또한 애니메이션 상품을 지역에 가지고 가서 지역 시설이나 상점에 기증하는 현상도 볼 수 있다. 이렇게 애니메이션 성지에서는 성지순례자 각각의 표현이 드러나고 표현물이 축적되어 간다. 성지순례 후에는 '순례기'라고 해서 웹사이트나 블로그 기사 같은 데에 그 모습을 공개하거나, '동인 가이드북'을 작성하여 코믹 마켓 등에서 배포하는 순례자도 있다. 이러한 사후적 정보 발신 중에는 애니메이션 성지순례의 매너

---

1 [역] 캐릭터를 그리거나 캐릭터의 말버릇 등을 활용하여 소원을 적는 에마(絵馬, 소원이나 감사의 그림을 그려 신사에 봉납하는 나무 액자)를 말하는데, 이때 앞에 붙는 '이타(痛)'란 실제의 통증이 아니라 부끄럽거나 한심하다는 의식에서 나오는 감정을 표현한 속어이다.

계발의 역할을 하는 것도 많으며, 여행자 스스로가 자율적인 행동을 촉구하는 측면이 있다(오카모토[岡本], 2009b).

▌ 애니메이션 성지순례자의 다양성

애니메이션 성지순례자는 획일적이지 않다. 앞에서 말한 행동은 모든 애니메이션 성지순례자가 수행하는 것이 아니라 각각의 팬들의 다양한 행동을 종합하여 전체상으로 드러낸 것이다. 연령이나 성별 등에 관해서도 작품이나 지역에 따라 경향이 다르다[→14]. 또한 정보 취득의 방식에 따라 카테고리로 나눌 수 있다. 우선 애니메이션 배경의 모델이 된 장소를 다양한 증거를 토대로 찾아내는 개척적 애니메이션 성지순례자가 있다(오카모토[岡本], 2011). '성지'가 될 수 있는 장소를 발견해 내는 사람들이며, 무대 탐방자라고 자칭할 때도 있다. 개척자에 의해 발신된 정보를 보고 추수형 애니메이션 성지순례자들이 순례를 하며, 그 모습을 인터넷 상에서 발신한다. 매스미디어가 이러한 사례를 다루면 그 정보를 보고 또 이차적 애니메이션 성지순례자들이 방문하게 된다(오카모토[岡本], 2010).

애니메이션 성지순례의 특징은, 관광에 관한 정보원을 팬 자신들이 각자 인터넷이나 팬들끼리의 네트워크에 정보를 발신함으로써 만들어내고, 그것이 여행 동기가 되어 또 다른 사람들이 성지순례를 한다는 점이라고 할 수 있다.

오카모토 다케시(岡本健)

참고문헌

오이시 겐(2011), 「애니메이션 '무대탐방' 성립사 —— 이른바 '성지순례'의 기원에 관하여」〔大石玄(2011), 「アニメ《舞台探訪》成立史 —— いわゆる《聖地巡礼》の起源について」, 『釧路工業高等専門学校紀要』 45, pp.41~50〕.

오카모토 다케시(2008), 「애니메이션 성지에서 순례자의 동향 파악 방법의 검토 —— 성지순례 노트 분석의 유효성과 과제에 관하여」〔岡本健(2008), 「アニメ聖地における巡礼者の動向把握方法の検討 —— 聖地巡礼ノート分析の有効性と課題について」, 『観光創造研究』 2, pp.1~13〕.

오카모토 다케시(2009a), 「애니메이션 성지순례의 탄생과 전개」〔岡本健(2009a), 「アニメ聖地巡礼の誕生と展開」, 『CATS叢書』 1, pp.31~62〕.

오카모토 다케시(2009b), 「러키☆스타 성지 '와시미야' 순례와 정보화 사회」, 간다 고지(편), 『관광의 공간』〔岡本健(2009b), 「らき☆すた聖地「鷲宮」巡礼と情報化社会」, 神田孝治(編), 『観光の空間』, ナカニシヤ出版, pp.133~144〕.

오카모토 다케시(2010), 「콘텐츠·인듀스트·투어리즘 —— 콘텐츠로 생각하는 정보사회의 여행 행동」〔岡本健(2010), 「コンテンツ・インデュースト・ツーリズム —— コンテンツから考える情報社会の旅行行動」, 『コンテンツ文化史研究』 3, pp.48~68〕.

오카모토 다케시(2011), 「교류의 회로가 되는 관광 —— 애니메이션 성지순례로 생각하는 정보 사회의 여행 커뮤니케이션」〔岡本健(2011), 「交流の回路としての観光 —— アニメ聖地巡礼から考える情報社会の旅行コミュニケーション」, 『人工知能学会誌』 26(3), pp.256~263〕.

오카모토 다케시(2018), 『애니메이션 성지순례의 관광사회학 —— 콘텐츠 투어리즘의 미디어·커뮤니케이션 분석』〔岡本健(2018), 『アニメ聖地巡礼の観光社会学 —— コンテンツツーリズムのメディア・コミュニケーション分析』, 法律文化社〕.

가키자키 슌도(2005), 『성지순례 —— 애니메이션·만화 열두 곳 돌기』〔柿崎俊道(2005), 『聖地巡礼 —— アニメ・マンガ12ヶ所めぐり』, キルタイムコミュニケーション』, キルタイムコミュニケーション〕.

야마무라 다카요시(2008), 「애니메이션 성지 성립과 그 전개에 관한 연구 —— 애니메이션 〈러키☆스타〉에 의한 사이타마현 와시노미야초의 관광객 유치에 관한 일고찰」〔山村高淑(2008), 「アニメ聖地の成立とその展開に関する研究 —— アニメ作品「らき☆すた」による埼玉県鷲宮町の旅客誘致に関する一考察」, 『国際広報メディア・観光学ジャーナル』 7, pp.145~164〕.

14 콘텐츠 투어리즘과 젠더

젠더와 콘텐츠 투어리즘을 생각할 때 젠더 시점을 도입하면 무엇이 보이게 되는지를 생각할 필요가 있을 것이다.

젠더(gender)란 일반적으로 선천적으로 결정되는 생물학적 성(sex)에 비해 후천적·사회적으로 구축되는 성으로 여겨진다. 젠더의 시점을 콘텐츠 투어리즘에 도입함으로써, 예를 들어 기존 연구에서는 보이지 않던 측면을 가시화하거나 다른 의미 생성을 분석해낼 수 있다. 이 항목에서는 텍스트의 젠더와 투어리스트의 젠더 양쪽에 초점을 맞추어 콘텐츠 투어리즘 연구의 젠더에 관하여 논해보고자 한다.

▌ 여성의 여행이 갖는 사회문화적 의미─'디스커버 재팬'과 '안논족'

교통수단이 발달하지 않았던 무렵, 여성이 여행을 떠나기란 대단히 곤란한 일이었다. 여행에는 늘 위험이 수반되었으며 체력적, 경제적으로도 여성에게는 불리했기 때문이다(야마모토[山本], 2013). 특히 여성의 단독 여행은 '사연이 있다'는 억측의 대상이 되어 숙박이 곤란하던 시절조차 있었다.

그러한 이미지가 극적으로 바뀐 것이 1970년대이다. 고도 경제 성장에 따라 인프라가 정비되면서 철도망이 발달하고, 일본 국유철도(지금의 JR)는 '디스커버 재팬'이라 이름 붙인 관광 캠페인을 실시했다. 이 캠페인의 텔레비전 CM에는 관광지가 아닌 '낯선 마을'을 전차로 즐겁게 여행하는 젊은 여성이 기용되었고, 여성은 일본의 오래된 거리나 풍경의 매력을 발견하는 주체적 행위자로서 표상되었다(마스부치[增淵], 2010:38~39).

　또한 1970, 71년에 각각 창간된 여성 대상의 잡지 『안안(an·an)』, 『논노(non-no)』는 유럽의 거리나 패션을 소개하여 일본 여성의 서양 동경심을 가속화시키는 한편, 관광지화되지 않은 일본의 사원이나 불각 등도 특집으로 꾸렸다(아카기[赤木], 2007). 이 잡지들을 한 손에 들고 여행하는 젊은 여성들을 '안논족'이라 불렀다. 바야흐로 70년대에는 여성의 고학력화, 장기취업화, 만혼화가 시작되었고(Sakamoto, 1999), 경제적, 정신적으로 자립한 젊은 여성의 관광이 가속화되었다. 여성에 의한 투어리즘은 남성 중심주의 사회에서 열위에 놓여 있던 여성의 사회적 가시화와 경제적, 정신적 자립성을 표상한 것이다.

　이러한 투어리즘에 콘텐츠가 관련되면 어떠한 의미가 생성되는 것일까? 다음으로 여성과 역사에 관해서 생각해 보자.

▌역사와 여성의 콘텐츠 투어리즘―〈불꽃의 미라주〉, 〈전국 바사라〉, 〈박앵귀〉, 〈도검 난무〉

　사적, 성터, 보리사(菩提寺) 등으로 향하는 역사 투어리즘은 중고년층 남성들이 주로 한다는 이미지가 있지만, 1990년대에는 코발트문고[1]의 〈불꽃의 미라주(炎の蜃気楼)〉[2](1990~2004)와 관련된 투어리즘,

―――――――――――

1　[역] 출판사 슈에이샤(集英社)의 시리즈 문고본으로 소녀 취향의 소설이나 라이트 노벨이 중심이다.

2　[역] 구와바라 미즈나(桑原水菜)의 데뷔작으로 라이트노벨 시리즈. 되살아난 전국

통칭 '미라주 투어'가 젊은 여성들에 의해 전국적으로 이루어졌고, 2000년대 초에는 〈전국 바사라(戦国BASARA)〉[3](게임 2005년~, 애니메이션 2009~10년, 2014년)나 〈박앵귀(薄桜鬼)〉[4](게임 2008년~, 애니메이션 2010~12년), 나아가 〈도검 난무(刀剣乱舞-ONLINE-)〉[5] (게임 2015년~, 연극 2015년~, 애니메이션 2016년~)가 히트하자 콘텐츠에 이끌려 사적 등을 방문하는 이른바 '역사녀'(역사를 좋아하는 여성)들이 수면 위로 드러나게 되었다. 여성에 의해 역사 투어리즘의 장면이 크게 변화한 것이다(스가와[須川], 2011).

여성에 의한 역사 투어리즘에서 주목된 것은 〈불꽃의 미라주〉 주인 공 우에스기 가게토라(上杉景虎)[6]와 나오에 노부쓰나(直江信綱)[7], 〈전국 바사라〉의 가타쿠라 고주로(片倉小十郎)[8], 이시다 미쓰나리(石田三成)[9],

---

시대의 무장 등의 원혼이 천하를 둘러싸고 다투는 내용으로, 환생과 야차들이 활약하는 사이킥 액션, 우정과 애증을 축으로 이야기가 진행된다.

3 [역] 액션 게임 시리즈로 텔레비전 애니메이션, 연극, 드라마, 영화 등 다양하게 미디어 믹스화한 콘텐츠이다. 일본 전국시대를 무대로 한 영웅 액션 게임에서 시작되었고, 대담하고 황당무계한 설정이 역사적 사실과 섞여 있다.

4 [역] 여성형 연애 어드벤처 게임으로 출발하였으며, 이를 원작으로 텔레비전 애니메이션, OVA, 연극, 드라마가 만들어졌다. 신센구미(新選組)를 모티프로 하여 작중에 막부 말기의 역사적 사실 요소를 많이 집어 넣었으며 도깨비나 흡혈귀 등의 판타지 요소를 가미하기도 하였다.

5 [역] 일본도(日本刀)를 남성으로 의인화하여 수집 강화함으로써 일본 역사상의 전투에 출몰하는 적을 토벌하는 도검 육성 시뮬레이션 게임에서 출발하여, 뮤지컬, 연극, 애니메이션, 실사 영화로 만들어졌다. 2205년이라는 미래를 배경으로 도검 남자들과 역사 수정주의자, 제삼 세력이 개입하는 스토리이다.

6 [역] 우에스기 가게토라(上杉景虎, 1553?~1579). 16세기 무장으로 우에스기 겐신(上杉謙信)의 인질이 되었다가 후에 양자가 되면서 우에스기 성을 이어받았다. 양자들 사이에 있던 상속 다툼에서 패배하고 자살하였다.

7 [역] 나오에 노부쓰나(直江信綱, ?~1582). 우에스기 가신인 나오에 가문을 이어 성주가 되었는데, 칼부림에 휘말려 살해당하게 되고, 후계자가 없는 상태여서 그 미망인에게 히구치(樋口) 씨가 입적하여 나오에 성을 이었다.

8 [역] 가타쿠라 가게쓰나(片倉景綱, 1557~1615)의 통칭. 도요토미 히데요시(豊臣秀

조소가베 모토치카(長宗我部元親)[10], 〈백앵귀〉의 도도 헤이스케(藤堂平助)[11], 사이토 하지메(斎藤一)[12] 등 역사의 조연이나 악역이다. 여기에 여성들의 '패자에 대한 시선'이라는 공통점이 있다. 또한 〈도검난무〉는 일본도를 의인화(정확하게는 도검에 붙은 쓰쿠모가미 신[付喪神][13])하였는데 소유자와 사별하거나 칼로서 정체성이 동요하는 서사가 정동(情動)에 호소한다는 의미에서 '패자에 대한 시선'에 가깝다.

〈불꽃의 미라주〉는 우에스기 겐신의 후계자 다툼에서 패배한 우에스기 가게토라의 혼이 계속 되살아나면서 전국시대의 원령들의 '어둠의 전국'을 저지하고자 분투하는 이야기이다. 인간을 불신하고 기능이 불완전한 가정을 가진 가게토라(현재 이름은 오기 다카야[仰木高耶])나, 애증에 광기를 뿜는 나오에(현재 이름은 다치바나 요시아키[橘義明])에 대한 동정이나 사랑에 감동한 여성 팬들은 '미라젠느'라고 불렸다. 예를

吉)의 오다와라(小田原) 공격과 임진왜란에도 참가하였고, 충신의 이미지가 있으며 죽을 때 부하들 여럿이 순사하였다.

9　[역] 이시다 미쓰나리(石田三成, 1560~1600). 도요토미 히데요시를 가까이에서 모시고 지장으로 활약했다. 히데요시 사후 도쿠가와 이에야스와 대립하였으며 세키가하라 전투에서 패배하여 체포되어 죽음에 이르렀다.

10　[역] 조소가베 모토치카(長宗我部元親, 1538~1599). 가독을 이은 후 시코쿠(四国)를 통일하였는데 도요토미 히데요시에게 공격을 받고 도사(土佐)의 영유만 허락받았으며, 이후 히데요시를 따라 규슈 공격, 오다와라 공격, 임진왜란과 정유재란 때도 출진하였다.

11　[역] 도도 헤이스케(藤堂平助, 1844~1867). 막부 말기의 에도(江戸) 출신 무사로 신센구미(新選組)가 창설되자 팔번대 조장을 맡게 되는데, 1867년 탈대하였다. 동료가 모살되는 현장에 달려갔다가 신센구미와 싸우던 중에 사망했다.

12　[역] 사이토 하지메(斎藤一, 1844~1915). 경찰관으로 경부 계급이었으며 신센구미에서 사번대 조장, 삼번대 조장, 격검사범을 역임했다. 보신전쟁(戊辰戦争) 때 구막부군을 따라 신정부군과 싸웠으며, 메이지 유신 이후에는 경시청 경찰관이 되었고, 세이난전쟁(西南戦争)에서는 경찰대에 소속되기도 했다.

13　[역] 사물이 백 년을 넘으면 정령이 깃들어 사람에게 해를 끼친다는 속신이 있는데, 그 깃든 정령을 일컫는 말이다.

들어 1990년대 초, 야마가타현(山形県) 요네자와시(米沢市)에서 열리는 우에스기 마쓰리(上杉まつり)[14]의 가와나카지마 전투(川中島合戰)[15] 재현 행사에 참가했던 나오에 군대에 여성들이 쇄도하는 바람에 지역민들이 놀라거나, 전국의 소설 무대가 된 장소에 여성들이 급증하는 등 '미라주 투어' 현상이 관찰되었다(Sugawa-Shimada, 2015).

〈전국 바사라〉는 전국시대의 실존 인물을 기반으로 한 이색 캐릭터가 천하통일을 목표로 하는 게임이다. 애니메이션 판에서는 다테 마사무네(伊達政宗)[16]와 사나다 유키무라(真田幸村)[17](둘 다 젊은 미남)를 중심으로 하고, 마에다 게이지를 이야기 진행역으로 삼아서, 오다 노부나가, 도요토미 히데요시와의 싸움에서부터 세키가하라의 전투(関ヶ原の戰い)[18]까지가 그려졌다. 이들 잘생긴 캐릭터를 통해 역사상의 인물에 대한 팬이 되어 그 사적을 찾는 '역사녀'들이 급증하였는

---

14 [역] 매년 4월 말에서 5월 초 골든 위크 기간에 개최되는 마쓰리로, 옛날부터 우에스기 신사(上杉神社) 마쓰리나 성 아래 마쓰리로 친숙한 행사였다. 우에스기 겐신의 기일과 전투 직전의 수호신을 부르는 행위, 전투를 재현하는 행사를 진행하는 등의 방식은 1966년부터 자리잡힌 형태이다.

15 [역] 16세기 중반부터 우에스기 겐신(上杉謙信)과 다케다 신겐(武田信玄) 사이에 12년에 걸쳐 다섯 차례나 벌어진 전투로 이 지역 패권을 둘러싸고 가와나카지마 지역을 전쟁터로 하여 이름붙여졌다.

16 [역] 다테 마사무네(伊達政宗, 1567~1636). 18세에 가독을 잇고 큰 세력을 형성하였는데, 오다와라 공격에 참진했다가 도요토미 히데요시에게 복속하고 임진왜란에도 참전한다. 세키가하라 전투에서는 도쿠가와 편에 서며 초대 무쓰(陸奧) 센다이(仙台) 번주로서의 다테 가문을 이룬다.

17 [역] 사나다 유키무라(真田幸村, 1567~1615). 세키가하라 전투 때 서군(西軍)에 속해서 시나노(信濃, 지금의 나가노[長野])에서 도쿠가와 군을 막았으나 패전하였다. 이후 기이(紀伊, 지금의 와카야마[和歌山]) 칩거 후 1614년 오사카 겨울 전투에서 도쿠가와 군을 애먹였지만 이듬해 여름 전사한다.

18 [역] 1600년 세키가하라(関ヶ原)에서 이시다 미쓰나리 등의 서군(西軍)과 도쿠가와 이에야스 등의 동군(東軍)이 천하를 놓고 벌인 전투로, 동군이 대승을 하고 이시다 미쓰나리는 처형당하였으며 도요토미 히데요리(豊臣秀頼)도 일개 다이묘로 전락하는 등 이 전투로 도쿠가와 패권이 확립되었다.

데, 대형 여행회사 JTB가 기획한 'BASARA' 투어 참가자 중 실제로 8할이 여성이었다고 한다(Sugawa-Shimada, 2015).

여기에서 특징적인 것은 마사무네, 히데요시와 같은 유명인보다 가타쿠라 고주로, 이시다 미쓰나리, 조소가베 모토치카와 같은 캐릭터들에 여성들의 관심이 높았다는 점이다. 특히 세키가하라 전투 이후 처형된 미쓰나리는 역사상 긍정적으로 그려지지 못해서인지 출신지 이시다무라(石田村, 지금의 시가현[滋賀県] 나가하마시[長浜市] 이시다초[石田町])를 찾는 사람들은 몹시 적었다. 그러나 〈전국 바사라〉나 미쓰나리 역에 잘생긴 배우를 캐스팅한 대하드라마 〈천지인(天地人)〉, 〈강(江)〉과 콜라보한 지역의 관광 유치 활동 덕에, 2000년 초부터 이시다초를 찾는 젊은 여성들이 급증했다(Sugawa-Shimada, 2015). 이러한 여성들의 콘텐츠 투어리즘이 초래한 공적이라면 역사의 재평가라 할 수 있다. '정사'란 왕왕 승자의 시점에서 기록되기 때문에 미쓰나리는 패군의 장수로 이야기된다. 그러나 여성들의 콘텐츠 투어리즘을 통해 패자의 시점에서 역사를 다시 보고 '정사(正史)'가 탈구축되었다.

신센구미(新選組)[19] 주요 간부를 미남으로 그려낸 〈박앵귀〉에서도 마찬가지라 할 수 있다. 신센구미의 '발견'과 재평가는 이미 20세기에 시모자와 간(子母澤寛)[20]이나 시바 료타로(司馬遼太郎)[21] 등에 의해

---

19 [역] 에도 막부 말기인 19세기 중반에 활동한 막부 아래의 군대 비슷한 조직으로 치안을 담당했다.

20 [역] 시모자와 간(子母澤寛, 1892~1968). 홋카이도(北海道) 출신의 소설가로 역사적 사실과 항간의 이야기를 재구성한 신센구미 삼부작으로 유명하다.

21 [역] 시바 료타로(司馬遼太郎, 1923~1996). 오사카(大阪) 출신 소설가로, 『올빼미의 성(梟の城)』(1959~60), 『료마가 간다(竜馬がゆく)』(1963~66), 『언덕 위의 구름(坂の上の雲)』(1969~72) 등의 역사소설로 '시바 사관(司馬史観)'이라고까지 일컬어지는 독특한 사관으로 국민적 인기를 얻은 작가였다.

이루어졌고, 영화나 드라마에서도 특히 결핵으로 요절한 최강의 검객 오키타 소지(沖田総司)는 항상 미남 배우가 연기해서 인기가 있었다. 〈박앵귀〉도 신센구미의 주요 멤버(히지카타 도시조[土方歳三], 오키타 소지 등)가 미남 캐릭터로 자리를 잡았는데, 그때까지의 팬들 반응과 달라진 점은 장난꾸러기 계열이나 쿨한 계열의 캐릭터로서 그려진 도도 헤이스케, 사이토 하지메와 같은 조연에게 여성들이 주목한 점이다. 성지인 교토(京都) 미부데라(壬生寺)에는 방문자 노트가 놓여 있는데, 젊은 여성의 일러스트나 메모가 가장 두드러지며, 그 대부분이 〈박앵귀〉, 또는 신센구미를 개변시킨 캐릭터가 나오는 만화/애니메이션 〈은혼(銀魂)〉과 관련된 것이었다.

〈도검난무〉가 크게 히트함에 따라 '도검 여자'라는 용어도 탄생했다. 신사, 미술관, 관련 지역으로의 투어리즘은 전국에 이르렀다. 또한 캐릭터로서 등장하며, 전후에 행방불명되었다는 설정의 호타루마루(蛍丸)라는 도검의 부활 프로젝트에도 여성 팬들이 큰 힘이 보탰다. 마찬가지로 소실되었다고 여겨졌던 쇼쿠다이키리 미쓰타다(燭台切光忠)라는 칼이, 팬들의 성원에 의해 발견되고 일반에게 공개되기에 이르렀다. 실로 '도검 여자'들이 역사를 움직인 것이다.

호간비이키(判官贔屓)[22]는 일본인에게는 친숙한 개념인데, 그때까지 (중년)남성의 영역으로서 젠더화되어 있던 역사 투어리즘에 '역사녀'들이 역사 재발견이나 간과되던 역사의 메이저화에 영향을 끼치는 잠재성을 발휘하였다.

---

22 [역] 약자나 패자에 대해 갖는 동정과 응원의 마음.

▌위로와 여성 콘텐츠 투어리즘
―〈내 첫사랑을 너에게 바친다〉, 〈나츠메 우인장〉

다음으로 여성 콘텐츠 투어리즘의 특징으로 '위로'를 들고자 한다. 예를 들어 영화화된 만화 〈내 첫사랑을 너에게 바친다(僕の初恋をキミに捧ぐ)〉(2005~2008, 이하 〈내첫너바〉)에 나오는 교토 닌나지(仁和寺)에 여중고생들이 몰리거나, 애니메이션화된 만화 〈나쓰메 우인장(夏目友人帳)〉(2003~, 애니메이션 2008~2017, 영화 2018)의 무대 구마모토현(熊本県) 히토요시쿠마(人吉球磨)에도 여성 팬들이 많이 방문하였다.

〈내첫너바〉는 심장병으로 스무 살까지도 살기 어려운 타쿠마(逞)와 주치의의 딸 마유(繭)가, 어릴 적 네잎클로버의 신(神)과 나눈 결혼 약속을 잊지 않고 순애를 관철시키는 이야기이다. 이 이야기를 따라 하려고 네잎클로버가 들어간 인연 맺기 부적을 찾는 여성들이 닌나지에 급증했다. 실제로 이 부적을 힌트 삼아 만화를 그렸다는 작가 아오키 고토미(青木琴美)와 닌나지가 콜라보하여, 아오키의 일러스트를 배합한 인연 맺기 부적이 판매되었다.[23]

〈나쓰메 우인장〉은 요괴가 보이는 능력 때문에 주위에서 경원시되며 자란 고아 나츠메 다카시(夏目貴志)가 돌아가신 할머니의 시골 마을에서 요괴와 만나는 이야기이다. 인간을 불신하는 다카시는 할머니를 알고 있는 요괴들과 교류하는 과정에서 자기를 긍정하게 된다. 무대가 된 것은 히토요시와 쿠마 지역이다. 히토요시 온천이나 구마가와(くま川) 철도와의 콜라보 기획, 관련 상품 판매나 불꽃놀이 대회가 개최되는 등 애니메이션 방송이 종료된 후에도 여성 팬들의 열기가 여전히 뜨겁다.

---

23 '아오키 마코토 공식 웹사이트'에서는 통신판매를 했다.

이렇게 여성 여행의 사회문화적 의미나 '정사'의 재평가와 재발견, 그리고 감상적인 콘텐츠와 여성의 가치관, 심미감과의 매칭 및 투어리즘 행동 등을 아주 간단히 살펴보았다. 젠더라는 키워드로 콘텐츠 투어리즘을 고찰하면 지금까지 보이지 않던 측면이 드러나게 된다.

스가와 아키코(須川亜紀子)

참고문헌

아카기 요이치(2007), 『「앙앙」 1970』〔赤木洋一(2007), 『「あんあん」1970』, 平凡社〕.

스가와 아키코(2011), 「'역사녀', 성지순례, 팝 스피리츄얼리즘 ── 여성의 전국·막부 말기 붐을 생각하다」〔須川亜紀子(2011), 「「歴女」、聖地巡礼、ポップ・スピリチュアリズム ── 女性の戦国·幕末ブームを考える」, 『年報『少女』文化研究』 5, pp.46~64〕.

마스부치 도시유키(2010), 『이야기를 여행하는 사람들 ── 콘텐츠 투어리즘이란 무엇인가』〔増淵敏之(2010), 『物語を旅するひとびと ── コンテンツ・ツーリズムとは何か』, 彩流社〕.

야마모토 시노(2012), 『여자의 여행 ── 막부 말기 유신부터 메이지 시대의 11명』〔山本志乃(2012), 『女の旅 ── 幕末維新から明治期の11人』, 中央公論新社〕.

Sakamoto, K.(1999), "Reading Japanese women's magazines: the construction of new identities in the 1970s and 1980s," *Media, Culture & Society* 21(2), pp.173~193.

Sugawa-Shimada, A.(2015), "Rekijo, pilgrimage and 'pop-spiritualism': pop-culture-induced heritage tourism of/for young women," *Japan Forum* 27(1), pp.37~58.

「青木琴美オフィシャルWEBサイト Blue Clover Cafe」, https://web.archive.org/web/20211204095010/http://www.aokikotomi.com/ (2023년 6월 10일 열람).

15 콘텐츠 투어리즘의 국제적 전개

가장 먼저 양해를 구해야 하는 것은, 애니메이션 성지순례객을 둘러싸고 그 전모나 구체적인 수치를 파악하기란 곤란하다는 것이다. 그것은 개인 관광객이 거의 대부분이기 때문이다. 주로 순례 노트나 에마(絵馬)에 적어넣은 글로 유추할 수밖에 없다. 그리고 콘텐츠 투어리즘의 '국제'적 전개에 관해서도 전 세계적인 확장이라기보다는, 역시 주력은 지리적으로도 근접한 동북 및 동남아시아 여러 나라들이다.

2014~17년에 걸쳐 과학연구비로 애니메이션 무대지를 현지 조사할 기회를 얻게 되어 42곳의 도도부현(都道府県)[1]에 있는 50작품 남짓한 성지를 찾아다녔다. 각 지자체의 관광과와 상점가 관계자들에게 청취하였으며, 순례 노트나 만화를 그린 에마를 열람했더니 역시 아시아 근린 지역으로부터의 방문자가 많다는 것을 관찰할 수 있었다(고, 역시 여기에서도 다소 잡박한 표현밖에 쓸 수가 없다).

〈빙과(氷菓)〉의 성지인 기후현 다카야마시의 찻집 '백파이프'에 놓인 순례 노트가 큰 참고가 되었다. 애니메이션 〈빙과〉가 방영된 것이 2012년이고, 그로부터 2014년 무렵까지는 타이완과 한국이 많았는데, 2015년부터는 중국, 홍콩, 태국도 눈에 띄게 되었다. 그밖에는

---

1 [역] 일본의 행정단위를 일컫는 말로, 일본 전국은 도쿄도(東京都), 홋카이도(北海道), 오사카(大阪)와 교토(京都)의 부(府), 나머지 지역이 43개의 현(県)으로 이루어져 있다.

한두 명씩이기는 하지만 인도네시아, 호주, 아랍(나라 이름은 특정할 수 없다), 이스라엘, 폴란드, 우크라이나, 러시아, 영국, 프랑스, 네덜란드로부터 찾아온 방문자들의 메모도 볼 수 있었다. 타이완, 한국, 홍콩, 중국의 경우는 유학생도 많아서 일본어 메모도 있었다.

〈유리!!! 온 아이스(ユーリ!!! on ICE)〉의 성지 사가현(佐賀県) 가라쓰시(唐津市)에서는 관련 지도의 배포 때 앙케트 조사도 함께 했기 때문에 어느 정도 파악이 가능했다. 해외 관광객은 전체의 2.6%이며, 그중 타이완이 압도적으로 많았고 미국, 한국 등이었다고 한다.

해외에서 찾아오는 콘텐츠 투어리즘, 특히 애니메이션 성지순례객은 2010년 이후에 급속히 증가했다. 애초에 그것을 목적으로 일본을 찾는 사람들도 있다.

실제로 JNTO(국제관광진흥기구, 일본 정부 관광국)의 최근 방일여행 데이터 핸드북을 보면, 세계 주요 20개 시장별 조사분석이 게재되어 있는데, 항목 중 목적에는 '영화, 애니메이션 관련지를 방문', '일본의 팝 컬처를 즐긴다', 지출에는 '만화, 애니메이션, 캐릭터 관련 상품'도 드러났다(이 책 집필 당시의 최신판은 2017년도 핸드북).

그러나 애니메이션 관련 항목의 회답수나 구입자 단가는 결코 높은 비율이 아니었다. 예를 들어 타이완 사람에 관하여 추출해 보면 '관련지 방문'이 관광 목적자들 중 4.2%, 관련 상품 구입자는 쇼핑 비용의 회답자 2,415명 중 307명, 한 사람당 7,187엔에 불과했다. 그러나 이 구입자 수는 '카메라, 비디오 카메라, 시계' 구입자 수보다 많은 수치이다. 이러한 항목이 들어가 있는 것 자체가 10년 전만 해도 생각할 수 없었던 일이므로 그만큼 무시할 수 없는 행동이 되었다는 증명이기도 하다.

▌ 타이완 팬에 의한 콘텐츠 투어리즘

여기에서 타이완을 추출한 것은 전 세계 중에서도 친일적 감정이 가장 강하고 일본 애니메이션 및 성지순례에 대한 관심 및 영향이 세계에서 가장 강한 곳이기 때문이다. 원래 타이완 정치 연구자인 필자가 애니메이션의 영향에 관해서도 연구 테마로 잡은 것은 2000년부터 11년 반에 걸쳐 타이완에 체재했기 때문이다.

여기에서 타이완 사람들의 의식조사를 소개해 두기로 한다. 일본 정부는 국교가 없는 타이완과의 외교관계를 처리하기 위해 '교류협회'라는 '민간 기구'를 설치하였고, 그 재타이페이(在台北) 사무소가 사실상 일본 대사관처럼 기능하고 있다. 이 사무소가 2008년부터 2013년도 및 2015년도에 타이완의 대일 이미지에 관하여 조사했다.

일본이 호감도 1위인 것은 말할 나위도 없으며, '일본의 어느 분야에 관심이 있는가'라는 질문에 대해 '애니메이션, 만화, J-POP, 패션 등 대중문화'라고 20대 젊은 층에서는 절반 전후가 회답하고 있다.

또한 타이완에서 본래의 종교적 의미의 성지순례는 타이완 화어(華語, 타이완 중국어)로 '차오성(朝聖)'이라 일컬어지는데, 애니메이션 성지순례에 관해서도 사용될 경우가 있다. 그러나 최근 타이완 젊은이 문화에 일본어 한자어가 침투한 현상은 놀라울 정도인데, 애니메이션 성지순례의 경우는 '성지순례(聖地巡禮/礼)'라고 일본식 표기 그대로 이루어질 때가 많다.

타이완의 애니메이션 팬 중에는 일본어를 잘하는 사람도 많아서 대부분은 일본어 관련 사이트를 직접 참조하여 '순례'를 하는 것으로 보이는데, 타이완 화어(번체자 중국어)에 의한 서적도 출판되었다.

펜네임 hinac(히나쿠) 씨가 〈러키☆스타〉, 〈스즈미야 하루히의 우울〉, 〈꽃이 피는 첫걸음〉 등 10편의 애니메이션 성지에 관해 다룬

『차원 돌파! 애니메이션 팬의 성지순례(次元突破! 動漫迷的聖地巡禮)』(타이페이, 소프트커버본, 2013) 및 애니메이트 아키하바라, 교(京)애니숍 등과 같은 일본의 애니메이션 관련 숍을 소개한 『진격! 일본 애니메이션(進擊! 日本動漫行)』(타이페이, 소프트커버본, 2014)이 그것이다.

성지순례 투어로는 hinac 씨가 타이완 애니메이션 정보 사이트 '바하무트(巴哈姆特)'의 의뢰를 받고 개최한 '2014년 바하무트 애니메이션 성지순례단(2014年巴哈姆特動漫朝聖團)'을 들 수 있다. 2014년 6월 5일부터 9일까지의 일정으로 간사이(関西)를 돌며 교애니숍 외에 〈중이병이라도 사랑이 하고 싶어!(中二病でも恋がしたい!)〉 관련의 옛 이바(伊庭) 저택을 투어의 특별 일정으로 참관하기도 했다. 참가자 20명으로부터 얻은 평판도 높았기 때문에 2015년도에는 수도권, 2016년도에는 호쿠리쿠(北陸), 2017년도에는 오가키(大垣), 히다(飛騨), 지치부(秩父), 신주쿠(新宿) 등을 돌았다. 2018년도에는 누마즈(沼津), 후지노미야(富士宮), 야마나시(山梨), 다치카와(立川)였다.

타이완 이외에는 홍콩의 펜네임 '모모코(ももこ)' 씨가 유명하다. 회사원이지만 1년에 6번 정도 유급휴가를 얻어서 일본 각지의 애니메이션 성지를 방문하고 있으며, 그것을 자기 블로그(CR비와코 지사 : http://www.cuhkacs.org/~yanlee/blog/)에서 발표하고 있다.

▌구미(歐美) 팬들에 의한 콘텐츠 투어리즘

아시아계에 비하면 구미계 순례자의 수는 상대적으로 적기는 하지만, 유럽에서 애니메이션 팬이 가장 많다는 프랑스인들의 발자취는 곳곳에서 보인다.

예를 들어 〈쓰르라미 울 적에(ひぐらしのなく頃に)〉의 성지 기후현 시라

카와무라(白川村), 시라카와 하치만신사(白川八幡神社)의 프랑스어 에마
(絵馬), 또한 간다묘진(神田明神) 신사에서는 이타에마(痛絵馬)를 보러
온 30세 전후의 프랑스인 커플을 발견한 적이 있다. 필자가 몇 번인가
파리의 만화전문점에서 취재한 바에 따르면, 프랑스인은 애니메이션을
통해 보는 청결한 일본의 거리나 일본의 독특한 학교 교복 문화에
동경심을 품고 있었다.

유럽에서 프랑스에 이어 애니메이션이 수용되는 곳은 스페인이다.
필자가 2018년 9월 말 마드리드에서 열린 이벤트 〈JAPAN WEEKEND〉
에서 들은 바에 따르면, 애니메이션을 통해 일본에 대한 동경심이
강해져서 방문하고자 하는 의욕이 드러나 있었다.

▌애니메이션 성지순례의 확대

그렇다면 애니메이션 성지순례는 앞으로 어떠한 전개와 확장을 보
일 것인가? JNTO에 따르면 일본 정부는 2020 도쿄올림픽, 패럴림픽
을 향해 일본 방문 증강정책을 내걸고 있으며, 2020년에는 해외관광
객 4천만 명을 목표로 하고 있다. 2013년에 천만 명이라는 높은 턱을
돌파한 이후 순조롭게 증가하고 있으며, 2017년에는 2,869만 명이었
다. 그래도 아직 세계 12위이며, 1위인 프랑스의 8,691만 명에는 크게
못 미친다. 하지만 뒤집어서 말하면 아직 성장할 여지가 있다는 말이
기도 하다.

실제로 2013년 10월에 일식(和食)이 유네스코 무형문화유산으로 등
록되었고, 2015년에는 호쿠리쿠(北陸) 신칸센 개업, 나아가 도쿄올림
픽으로 일본 관광업 입장에서 순풍이 되어 줄만한 재료가 줄지어 있
어 발전을 기대할 수 있다.

  콘텐츠 투어리즘 및 애니메이션 성지순례에 관한 학술적 연구는 서서히 축적이 늘어나고 있다. 하지만 국제적 전개에 관해서는 아직 축적이 적다. 그것은 이 원고 모두에서도 양해를 구했듯, 성지순례객은 일본인이든 외국인이든 개인 관광객이 대부분이며, 관계 지역도 일부 앙케트 조사를 한 곳은 있지만 거의 파악되지 않기 때문이다. 또한 순례 노트나 에마를 사용한 분석을 하려고 해도 다언어라는 벽이 있다. 필자는 영어, 중국어, 한국어, 프랑스어라면 이해할 수 있고 다른 유럽언어나 아랍어도 간단한 것은 알지만, 태국어, 힌디어, 히브리어는 전혀 모른다. 그래서 이 원고에서도 단편적인 목격 정보의 나열이 되어 버렸다. 본격적 학술조사 및 검증은 다언어를 포함한 체계적인 팀에 의해 전개될 필요가 있다.

사카이 도루(酒井亨)

참고문헌

오카모토 다케시(2013), 『n차 창작 관광 — 애니메이션 성지순례/콘텐츠 투어리즘/
　　관광사회학의 가능성』〔岡本健(2013), 『n次創作観光 — アニメ聖地巡礼/コンテ
　　ンツツーリズム/観光社会学の可能性』, 北海道冒険芸術出版〕.
오카모토 다케시(2018), 『애니메이션 성지순례의 관광사회학 — 콘텐츠 투어리즘의
　　미디어·커뮤니케이션 분석』〔岡本健(2018), 『アニメ聖地巡礼の観光社会学 —
　　コンテンツツーリズムのメディア·コミュニケーション分析』, 法律文化社〕.
사카이 도루(2013), 『중한 이외 모두 친일 — 쿨 재팬이 세계를 석권 중!』〔酒井亨(2013),
　　『中韓以外みーんな親日 — クールジャパンが世界を席巻中!』, ワニブックス〕.
사카이 도루(2016), 『애니메이션이 지방을 구한다!? —'성지순례'의 경제적 효과를
　　생각하다』〔酒井亨(2016), 『アニメが地方を救う!? —「聖地巡礼」の経済効果を考
　　える』, ワニブックス〕.
성지순례위원회(2013), 『애니메이션 탐방 — 성지순례 가이드』〔聖地巡禮委員會

(2013), 『アニメ探訪 ── 聖地巡礼ガイド』, カンゼン〕.

야마무라 다카요시(2018), 『〈보급판〉애니메이션·만화로 지역 진흥 ── 도시의 팬을 낳는 콘텐츠 투어리즘 개발법』〔山村高淑(2018), 『〈普及版〉アニメ·マンガで地域振興 ── まちのファンを生むコンテンツツーリズム開発法』, PARUBOOKS〕.

16 콘텐츠 투어리즘과 콘텐츠 제작

「콘텐츠 투어리즘의 경제적 임팩트」[→02]나 「〈빙과〉—콘텐츠를 만드는 원천으로서의 지역 문화」[→49] 등과 같이 원작자나 제작회사 등 제작 관계자의 출신지나 작품에 매치되는 지역을 무대지로 삼는 경우를 최근에 자주 볼 수 있다. 이는 '제작 관계자가 잘 숙지하고 있는 지역을 쓰고 싶다'('알고 있는 범위 내에서 소극적으로 정했다'는 경우도 있는가 하면 '해당 지역에 대한 보답'이라는 면도 있다), '그 장소의 풍경에 영감을 받아서 우연히 그 장소가 무대지가 되었다'는 등 제작 관계자 재량에 따라 무대지가 정해진다고 할 수 있다.

다른 글에도 있는 것처럼 콘텐츠 투어리즘은 지역 활성화의 한 수법이며, '우리 마을을 무대지로 사용했으면 좋겠다', '미디어나 작품에서 다루어주었으면 한다'고 생각하는 지역 관계자가 많고, 이러한 요청에 조직을 설립하여 착수하는 경우도 증가해 왔다.

즉 '콘텐츠 투어리즘으로 관광객이 찾아와서 돈을 쓸 것이다. 그러니 콘텐츠 제작 때 무대지로 거론해 달라고 하자. 그 지원 작업을 하자'라고 생각하는 것이 당연한 일이며, 그것이 '필름 커미션'(이하 'FC')으로서 전국에 관계 각소가 생겼다. 이번 장에서는 이에 관하여 다루어보기로 한다.

▌ 필름 커미션(FC)의 역할과 효과

이번 글에서는 FC를 '영화, 텔레비전 드라마, 애니메이션 등 온갖 장르의 작품과 관련된 로케이션 촬영을 유치하는 것'이라 정의한다. FC의 통상적 형태는 자치체(지사실, 시장실, 관광과 등)나 컨벤션 뷰로, 상공회의소 등의 행정 관련 기관 내에 설치되어 '비영리 그리고 중립적 공적 기관'에서 이루어진다. 운영 목적은 지역 경제의 활성화, 관광 촉진, 문화 진흥, 인재 양성 등이며, 해당 지역에 경제적·문화적·사회적으로 공헌하도록 지역 내의 로케이션에 적합한 시설·자연 등의 정보나 지역의 각종 서비스 정보를 영상 제작자에게 제공하며, 시설 사용 허가 취득의 편의를 도모하는 등 지원 서비스를 행함으로써, 해당 지역 로케이션 팀을 계속해서 유치하는 것이다. 또한 운영 주체에 따라 장점, 단점이 생긴다. 이를 [표 16-1]에 정리했다.

[표 16-1] 필름 커미션의 운영조직

운영주체	장점	단점
자치체	·허인가 취득의 속도가 비교적 빠르다 ·경찰이나 소방 등과의 연계가 비교적 원활하게 이루어질 수 있다	·운영체제, 예산 등의 유연성이 부족하다 ·인사 이동에 의한 인수인계 문제
컨벤션 뷰로	·지역 자원에 정통 ·이벤트 등의 기획, 운영에 경험이나 지식이 있으며 익숙하다	·자치체에 비해 공적 기관으로부터의 허인가 취득 속도, 소방 등과의 연계에 취약하다
상공회의소	·운영(특히 기획 단계)에 유연성이 있다 ·지역 기업과의 연계에 기대가 크다	·자치체에 비해 공적 기관으로부터의 허인가 취득 속도, 소방 등과의 연계에 취약하다

FC의 큰 역할 중 하나는 영화나 텔레비전 드라마 등 3차원 영상에서의 로케이션이 원활하게 이루어질 수 있도록 지원하는 것이다. 왜냐하면 로케이션을 하려면 도로 사용 허가나 화염 행위 신고서 제출 등 여러 법률과 관련된 허가 신청이나 신고서를 제출해야 하기 때문

이다. 로케이션은 신속히 하고 신속히 철수해야 하므로 신청에 시간을 들일 수 없으니, FC가 이를 원활하게 수행하면 로케이션은 순조롭게 할 수 있다. 또한 '전선이 방해가 된다'는 로케이션 측 의견에 대해 전선이 없는 대체 장소를 재빨리 제시할 수 있는 것도, '통행인 역할의 엑스트라를 열 몇 명 모았으면 한다'는 긴급한 요청에 대해 연락이 닿는 남녀노소를 희망하는 인원수 만큼 모을 수 있는 것도 모두 FC에게 요구되는 일이다. 이처럼 FC에게는 매우 힘든 일에 신속히 대응할 수 있는 능력이 요구된다.

▋ 필름 커미션의 가능성

그렇다면 FC는 왜 이렇게까지 로케이션에 협력·지원을 하는 것인가? '지역이 무대지로 작품에 등장하는 것은 명예로운 일'이라는 이유도 있지만, '지역 경제의 활성화'(지역에 떨어지는 돈이 거액이라는 경제효과)라는 이유도 있다.

FC의 경제효과에는 직접적 경제효과와 간접적 경제효과 두 가지가 있다. 우선 직접적 경제효과는 단기적이라고 할 수 있다. 왜냐하면 직접적인 경제효과로 생각할 수 있는 요소는, 로케이션 팀이 그 지역에 체재하며 소비하는 숙박비나 식사비, 렌트카 등 각종 렌탈요금, 엑스트라에 대한 사례금 등 로케이션에서 지불되는 금액을 생각할 수 있기 때문이다. 이러한 금액은 영수증 명의(촬영에 관계되는 기업명)로 판명된 것을 합계하는데, 이 계산의 전제가 되는 것은 '로케이션이 없었으면 쓰이지 않았을 돈'이라는 사고방식이다. 나아가 로케이션지에 대한 관광객 증가도 단기적 효과로 전망할 수 있다. 예를 들어 톰 크루즈 주연의 〈라스트 사무라이〉에서는 효고현(兵庫縣) 히메지시(姬路市)의 쇼샤산(書写山) 엔쿄지 절(圓教寺)을 중심으로 로케이션이 6일 동안 이루어졌는데, 히메지 시내에서 소비된 금액 합계는 '약 1억엔 이상'이었다(국제관광진흥회, 2002).

한편 간접적 경제효과는 중장기적으로 파악해야 한다. 왜냐하면 지역이 영상을 통해 소개되면 지역의 지명도, 이미지 향상에 의한 새로운 지역 진흥, 관광객 유치 효과(콘텐츠 투어리즘)가 기대되며 간접적 경제효과로 활성화를 도모할 수 있기 때문이다. 예를 들어 지바현(千葉県)은 2001년부터 2005년도까지 경제효과로서 현내 소비 추계액을 약 8억 3,000만 엔, 경제 파급 효과를 약 11억 6,000만 엔으로 산출하고 있다(고베학원대학 지역연구센터, 2007). 또한 지바현은 2001년 12월에, 향후 현정 운영에 관련된 중점 시책으로서 '지바 2002년 액션 플랜'을 책정·발표했다. 그 중점 시책의 하나로 산업의 기둥으로써 관광 진흥을 내걸고, 그 중 전략적·중점적 시책 전개에 '필름 커미션 설립 촉진 사업'을 '지바현의 매력, 관광 정보, 지역 정보 등 적극적·효과적으로 널리 정보를 발신하여 많은 사람들을 지바현으로 불러들이며, 지역 산업의 활성화를 도모'하기 위한 중점 사업으로 자리잡았다.

이러한 일들은 다른 곳에서도 가능하다. 예를 들어 효고현 아카시시(明石市)는 도미나 문어가 예로부터 많이 수확되어 이를 사용한 지역 명산품 '문어밥'(잘게 썬 문어를 넣은 솥밥)이나 '달걀말이'(일반적인 달걀말이보다도 달걀을 많이 사용하고 국물에 적셔서 먹는다)가 있어서, 아카시시를 대표하는 소울푸드가 되었다. 여기에 지방의 먹거리나 습관 등을 소개하는 전국 인터넷의 한 프로그램에서 다루어지면서, 문어밥이나 달걀말이의 지명도가 단숨에 상승했다. 이처럼 운 좋은 일들이 다 우연인 것일까? 지역 식품의 PR은 이전부터 지역 관광협회나 어업 조합 등이 하고 있으며, 지역의 신문이나 CATV에서 지역 뉴스로 다루어졌다. 그 정보가 시외, 현외에도 꾸준히 전파되어 전국 방송 프로그램에 다루어질 정도로 확산되었다. 이처럼 착실한 활동을 지속하여 지역에서 계속 지지받음으로써 겨우 결실을 맺게 되는 것이다.

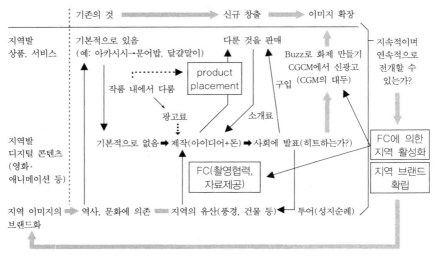

[그림 16-1] 필름 커미션 등에 의한 영상 소프트 제작과 유통의 전략

이러한 흐름을 [그림 16-1]로 설명할 수 있다. 그 지역에 있던 기존의 것(풍경이나 건물, 특산품 등)을 작품 속에 명확히 드러냄으로써(프로덕트 플레이스먼트), 새로운 소비자를 불러들이는 기폭제로 삼으려 한다. 그 해당 지역에 있는 기존의 것(풍경이나 건물 등)을 작품 속에 명확하게 드러냄으로써 직접적, 간접적인 경제효과를 얻으려 하며, 또 새로운 소비를 창출하는 기폭제로 삼고자 하는 시스템에 FC가 있다. 관광객이 찾아오고 상품이 팔리면 지역 이미지가 확장된다. 그것이 잡지나 웹 상에서 확대되면 새로운 영상 소프트 제작 찬스나 직접적, 간접적인 경제효과 등을 기대할 수 있다. 이러한 것들이 플러스 피드백

을 낳고 유지·발전할 수 있다면 지역 활성화를 촉진하게 된다.

따라서 작품이 히트하고 관광객이 찾아오며 상품이 팔리면 지역 이미지가 확장되고 지역이 활성화된다. 여기에 콘텐츠 투어리즘의 경제효과가 있으며 콘텐츠 제작을 FC로 행하는 의미가 있다. 또한 이것이 입소문(바이럴)이나 잡지, 웹 상에서 확대되고 홈페이지나 상공회의소 및 시초손(市町村)[1]의 홍보 섹션 등에서 지원을 받으면 플러스 피드백을 낳고 지역의 정보화를 촉진하게 된다.

한편 제작자는 광고료나 로열티를 대가로 얻는다. 다만 뛰어난 아이디어나 스태프, 윤택한 자금조달 수단, 지역색을 집어넣은 작품의 경우 선전효과를 지나치게 노리다 보면, 시청자가 작품에 감정이입하려는 마음이 식어버리는 등의 문제점도 많다. 그래서 기대한 만큼의 경제적 효과를 낳지 못할 리스크도 있다.

콘텐츠 투어리즘은 지역 활성화의 한 수단으로서 경제효과를 기대할 수 있기 때문에 향후 콘텐츠 제작에 필수적으로 관계하게 된다. 그 조직적 행동 수법으로써 FC가 있으며 지역으로부터의 지원으로 콘텐츠를 제작할 때 그 활약이 기대된다.

마스모토 다카시(增本貴士)

참고문헌

고베학원대학 지역연구센터(2007), 『지역 상점가·지장산업·지역사회의 활성화를 향하여』〔神戸学院大学地域研究センター(2007), 『地域商店街·地場産業·地域社会の活性化に向けて(地域社会学分野報告書 第24号)』, p.199〕.

국제관광진흥회(2002), 「2002년 필름 커미션(FC)의 움직임」〔国際観光振興会(2002), 「平成14年フィルム·コミッション(FC)の動き」, p.1〕.

---

1   [역] 일본의 도도부현 아래를 구성하는 작은 행정 구획의 명칭으로 시군, 읍, 면 등에 해당한다.

17 콘텐츠 투어리즘과 일본의 정책

▌국가 정책에서 팝 컬처의 위치

일본 정부 정책에서 팝 컬처에 대한 주목도가 높아지고 있다. 최근 팝 컬처에 관한 국가 정책 흐름을 정리한 [표 17-1]에서도 알 수 있듯이, 정책에는 크게 세 가지 흐름—문화외교(외무성), 수출 정책(경제산업성), 관광정책(관광청)—이 있으며, 특히 2012년 이후에는 경제산업성과 관광청이 연계한 수출산업으로서의 관광진흥 정책, 즉 인바운드 유치에 관한 정책 입안이 눈에 띈다. 외교·경제·관광 정책은 상호 불가분의 관계에 있으며 팝 컬처가 일련의 정책 안에서 중요한 위치를 차지하는 것을 알 수 있다.

연도	시책
2003	1월, 고이즈미 총리가 시정방침 연설에서 '2010년까지 방일 외국인 여행자 수를 1,000만 명으로 증가시킨다'는 것을 목표로 내건다. 고이즈미 총리가 '관광입국 간담회'를 주재
2005	3월, 국토교통성, 경제산업성, 문화청 〈영상 등 콘텐츠 제작, 활용에 따른 지역 진흥의 양식에 관한 조사' 보고서〉
2006	외무성 〈'팝 컬처 문화 외교의 활용'에 관한 보고〉
2007	1월, '관광입국 추진 기본법'시행(의원 입법) 5월, 외무성 '국제만화상' 6월, '관광입국추진 기본 계획' 각의 결정
2008	3월, 외무성 초대 '애니메이션 문화 대사'로서 도라에몽이 취임 10월, 국토교통성의 외국으로서 '관광청' 신설

2009	2월, 외무성, '팝 컬처 발신사(통칭 "가와이이(귀여운) 대사")'를 임명
2010	경제산업성 제조산업국 '쿨 재팬실' 설치 관광청 "JAPAN ANIME TOURISM GUIDE"
2011	JNTO "JAPAN ANIME MAP"
2012	3월, "관광입국 추진 기본계획" 개정→뉴 투어리즘란에 관광 콘텐츠의 하나로 애니메이션이 기재됨 경제산업성이 "콘텐츠 산업의 현상과 향후 발전 방향성" 안에서 콘텐츠의 '성지'라는 표현을 하용하고 이러한 곳에 대한 인바운드 관광객 증가를 전략으로 내세움
2013	관광청, 일본정부관광국(JNTO), 경제산업성, JETRO가 "방일 외국인 증가를 향한 공동 행동계획"을 발표. '쿨 재팬 콘텐츠에서 상기되는 관광지(총본산, 성지)로의 방일을 촉진한다'
2014	6월, 관광입국추진 각료회의에서 "관광입국 실현을 향한 액션 프로그램 2014—'방일 외국인 2000만 명 시대'를 향하여—"를 발표
2017	일반사단법인 애니메이션 투어리즘협회에 의한 해외로부터의 여행자 대상사업 '전 세계에서 인기인 "재팬 애니메이션" 성지(지역)를 활용한 광역 주유 루트의 모니터 투어'가 관광청의 '테마별 관광에 의한 지방 유객사업'에 채택

그렇다면 왜 이렇게까지 팝 컬처가 중시되는가? 이 의문에 가장 명확히 답한 것이 2006년에 외무성 팝 컬처 전문부서가 발표한 〈'팝 컬처 문화 외교 활용'에 관한 보고〉일 것이다. 이 보고는 문화외교에서 팝 컬처의 중요성에 관해 다음과 같이 정리하고 있다.

(팝 컬처란) '일반 시민에 의한 일상 활동으로 성립된 문화'이고 '서민이 구매하여 생활 속에서 사용하면서 연마함으로써 성립한 문화이며, 이를 통해 일본인의 감성이나 정신성 등 등신대의 일본을 전달할 수 있는 문화'(중략) 이 사고방식에 따르면 우키요에(浮世絵)[1], 도자기, 다도 등은 각 시기에 따라 당시의 '팝 컬처'였다고 할 수 있다.

---

1   [역] 17세기 이후 발전한 일본 회화의 하나로 풍속, 풍경, 인물(배우)을 그린 육필화 혹은 목판화를 말한다. 가쓰시카 호쿠사이(葛飾北斎)가 특히 유명한 화가이다.

　　문화 외교에 대한 활용에서 이러한 '팝 컬처' 안에서 특히 새로운 시대의 흐름을 개척하는 최첨단 분야로 널리 국민에게 받아들여지고 강한 침투성과 등신대의 일본을 드러내는 사상성을 갖는 것을 대상으로 해야 하며, 구체적으로는 애니메이션, 만화, 게임, J-POP 외에 패션이나 식문화 등의 분야가 대상이 된다고 생각할 수 있다.

(외무성 팝 컬처 전문부서, 2006)

　　이러한 세 가지 흐름은 같이 영향을 주고 융합하면서 현재에 이르렀다. 주목해야 하는 것은 예를 들어 2013년에 관광청, 일본정부 관광국(JNTO), 경제산업성, JETRO가 〈방일 외국인 증가를 향한 공동행동 계획〉을 발표하고 그 안에 '쿨 재팬 콘텐츠에서 상기되는 관광지(총본산, 성지)로 향하는 방일을 촉진한다'고 기재된 것처럼, 관계 당국이나 관청의 틀을 넘어 국가가 광의의 콘텐츠 투어리즘을 추진해 가려는 자세를 선명하게 드러내고 있다는 점이다.

▌국가에 의한 콘텐츠 투어리즘의 정의

　　그럼 이러한 흐름 안에서 관광정책에 초점을 맞추어 보자. 2003년 고이즈미 내각에 의한 관광 입국 선언 이후 2006년의 〈관광입국추진기본법〉 성립 등 '관광'이 21세기의 국가 정책 기둥의 하나로 위치지어지고, 산관학이 모두 관광산업의 육성이나 관광을 통한 지역 진흥에 착수하고 연구를 진행하며 매스 투어리즘으로 대표되는 종래 방식의 관광을 대신할 새로운 관광 방식을 모색했다. 이러한 과정에서 2005년 국토교통성, 경제산업성, 문화청에 의해 작성된 것이 〈영상 등 콘텐츠 제작·활용에 따른 지역 진흥 방식에 관한 조사보고서〉였다. 즉 '지역에 관한 콘텐츠(영화, 텔레비전 드라마, 소설, 만화, 게임 등)

를 활용하여 관광과 관련 산업의 진흥을 도모하는 것을 의도한 투어
리즘'에 관한 것을 '콘텐츠 투어리즘'이라고 정의한 것이다. 그리고
그 '근간은 지역에 "콘텐츠를 통해 양성된 지역 고유의 분위기, 이미
지"로서의 "이야기성" "테마성"을 부가하고 그 이야기성을 관광자원
으로 활용하는 것'이라고 기술되어 있다(동 보고서:49). 이 보고서는
관광 진흥의 핵심은 '사물'이 아니라 '콘텐츠'='이야기'라는 것을 지방
자치체에 전달하며 콘텐츠 투어리즘의 인식을 넓힌 점에서 획기적인
것이었다.

  이러한 보고서가 간행된 배경에는 크게 세 가지 배경이 있다는 것
을 이 보고서의 '들어가며'에서 엿볼 수 있다. 즉 첫째로, 영화, 드라
마, 애니메이션 등의 무대가 되는 것이 관광객 방문 촉진으로 이어지
는 것임을 지역의 행정, 경제단체가 인식하게 된 점.[2] 둘째로, '2003
년 7월에 정부의 관광입국 관계 각료회의에서 "관광 입국 행동 계획"
이 책정되어 일본의 매력, 지역의 매력 확립과 일본 브랜드의 해외
발신과 관련하여 일본 영화의 제작, 상영지원(문부과학성), 필름 커미
션의 활동지원, 로케이션 유치(문부과학성, 국토교통성), 콘텐츠 산업진
흥(경제산업성)이 위치지어'진 것. 그리고 셋째로, 2004년 5월 정부의
지적재산 전략본부가 〈지적재산 추진계획 2004〉를 책정하여 '지역
등의 매력 있는 콘텐츠의 보존이나 발신력 강화를 도모하는 것'이 '콘
텐츠 비즈니스의 비약적 확대'로 이어진다는 사실이 명기된 것이다.

---

2 특히 이 점에서 큰 영향을 준 것이 2003년 4월부터 9월에 걸쳐 NHK BS2에서
   방영된 한국 텔레비전 드라마 〈겨울 연가〉(Winter Sonata)이다. 이 드라마는 중고
   년 여성들 사이에서 일대 붐이 되어 한국 로케이션지에 대량의 일본인 관광객이
   찾아가는 현상을 불러일으켰다.

▌일본 콘텐츠 투어리즘의 두 가지 계보

여기에서 주의가 필요한 것이 일본에서는 이러한 행정 시책으로서의 콘텐츠 투어리즘 진흥과, 그와 거의 전혀 관계가 없는 형태로 발전해 온 '애니메이션 성지순례'에서 볼 수 있는 팬 문화를 기반으로 하는 팬에 의한 자발적 콘텐츠 투어리즘이라는 두 가지 계보가 존재한다는 점이다. 애초 일본의 콘텐츠 산업 자체가 민간 사업자로서 엄격한 시장경쟁 속에서 발전해 온 경위가 있으므로 그러한 환경 속에서 대중 문화로서의 팬 문화가 성숙했다. 현재처럼 이른바 팝 컬처가 정부 정책에서 크게 다루어지게 된 것은 아주 최근의 일이다. 이러한 부분은 예를 들어 한국처럼 콘텐츠 수출 정책에 다액의 국가예산을 투입한 나라와는 크게 다른 점이며, 다른 나라와 비교할 때도 주의가 필요하다.

어쨌든 현재 국가 정책적 흐름도 있어서 콘텐츠 투어리즘의 창성과 진흥을 향한 다양한 시도가 일본 각지의 자치체에서 톱다운 형태로 추진되고 있는데, 그 한편에서는 그러한 행정 정책적 움직임과는 거의 관계 없이 콘텐츠 산업과 팬 문화의 접점으로서의 콘텐츠 투어리즘이 바텀업 형태로 계속 발전해 가리라는 것도 확실하다. 종종 이 두 계보 가 혼동되어 이야기되지만, 명확히 그 기원과 이념이 다르다. 콘텐츠 투어리즘론을 구축해 가기 위해서도 정리가 필요한 점이다.

▌새로운 논점

널리 해외에서 일본의 팝 컬처, 콘텐츠가 지지를 받고 작품 무대가 된 장소 등 콘텐츠와 관련이 있는 일본 지역을 찾는 외국인 여행자도 증가 경향에 있는 가운데, 최근에는 외국인 연구자에 의한 일본 콘텐츠 투어리즘 연구(예를 들어 Beeton et.al, 2013)나 콘텐츠 투어리즘의

가능성을 문화적 안전보장 구축이라는 면에서 생각하려는 국제 공동
연구도 볼 수 있게 되었다.[3] 콘텐츠 투어리즘 연구도 새로운 단계에
들어섰다고 하겠다.

야마무라 다카요시(山村高淑)

참고문헌

외무성 팝 컬처 전문부회(2006), 「『팝 컬처 문화 외교의 활용』에 관한 보고」, 외무성
　　「팝 컬처 외교」 페이지 https://www.mofa.go.jp/mofaj/gaiko/culture/koryu/pop/
　　index.html (2023년 6월 10일 열람)〔外務省ポップカルチャー専門部会(2006),
　　「『ポップカルチャーの文化外交における活用』に関する報告」外務省　ポップカル
　　チャー外交のホームページ https://www.mofa.go.jp/mofaj/gaiko/culture/koryu/
　　pop/index.html〕.
Beeton, S., Yamamura, T. and Seaton, P.(2013), "The Mediatisation of Culture:
　　Japanese Contents Tourism and Pop Culture," Jo-Anne Lester and C. Scar-
　　les(eds.), *Mediating the Tourist Experience*, Farnham: Ashgate, pp.139~154.

3　예를 들어 「'contents tourism'을 통한 문화의 전파와 수용에 관한 국제 비교연구」
　　과학연구비조성사업 기반연구(A), 연구과제번호 : 2624007, 2014년 4월~2019년
　　3월, eovy: P. Seaton, https://kaken.nii.ac.jp/d/p/26243007.ja.html.

18 콘텐츠 투어리즘과 해외의 정책

　콘텐츠 투어리즘을 정책적으로 추진하려는 나라는 유럽이나 영어권 중심으로 증가하고 있다. 이번 장에서는 영국의 사례를 소개한다. 콘텐츠라는 포착 방식은 정보사회 특유의 사고방식이기는 한데, 영화 효과로 볼 수 있는 현상이라는 점에서 영국에서는 '필름 투어리즘'이 일반적이었다.

　우선 영국의 영화산업은 그 역사를 정부와 결부시키지 않고 말하기 어렵다. 영국의 영화 제작 건수는 특히 1970년대까지 정부가 마련하는 제도에 큰 영향을 받았다. 그 제도란 국내 스크린에 배급, 흥행하는 영국 영화 및 외국(주로 미국) 영화의 비율을 규정하는 스크린 쿼터나 영화 제작자들을 금전적으로 지원하는 시스템이다. 후자는 극장 입장료를 주된 재원으로 한다는 점에서 1970년대에는 한계를 보이게 되었다.

　영국의 '영화 정책' 시작은 1985년이라는 것이 통설이다. 그 전년에 정부는 〈영화 정책〉이라는 타이틀의 백서를 발표하고, 1985년에는 영화법과 시네마토그래프법을 시행하여 기존 제도나 법정 조직을 철폐했다. 대처 정권기[1979~1997]는 영화 산업의 역사를 뒤집었다고 해도 과언이 아니다. 필름 투어리즘이 정책적으로 추진되기 시작한 것은 그 뒤의 메이저 정권기[1990~1997] 이후이다. 블레어 정권기[1997~2007], 브라운 정권기[2007~2010]로 13년간 이어진 노동당 정권기, 이어진 캐머런 정권기[2010~2016], 메이 정권[2016~2019]을 지나며 영화의 촬영지나 무대에 미치는 경제효과에 대한 기대는 계속 높아지고 있다.

▌메이저 정권기의 영화산업과 필름 투어리즘

영화산업과 필름 투어리즘에 관한 메이저 정권기의 중요한 사건에는 다음 세 가지를 들 수 있다. 첫째, 무비 맵 캠페인 개시, 둘째, 브리티시 필름 커미션 설치, 셋째, 〈브레이브 하트〉나 〈트레인스포팅〉 등 스코틀랜드를 무대로 한 영화가 제작, 공개된 일이다.

무비 맵 캠페인은 1990년대 초에 관광청이 개시했다. 이 캠페인에서는 영국 각지의 영화, 텔레비전 드라마의 촬영지나 무대를 소개하는 팸플릿을 일본을 포함한 여러 외국에 배포했다. 그 목적은 계절에 따라 편차가 있는 역사 유산이나 도시의 관광지, 교외 지역에 대한 관광을 촉진하는 것이었다(Busby&Klug, 2001). 이미 일본에서도 로케이션지 맵 등 비슷한 매체가 활발히 발행되었는데, 영국 무비 맵은 그 규모가 크기도 하고 가장 오래되었으며 잘 알려진 것으로 인식된다. 무비 맵 발행은 나중에 〈해리 포터〉판 등 특정 영화마다 혹은 특정 지역에 초점을 맞추는 등 다양한 전개를 보이게 되었다.

일본에서 로케이션지 맵을 발행하는 것은 주로 필름 커미션이며, 지역의 영화 촬영 지원 등을 시행하고 있다. 일본의 경우는 도도부현이나 시초손이 설치를 시작한 뒤에 전국적 조직이 등장하였으므로 지역발이라는 특징도 있으며, 영국과 비교해 그 수도 훨씬 많다(木村 2009, 2011). 영국의 경우는 우선 국가 규모의 조직, 브리티시 필름 커미션(BFC)이 1991년에 설립되었고, 그 네트워크 조직으로 14지역에 필름 커미션이 탄생했다. BFC의 목적은 '영국을 영화 제작 중심지로서 국제적으로 특별한 장소라는 것을 주지시키는 것, 영국의 작가, 기술자, 배우, 뮤지션으로 하여금 국내에서 작품을 만들도록 추진 장려 하는 것'이었다.

1990년대 중반에는 영국 영화 정책에 큰 영향을 주는 영화가 몇 편 제작되었다. 하나는 〈브레이브 하트〉로 스코틀랜드 영웅을 주인 공으로 한 영화이다. 이 영화는 스코틀랜드를 무대로 하면서 아일랜드에서 촬영되었고, (법률상)영국 영화는 아니었지만, 공개 후에 수많은 관광객들이 스코틀랜드를 찾았다.

또 하나는 〈트레인스포팅〉이라는 영화인데, 마찬가지로 스코틀랜드를 무대로 하고 있다. 그때까지 영국을 무대로 하여 세계적으로 히트한 영화 대부분은 중류계급 이상의 사람들을 그린 역사적 영화였다. 하지만 이 영화는 스코틀랜드 노동자 계급의 젊은이들을 그리고 있다. 이러한 영화는 미국 기자들이 '쿨 브리태니아'라고 부른 영국 문화 붐의 상징이 되기도 했다.

▌블레어, 브라운 노동당 집권기의 영화 정책과 필름 투어리즘

블레어 정권은 대처나 메이저에 의한 18년간의 보수당 정권 시대에 종지부를 찍고 발족했다. 이 시기의 중요한 사건으로 다음 세 가지를 들 수 있다. 첫째로, 영화에 관한 공적 조직 몇몇을 통합하여 필름 카운실이 설립되었다. 둘째로, 이 조직을 중심으로 필름 투어리즘의 경제효과 등 영화의 직접적, 간접적인 경제효과가 명시되기 시작했다. 셋째로 영화 제작에 드는 세제가 개혁되어 영국 영화의 정의에도 대폭 변경이 있었다.

2000년에 설립된 필름 카운실은 영화 산업과 정부를 잇는 조직으로서 문화·미디어·스포츠성의 외곽 단체로 설립되었다. 영화의 제작 지원을 하는 조직이나 영국영화협회(BFI) 영화 제작 유닛 등이 통합되고, 그 중 하나에 앞서 말한 BFC도 포함되어 있다. 필름 커미션의 재원은 주로 복권 수익 일부이며, 그 펀딩 프로그램을 통해 영화 제작만이 아니라 영화에 관한 다양한 착수(예를 들어 영화교육, 영화제 개최, 무비 맵의 작성, 발행 등)를 지원했다.

영화에 관한 다양한 착수를 구체적으로 실시한 것은 1997년에 설립된 스코티시 스크린 등 지역 스크린 에이전시이며, 잉글랜드에 9군데의 거점, 스코틀랜드, 웨일즈, 북아일랜드에 각각 전체 12개 조직이 잇따라 설립되었다. 이들 대부분은 메이저 정권기에 설립된 필름 커미션을 전신으로 하거나 그것을 흡수했다.

필름 카운실은 영화에 관한 종합적 전략을 보인 조직이기도 하다. 그 역할 중 하나로 영화가 초래하는 다양한 경제효과를 명시한 점을 들 수 있으며, 그 점에서 주목받아 온 것이 필름 투어리즘이었다.

필름 투어리즘은 영국에서 세제 상의 우대를 받을 수 있는 영화나 필름 카운실이 지원하는 영국 영화의 정의에도 영향을 끼치고 있다. 그때까지 영국에서는 '영국 영화'의 정의가 1927년부터 정해진 것이었고, 그 기준은 인건비나 제작비였다. 하지만 블레어 정권기가 끝나갈 무렵, 영국 영화의 정의를 정하는 법률이 개정된 것이다. 그 '컬처럴 테스트'라는 시스템에서는 무대나 등장인물, 원작, 언어, 즉 영화의 내용 면을 중시하게 되었다. 〈브레이브 하트〉처럼 당시는 '영국 영화'라고 인정할 수 없었던 영화가 '영국 영화'로 인정되고, 세금 우대나 필름 카운실의 지원제도를 신청할 수 있게 되었다.

▌캐머런 정권기의 영화 정책과 필름 투어리즘

캐머런 정권은 보수당과 자유 민주당의 연립정권이었다. 2010년 총선거 이후 영화 산업에도 큰 변화가 있었는데, 새 정권은 보다 경제 효과를 추구하는 방침을 취했다.

우선 캐머런 수상은 2010년에 '쿨 브리태니어는 잊자, 룰 브리태니어가 관광객을 불러들일 것이다'라고 했다. 이는 명백히 블레어 정권을 의식한 발언이었다. 또 룰 브리태니어란 영국 두번째 국가(國歌)라고 불리는 노래의 타이틀이기도 하다. 더불어 수상은 영화 〈해리 포터〉 시리즈의 최종작 월드 프리미어에서 '해리 포터와 같은 영화를 많이 만들어 영국에 많은 관광객들을 불러들이자'고도 말했다. 1997년부터 2007년에 걸쳐 출판된 〈해리 포터〉 시리즈는 2001년부터 영화화가 시작되고 그 무비 맵도 작성되어 촬영지에 많은 관광객들을 불러들였다. 영화는 그 촬영지에 관광을 촉진하는 직접적 툴이 아니지만, 1990년대 이후 정권, 영화 정책의 변화를 막론하고 필름 투어리즘에 거는 기대에는 변함이 없다.

영화 산업과 관련한 변화로서는 우선 2011년 3월에 필름 카운실이 해체되었다. 이에 따라 그 역할은 BFI와 필름 런던이 담당하게 되었다. 후자는 런던을 거점으로 하는 스크린 에이전시의 하나이다. 런던 외에는 잉글랜드의 경우 '크리에이티브 잉글랜드'로서 재출발하였다. 스코틀랜드에서는 이에 앞서 2010년 7월에 크리에이티브 스코틀랜드가 발족했다.

필름 커미션으로 설립된 조직은 블레어 정권 하에서는 스크린 에이전시로서 지역의 영화에 관한 온갖 활동(오디언스 디벨로프먼트 등을 포함)을 담당하는 조직으로, 그리고 캐머런 정권 하에서는 다른 조직과의 합병이나 협동에 의해 크리에이티브 산업 전체의 중심적 조직으로 발전해갔다.

기무라 메구미(木村めぐみ)

참고문헌

Busby, G., & Klug, J.(2001), "Movie-Induced Tourism: The Challenge of Measurement and Other Issues," *Journal of Vacation Marketing*, 7(4), pp.316~32.

기무라 메구미(2009), 「영국 영화산업의 지역·오디언스와의 연계 —— 필름 커미션의 전개와 가능성」〔木村めぐみ(2009), 「イギリス映画産業の地域·オーディエンスとの連携 —— フィルム·コミッションの展開と可能性」, 『情報文化学会誌』16(1), pp.47~54〕.

기무라 메구미(2010), 「필름 커미션의 현상과 과제」〔木村めぐみ(2010), 「フィルムコミッションの現状と課題」, 『地域活性研究』1, pp.175~184〕.

콘텐츠 투어리즘의 연구 방법

콘텐츠 투어리즘을 연구할 때 구체적으로 어떠한 방법이나
절차를 이용하면 좋을까?
제3부에서는 콘텐츠 투어리즘에 관하여 학술적으로 연구하거나
실천을 위해 선진 사례를 조사할 때,
참고가 될 방법론을 정리했다.
연구의 스타트가 되는 '선행연구 찾는 법'부터
실천적 연구 수법인 '액션 리서치'까지
다종다양한 방법론을 소개한다.
각각의 방법에는 특징이 있으며, 운용할 때 주의해야 할 점도 있다.
대상으로부터 데이터를 얻기 위한 방법을 배워서
자기 연구에 활용해 보자.

CONTENTS

TOURISM

19 콘텐츠 투어리즘 연구의 수법

콘텐츠 투어리즘에서는 다수의 요소, 액터들이 관련되고 그것들끼리 서로 얽힌다. 더불어 복수의 공간을 횡단하는 현상이기도 하다. 이러한 특징을 가진 연구 대상을 조사, 분석할 때에는 다양한 방법을 조합하거나 수법을 만들어내서 최적의 방식으로 실시할 필요가 있다.

▌선행연구 찾기와 연구 목적의 설정

애초 연구를 시작할 때에는 선행연구를 조사한다. 자신이 착수하려는 연구에는 대부분의 경우 선행연구가 존재한다. 취급하는 사항 자체가 현대적인 것이고 별로 널리 취급되지 않는 것이라고 해도 그 사항에는 반드시 역사가 있기 마련이다. 혹은 사항 자체는 다르더라도 테마나 시작점이 유사한 식으로 본인 연구의 토대가 되는 연구가 있을 것이다. 선행연구를 조사하는 다양한 방식이 있다. 상세하게는 '선행연구 찾는 법'[→20, 21]을 참조하기 바라며, 디지털 아카이브를 사용하는 방법이나 도서관, 대형서점을 활용하는 등 다양한 방법으로 선행연구를 탐색했으면 한다. '이거군!' 싶은 연구가 틀림없이 발견될 터이다.

선행연구를 조사하고 대상을 관찰하는 동안 여러 의문이 나올 것이다. 이것이 문제의식이나 연구 목적으로 이어진다. 한 번 '본 연구의 목적은 ○○를 밝히는 것이다'라고 연구 목적을 써보자. 씀으로써 자기 현단계의 생각이 명확해진다. 이것은 나중에 다시 쓰게 되어도 상관없다. 연구를 진행해 가는 데에 있어서 목적은 중요하다. 연구 수법이나 조사 대상은 목적에 따라 결정되는 것이기 때문이다.

▌다양한 방법을 구사하다

콘텐츠 투어리즘을 조사, 분석하기 위한 방법은 다양하다. 우선은 콘텐츠 투어리즘에 관한 역사적 사료[→22]나 각종 미디어 상의 표상[→23]을 분석하는 방법이 있다. 이는 조사하려는 대상이 어떠한 매체에 어떻게 표현되는지를 분석하는 수법이다. 이 방법을 이용함으로써 자신이 대상으로 삼은 사항에 대한 지식도 증가한다. 다음으로, 여행 동기 형성의 근원이 되는 콘텐츠 그 자체의 분석이 있다. 콘텐츠 투어리즘의 양태는 콘텐츠 그 자체의 양태에 따라 다르므로 콘텐츠 분석[→24]도 중요하다. 이어서 콘텐츠를 시청, 체험하는 것에서 여행 행동으로 발전해 가는 과정이나 메커니즘을 실험적 수법[→26]에 의해 밝히는 방법이 있다. 사회적인 일이 발생하는 경우 그 요인의 수는 많다. 어느 요인이 무엇에 어느 정도 영향을 주는지, 그러한 것을 조사하고 싶을 때는 실험실에서 조건을 컨트롤하여 조사하는 것도 유효하다.

콘텐츠 투어리즘의 현장에서 조사를 하는 방법도 있다. 이때 '현장' 이란 관광 목적지만을 가리키는 것이 아니라 콘텐츠 투어리즘이 관계하는 모든 공간을 가리킨다. 즉 투어리스트의 평소 생활 공간이나 콘텐츠 제작의 현장 등도 포함한다. 그때 도움이 되는 것이 필드워크 [→27]나 인터뷰[→28], 참여 관찰[→29], 메모 조사[→30], 앙케트 조사 [→31] 등이다. 나아가 콘텐츠 투어리즘의 현장에는 인터넷 상도 포함

하다. 기관 리포지터리에서 공개된 연구 성과 중 잡지 논문 정보는
CiNii Articles에서도 검색할 수 있지만, 기타 정보는 CiNii Articles
에는 포함되지 않는다. 기관 리포지터리에서 공개된 것을 한꺼번에
찾고자 할 때에는 'JAIRO'[8]라는 전용 서비스를 사용하면 편리하다.

NDL은 NDL-OPAC 정보에 더하여 자신의 디지털 컬렉션이나
CiNii Articles이나 JAIRO와 같은 NDL 이외의 정보도 한꺼번에 검색
할 수 있는 '국립국회도서관 서치(NDL 서치)'[9]라는 서비스를 제공하고
있다. NDL 서치를 사용하면 도서와 잡지 논문, 기타 다양한 자료의
정보를 한꺼번에 찾을 수 있다.

기관 리포지터리나 NDL의 디지털 컬렉션 이외에도 각 출판사가
논문의 전자판을 공개하거나, 저자가 자기 웹사이트로 논문을 공개하는
경우도 있다. 인터넷에서 공개된 논문이나 학회 발표 정보를 한꺼번에
찾을 때는 Google의 학술정보 검색 서비스 'Google Scholar'[10]를 활용하
는 것도 유용하다. 다만 Google Scholar의 정보 수집은 기계적으로
이루어지기 때문에 때때로 출전을 잘 모를 정보가 섞여 있을 때도
있어서 주의할 필요가 있다.

물론 통상의 Google도 선행연구를 찾을 때에는 유용하지만 블로그
등의 일반적인 정보가 포함되어 있기 때문에 정보 검색의 최초 단계
에서 사용하면 자료를 잘 찾기가 어려울 것이다. 기타 툴을 사용해
원하는 논문이 특정된 다음 Google을 활용하자. 기타 툴로 본문을
볼 수 없는 경우라도 논문 타이틀을 Google에서 검색하면 본문이 공

---

8 http://ju.nii.ac.jp/ [역] 2019년 폐쇄되었고 학술기관리포지터리 데이터베이스
(学術機関リポジトリデータベース)(IRDB)로 통합되었다. 2023년 6월 현재 https:
//irdb.nii.ac.jp/에서 이용 가능하다.

9 http://iss.ndl.go.jp/

10 http://scholar.google.com/

개된 사이트가 발견될 때도 있다.

▌ 전자정보원의 한계

전자정보원에는 자택 컴퓨터나 스마트폰에서 언제든 검색할 수 있는 등의 이점도 있는 반면, 현상에서는 몇 가지 한계도 있다. 일본의 잡지 논문 중에는 본문이 인터넷에서 공개되지 않는 경우도 많고,[11] 도서는 대부분이 미공개이다. 또한 많은 전자정보원은 검색을 위해 키워드를 입력해야만 하며 막연한 문제의식밖에 없는 단계에서는 필요한 정보를 적절히 찾기란 어렵다. 그러한 전자정보원의 한계를 보완하는 것이 다음 장에서 다루는 도서관 등, 현물이 있으며 사람에 의한 지원을 받을 수 있는 공간이다. 전자정보원에만 의존하려고 하지 말고 양자를 잘 조합하여 사용하는 방법을 익히자.

사토 쇼(佐藤翔)

---

11 일본의 잡지 논문의 미전자화 문제에 관해서는 다음 문헌에 상세하다. 사토 쇼(2014), 「비지빌리티의 왕국 ── 인문사회계 학술잡지라는 비경」〔佐藤翔(2014), 「ビジビリティの王国 ── 人文社会系学術雑誌という秘境」, 『DHjp』 No.4, 勉誠出版, pp.18~24〕.

21 도서관의 종류와 활용법

　온라인으로 입수되지 않지만 연구에 필요한 정보를 모으려면 도서관을 활용하는 것이 유효하다. 서점에서 팔지 않을 것 같은 전문적 자료나 서점에서 이미 사라진 과거의 자료라도 도서관에는 보존되어 있다. 또한 많은 도서관에는 자료만이 아니라 연구를 지원해 주는 인적 서비스도 준비되어 있다.

　도서관에는 다양한 종류가 있다. 그 차이를 이해하고 필요한 국면에서 각각을 구분해서 사용할 수 있게 되는 것이 중요하다.

▌대학 도서관

　연구에 필요한 정보를 모으는 거점이 되는 것이 자기가 속한 대학의 도서관이다. 우선은 자신의 대학 도서관을 충분히 활용할 수 있도록 하자.

　전문서나 논문이 게재되는 학술잡지가 충실한 것만이 아니다. 대부분의 도서관이 정보 수집을 도와줄 '레퍼런스 서비스'를 수행한다. 정보 탐색의 전문가인 도서관 직원이 이용자의 질문에 답하여 필요한 정보가 실려 있는 자료를 찾아오거나, 함께 찾을 수 있는 방법을 생각해 주기도 한다. 그뿐 아니라 전문적 데이터 베이스 사용법이나 사전, 사서 등의 참고도서 취급법도 알려줄 경우가 있다. 모르는 것이 있으면 적극적으로 도서관 직원에게 물어보자.

찾는 자료가 자신의 대학 도서관에 없는 경우, 논문 복사나 도서 한 권을 통째로, 다른 대학 도서관에서 빌릴 수 있도록 하는 서비스도 있다. 직접 현물을 보고싶을 때 등에는 다른 대학 도서관을 직접 방문 하고자 할 경우도 우선 자기 대학의 도서관 직원에게 상담하자. 도서 관에 따라서는 다른 대학 학생은 본인이 소속된 대학 도서관의 소개 장이 없으면 이용하지 못하게 하는 경우가 있다.

▌공공 도서관

도도부현이나 시초손이 운영하는 공공도서관도 연구하는 데에 있어 서 중요한 존재이다. 도도부현이나 법령으로 지정된 도립, 시립 등 큰 공공도서관이라면 대학도서관에 준하는 자료를 갖출 경우가 있다.

그 이상으로 중요한 것이 지역에 관한 자료이다. 대부분의 공공 도서관은 그 도서관이 있는 지역에 관한 정보를 적극적으로 수집하 고 정리한다. 특정 지역에 관한 연구를 할 경우, 조사 대상으로 삼는 지역의 공공도서관을 찾으면 그 지역의 역사나 풍토, 문화, 산업 등 에 관하여 다른 데에서는 입수할 수 없는 정보를 얻을 수 있을 것이 다. 지역 자료의 정리 방법은 도서관에 따라 개성이 반영되므로 여기 에서도 레퍼런스 서비스를 적극적으로 활용해 가자.

▌전문 도서관

특정 분야에 관한 자료에 특화된 전문 도서관 중에도 콘텐츠 투어 리즘을 연구할 때 중요한 시설이 몇 군데 있다.

도쿄 미나미아오야마(南青山)에 있는 '여행 도서관(旅の図書館)'(일본
교통공사가 운영)은 일본이나 세계 각지의 관광 문화에 관한 책이나
여행 잡지, 지도, 나아가 팸플릿 자료도 모으고 있는 관광 전문 도서
관이다. 자료의 대출은 하지 않지만 만화나 동인지를 전문적으로 다
루는 도서관도 있다. 도쿄 오차노미즈(お茶の水)에 있는 '요네자와 요
시히로 기념도서관(米沢嘉博記念図書館)'(메이지대학[明治大学]이 운영)은
코믹 마켓의 창립 멤버인 요네자와 요시히로[1] 씨의 장서를 중심으로
만화, 동인지를 모은 도서관이다. 메이지대학 관계자 이외에도 회비
를 지불하면 이용할 수 있다(메이지대학은 현대만화도서관도 운영하고 있
으며 이들을 모체로 현재 도쿄국제만화도서관[2]을 설립할 계획을 세우고 있
다). 또 '도서관'이라고 이름 붙이지는 않았지만 교토시와 교토세이카
대학(京都精華大学)이 공동으로 설립한 교토국제만화뮤지엄[3]도 많은
만화 자료를 가지고 있다. 약 5만 권의 자료가 공개되어 있으며(입장
은 유료) 그 외에도 연구 열람 등록을 함으로써 약 25만 권의 보존자료
까지도 더 열람할 수 있게 된다.

▮ 국립국회도서관

여러 도서관을 이용해도 도저히 발견할 수 없는 자료가 있을 때,

---

1   [역] 요네자와 요시히로(米沢嘉博, 1953~2006). 구마모토(熊本) 출신으로 메이지
    대학 재학부터 비평 활동에 참가하였다. 1980년부터 〈전후 만화사 삼부작〉을 간행,
    만화를 중심으로 한 대중문화 관련의 평론, 일본만화학회 설립 등에 관여하였고
    일본출판학회상, 일본아동문학학회상 등을 수상했다.
2   [역] 2023년 현재 계획 취지와 예정지 등에 관해서는 https://www.meiji.ac.
    jp/manga/korean/에서 한국어로도 확인할 수 있다.
3   [역] 홈페이지는 https://kyotomm.jp/

정보 수집의 마지막 보루가 되는 것이 일본 최대의 도서관, 국립국회
도서관(NDL)이다. 국회의원의 정보수집을 위해 만들어진 도서관인데
일본 국민 전체에게 서비스를 제공하는 역할도 맡고 있어서 18세 이
상이라면 누구든 이용할 수 있다.

　일본에서 출판된 것은 기본적으로 모두 NDL에 납본하도록 법률로
정해져 있다(납본제도). 책이나 잡지(만화도 포함)는 물론 신문, 지도,
CD나 DVD 등 다양한 미디어가 납본의 대상이다. 기본적 자료라면
대부분은 NDL에 있다고 봐도 된다. 다만 자료 대출은 하지 않으며
다른 도서관처럼 서가를 직접 볼 수도 없다. 필요한 자료를 도서관
사서에게 찾아달라고 한 다음 관내에서만 읽거나 복사를 할 수 있다.

　도쿄 나가타초(永田町)의 본관, 교토의 간사이관(関西館), 우에노(上
野)의 국제어린이도서관(国際子ども図書館)과 같은 세 건물을 직접 찾
아가 이용하는 것 외에 공공·대학 도서관을 통해 자료를 보내달라고
부탁할 수도 있다(그런 경우도 도서관 밖으로 가지고 나갈 수는 없다). 또한
도서나 잡지를 복사하고 싶은 경우, 자료 이름이나 페이지를 알면
온라인으로 직접 NDL에 복사를 청구할 수도 있다(유료). 기타 바로
앞 장에서 소개한 디지털 컬렉션이나 도서관 대상 디지털 자료 송신
서비스 등, 온라인으로 내용을 볼 수 있는 자료도 있으므로 직접 찾아
가기 전에 체크해 본다.

▌도서관에서의 조사방식

　실제 도서관을 사용하여 정보 수집을 하는 방법의 상세 내용에 관
해서는 아래의 책들에 잘 정리되어 있다. 꼭 참고했으면 한다.

① 이노우에 마코토, 『도서관에 물어봐!』〔井上真琴(2004), 『図書館に
　訊け!』, 筑摩書房, p.253.〕

② 아사노 다카시 + 가나가와 레퍼런스 탐험대, 『도서관의 프로가 알려
　주는 '조사의 요령' 누구나 사용할 수 있는 레퍼런스 서비스 사례집』
　〔浅野高史 + かながわレファレンス探検隊(2006), 『図書館のプロが教
　える〈調べるコツ〉誰でも使えるレファレンス・サービス事例集』, 柏書
　房, p.286.〕

사토 쇼(佐藤翔)

22 사료 분석

▌사료란 무엇인가?

연구 논문에 다룰 수 있는 사료에 매체나 형태 등에 의한 제한이란 존재하지 않는다. 역사적 자료이기만 하면 어떠한 존재든 사료로서 다룰 수 있다. 그러나 모든 사료를 단순히 병렬화할 수는 없는 일이며 연구자는 끊임없이 사료 비판과 사료론 구축을 요구받는다.

예를 들어 현재 관광 가이드북에 '푸른 하늘, 백사장, 수영복으로 헤엄치는 사람들'을 그린 일러스트가 게재되어 있고, 그것을 읽은 100년 후의 학자가 '당시의 ○○지역에는 사람들이 웃는 얼굴로 모래 해변에서 헤엄치고 있는 것이 늘상의 모습이었다'고 한다고 치자. 그것이 잘못된 것이라고 아는 것은 우리가 지금 현재를 살고 있기 때문이며, 관광 가이드북이 잘라낸 세계라는 것이 일면적이라는 감각을 동시대적, 피부 감각적으로 체득하고 있어서 무자각으로 사료 비판을 할 수 있기 때문이다. 이렇게 과거에 관하여 실증하려고 생각했을 때, 미디어 매체에 의해 발생하는 바이어스를 해명해갈 필요가 있다.

▌콘텐츠 투어리즘을 생각할 때의 사료

기술한 바와 같이 모든 것이 사료가 될 수 있는 셈인데 '콘텐츠 투어리즘을 생각할 때에는' 하고 제한을 두어도 마찬가지다. 예를 들어 수 없게 만들 수 있다는 점에는 주의가 필요하다.

　이러한 미디어의 특성과 기능, 타겟 등은 분석 대상을 선택할 때 고려해야 할 중요한 점이다. 미디어 분석을 행할 때는 자신의 연구 목적을 명시하고, 그 수법으로 해당 미디어를 선택하는 '타당성'이나 선택한 미디어를 분석하는 것의 '한계'를 방법 섹션에서 설명할 필요가 있다. 각종 미디어의 분석에 관하여 해설한 서적이 있으므로 참고하기 바란다(후지타[藤田], 2011; 이토[伊藤], 2015).

▎미디어의 기술을 조사하다

　오카모토(岡本, 2009)는 신문, 잡지 기사 및 서적의 기술을 분석함으로써 애니메이션 성지순례 행동의 탄생과 그 전개 경위를 밝히고자 하였다. 이때 신문과 잡지 기사를 사용한 이유는 두 가지이다. 첫 번째는 신문이나 잡지의 기사가 된다는 것을, 그 행동이 기사에 다루어질 수 있을 정도의 규모가 되었다고 생각했기 때문이다. 스포츠 선수나 예술가, 모험가, 학자 등을 제외하고 극히 소수의 사람이 행하고 있는 드문 행동이 신문이나 잡지에 다루어질 수 있는 경우는 흔치 않다. 한편으로 신문이나 잡지가 다루는 것은 어느 정도 신기함이 인정되는 사건이다. 이것이 두 번째 이유다. 이러한 미디어는 일상적으로 행해지는 여행 행동 역시 다루지 않는다. 새해 첫 신사참배나 백중맞이 여행의 혼잡한 상황이 다루어지기는 하지만, 이는 매년 있는 일이라도 유용한 정보로서 필요로 하는 사람들이 있기 때문이다. 그렇게 해서 신문, 잡지에 다루어지기 시작한 시기를 특정할 수 있다면, 애니메이션 성지순례 행동이 그 나름의 규모로 행해지면서도 신기함을 띠게 된 상태가 된 시기를 어느 정도 추측하는 것이 가능해질 것이다.

신문, 잡지 기사의 분석은 예를 들어 다음과 같은 절차로 실시할 수 있다(오카모토[岡本], 2009). 우선은 신문, 잡지 기사를 횡단 검색할 수 있는 서비스로 검색어 '애니메이션 성지순례'를 넣는다. 그렇게 하니 21개의 신문, 잡지 기사가 히트되었다. 실제로 기사를 보면 세 건의 기사는 애니메이션의 성지순례와는 직접 관계가 없는 기사였기 때문에 분석에서 제외했다. 그 후 기사 내용을 '상황 설명', '순례자', '지역', '순례자와 지역', '작품 관계자'로 분류하여 몇 가지 문헌의 기술과 합하여 분석함으로써 애니메이션 성지순례의 행동 및 호칭의 탄생 시기와 그 전개에 관한 성과를 얻을 수 있었는데, 이 방법만으로는 한계도 있다. 검색어를 바꾸면 다른 결과가 나올 가능성이 높고, 다른 미디어에 관해서도 조사할 필요가 있을 것이다.

미디어 분석에 한하는 것이 아니지만, 분석을 할 때에는 방법이나 절차를 명시하고 어떠한 결과를 얻을 수 있는 것인지, 독자가 이해할 수 있도록 기술한다. 이렇게 후진 연구자가 비슷한 방법으로 따라서 시도해 볼 수 있도록 해 둠으로써 연구 분야 전체가 보다 좋은 성과를 얻게 되는 결과로 이어진다.

오카모토 다케시(岡本健)

참고문헌

이다 유타카(편)(2013), 『미디어 기술사 — 디지털 사회의 계보와 행방』[飯田豊 (編)(2013), 『メディア技術史 ——デジタル社会の系譜と行方』, 北樹出版].
이토 하루키(2014), 『미디어와 커뮤니케이션의 문화사』[伊藤明己(2014), 『メディア とコミュニケーションの文化史』, 世界思想社].

이토 마모루(편)(2015), 『잘 알게 되는 미디어 스터디[제2판]』〔伊藤守(編)(2015), 『よ
    くわかるメディア・スタディーズ 第2版』, ミネルヴァ書房〕.
오카모토 다케시(2009), 「애니메이션 성지순례의 탄생과 전개」〔岡本健(2009), 「ア
    ニメ聖地巡礼の誕生と展開」, 『CATS叢書』 1, pp.31~62〕.
후지타 마후미(2011), 『미디어 졸업논문 ─ 테마·방법·실제』〔藤田真文(2011), 『メ
    ディアの卒論 ─ テーマ・方法・実際』, ミネルヴァ書房〕.

24 콘텐츠 분석

콘텐츠 분석에는 텍스트(작품)와 콘텍스트(사회문화적 문맥) 양자를 고찰할 필요가 있다. 텍스트 분석에 유효하다고 여겨지는 방법론은 담론 분석과 영상 분석이다(고야마·스가와[小山·須川], 2014). 담론 분석이란, 언제 누가 어디에서 어떠한 발언을 하고 어떻게 이야기되며 어떠한 발전, 귀결이 일어났는지 등을 분석하는 것이다. 영상 분석이란 이야기에서 언제 누가/무엇이 화면 어디에 배치되고, 무엇을 표상하는지 분석하는 것이다. 이러한 분석이 관련된 콘텍스트에서 어떠한 의미를 생성하는지 고찰함으로써 콘텐츠가 탄생시키는 의미가 분석된다.

그렇다면 애니메이션 '마법 소녀'를 사례로 분석해 보자. 일본에서 최초로 여자아이들을 대상으로 한 텔레비전 애니메이션 〈요술공주 샐리(魔法使いサリー)〉(1966~1968)는 마녀가 인간과 결혼해서 소동을 일으키는 드라마 〈아내는 요술쟁이(奥さまは魔女)〉(Bewitched)에서 힌트를 얻었다. 인간계에 이화를 초래하는 마법계 공주 샐리는 마법의 힘으로 신체적으로는 당해낼 수 없는 남자아이들을 압도하거나 트러블을 해결한다. 〈샐리〉 다음에는 보통의 여자아이인 아코가 마법 콤팩트로 무엇으로든 변신할 수 있다는 〈비밀의 아코짱(ひみつのアッコちゃん)〉(1969~1970)이 방영되었다. 고도 경제 성장기를 배경으로 서양의 마녀 이미지를 베이스로 한 패셔너블함이 일본의 전통보다도 우위에 배치되어 마법의 힘(서양에서 온 것)으로 트러블이나 낡은 가치

수 있을 뿐 아니라, 나라·지역이나 소속기관 등의 이용자 자신의 정
보, 액세스 방법(다른 페이지 링크로부터 들어온 것인지, 북마크 등을 사용
하고 있는지), 서치 엔진 등에서 어떠한 말로 검색을 했는지, PC에서
이용한 것인지 스마트폰에서 열람한 것인지, 웹사이트 안에서 어떻
게 페이지를 옮겼는지 등 다양한 정보를 얻을 수 있다.[1]

▌콘텐츠 투어리즘 연구에 대한 응용

액세스 해석은 웹 마케팅이나 시스템 개발 등의 분야에서 활발히
이용되는 기술인데, 이를 콘텐츠 투어리즘 연구에 살리려는 예도 있다.

예를 들어 콘텐츠 투어리즘에 관련된 웹사이트의 액세스 해석에서
콘텐츠 투어리즘에 관한 정보를 열람하는 사람의 특징을 밝힐 수 있
다. 액세스 수가 많은 시간대의 분석으로부터 그 사이트가 업무에
활용되는 것인지(평일, 오후에 액세스의 피크가 찾아온다), 취미에 사용
되는 것인지(요일에 상관없이 야간에 액세스가 증가한다)를 알 수 있으며,
액세스 방법으로부터는 단골 이용자가 많은지(북 마크 등에서 액세스해
서 들어온다), 우연히 본 사람들이 많은지(검색 엔진에서 액세스가 많다)
알 수 있다. 장기적인 액세스 경향을 분석하면 이벤트 실시나 사회적
사건이 사람들의 정보 열람에 어떻게 영향을 주었는지도 알 수 있을
것이다. 이러한 연구의 예로서는 와시노미야초(鷲宮町) 상공회의 홈
페이지 액세스 해석을 한 사토(佐藤)의 논문[2]이 있다.

1　액세스 해석의 이점과 주의점에 관해서는 다음 문헌도 참조한다. 사토 쇼(2013),
　「전자 리소스의 액세스 로그 분석」〔佐藤翔(2013),「電子リソースのアクセスログ分
　析」,『情報の科学と技術』63(2), pp.51~56〕.
　http://hdl.handle.net/2241/118279(2015년 1월 12일 열람)
2　사토 쇼(2012),「애니메이션 성지순례 관련 Web사이트는 어떻게 사용되고 있는가?

▌액세스 해석의 구체적 기술

액세스 해석의 수법으로서는 서버에 남은 로그를 해석하는 '가공 전 로그형'과 웹사이트에 액세스 해석용 시스템을 심어놓음으로써 외부 액세스 해석 서비스를 사용할 수 있게 하는 '비콘형'이 있다.[3]

가공 전 로그형의 경우에는 스스로 프로그램 등을 더 사용하여 로그를 해석하는 방법과, 외부의 해석 서비스를 활용하는 방법이 있다. 스스로 해석할 경우는 목적에 따라 자유롭게 분석 방법을 바꿀 수 있는 한편, 상응하는 기술력이 필요해진다. 외부 서비스를 사용할 경우 가공 전 로그형이든 비콘형이든 분석할 수 있는 내용은 그 서비스에 미리 준비된 항목에 한정되는데, 비콘형의 대표적 사례인 Google Analytics 등 상당히 상세한 분석을 할 수 있는 서비스도 나오고 있다.

그리고 가공 전 로그형이든 비콘형이든, 웹사이트 관리자의 협력이 없으면 데이터를 보는 것조차 불가능하다는 점은 공통된다. 자기의 흥미와 관심이 합치된 웹사이트가 존재하고, 또한 그 관리자의 이해를 얻을 수 없다면 사용하지 못하는 연구 수법이며, 실제로 행할 수 있는 장면은 한정될지도 모른다. 다만 예를 들어 학회, 연구회나 세미나의 웹사이트 등 자신이나 지도교수, 같은 연구실 선배가 개설한 사이트라면 액세스 해석을 행할 수도 있을 것이다. 어쩌면 스스로 관련 웹사이트를 작성, 개설하고 액세스를 해석함으로써 새로운 견식을 얻을 수 있는 가능성도 있다.

사토 쇼(佐藤翔)

와시노미야초상공회 홈페이지, CATS총서 제1호의 액세스 로그 분석」〔佐藤翔(2012),「アニメ聖地巡礼関連Webサイトはどのように使われているのか?: 鷲宮町商工会ホームページ、CATS叢書第1号のアクセスログ分析」,『CATS叢書』7, pp.209~ 248〕.

3 그밖에도 '패킷 캡처링 형'이라는 수법도 있지만 콘텐츠 투어리즘 연구에 이용하기에는 실용성이 없어서 여기에서는 다루지 않는다.

26 실험적 수법

콘텐츠의 시청이 현실세계의 여행 행동으로 결부되기까지는 많은 단계가 있다. 예를 들어 오카모토(岡本, 2009)는 애니메이션 성지순례의 사전 행동 안에서 동기 형성에 필요한 정보로 애니메이션 시청, 성지의 존재에 관한 정보, 성지순례에 관한 정보, 이 세 가지를 들고 있다. 다만 이들 정보가 성지순례의 동기 형성에 미치는 영향을 조사하는 방법론은 확립되지 않았다(가바타[嘉幡], 2010). 이번 장에서는 성지순례가 발생하는 요인을 검토하기 위한 실험적 수법에 관하여 생각하고자 한다.

▌사전조사적 실험

애니메이션의 시청 시간이나 시청 간격 등 시청자(실험 참가자)에 대한 정보 입력 조건을 통제하고 애니메이션 시청 후의 행동 변화나 시청한 작품에 대한 평가의 변화를 조사한다. 예를 들어 실험자가 지정한 애니메이션 작품 시리즈를 일주일에 한 번 페이스로 실험 참가자에게 시청하도록 한다. 이때 애니메이션을 시청하고 마음에 남는 것이나 시청에 관련하여 취한 행동(인터넷으로 관련 정보를 검색하는 등)을 수시로 기록하게 한다. 또한 일주일에 한 번 페이스로 인터뷰 조사를 하고 시청한 감상을 들음으로써, 그 작품에 대한 평가나 시청에 대한 적극성을 관찰한다. 이러한 조사에 의해 애니메이션 시청을 반복하는 것이 작품에 대한 평가, 흥미, 자발적 행동의 변화로 발전하는 요인이나 변화에 필요한 시간(작품에 대한 접촉 횟수)의 파악을 기대할 수 있다. 그렇게 하면 다음 단계로 개별 요인에 초점을 맞추어 상세한 검토를 할 수 있다.

사전 조사적 실험은 실험실 실험과 비교하면 통제가 느슨하다. 실험 참가자가 시청하는 애니메이션 작품이나 시청 페이스는 실험자에 따라 통제 가능하지만, 그 외의 점에서는 실험 참가자의 자유도가 높기 때문이다. 그러나 애니메이션 시청에 따른 성지순례 행동을 심리학적으로 다룬 연구는 아직 적으며 그 발생 요인에 관해서는 거의 파악되지 않았다. 그래서 장래적으로 성지순례에 관하여 과학적 검증을 하기 위해 맨처음 이 현상의 실태 파악을 해 두는 일이 필요불가결하다. 이 사전조사적 실험 결과로부터 성지순례 발생에 영향을 준다고 여겨지는 요인을 추출한 다음, 그 요인의 효과에 관하여 검증하는 실험을 계획하면 좋을 것이다.

▌인지심리학적 실험

애니메이션 시청을 통해 입력된 정보의 영향을 조사하고 싶을 때 인지심리학 실험은 유효한 도구가 된다. 예를 들어 세 가지 실험 참가자군(각각 A군, B군, C군이라고 한다)을 마련하고, 각 군에 2세션으로 이루어진 과제를 하게 한다. 제1세션에서는 실험 참가자에게 동영상 혹은 이미지를 제시한다. 이때 A군에는 풍경 안에서 캐릭터가 움직이는 애니메이션 동영상, B군에는 풍경 안에 캐릭터가 그려진 정지화면, C군에는 풍경만의 정지화면을 제시한다. 그리고 제2세션에서는 세 군 모두 배경만 있는 정지화면을 제시하고 그 이미지에 대한 인상을 실험 참가자에게 평가하게 한다. 이 실험에서는 제2세션의 과제는 세 군 모두 공통되며, 제1세션에서 제시된 자극의 종류만이 다르다. 즉 만약 세 군의 성적에 차이가 보인다면 그 원인은 제1세션에서 제시된 자극이 인상 평가에 어떠한 영향을 준 셈이 된다.

성지순례의 발생 요인에는 다양한 가능성을 생각할 수 있지만, 각각의 요인의 영향을 객관적으로 제시하기란 어렵다. 그러나 애니메이션 시청이라는 감각 입력에서 출발하는 이상, 무언가의 인지 처리를 거친 결과 생기는 현상임에 틀림없다. 인지심리학 실험을 함으로써 입력되는 정보를 통제하고 그 영향에 관하여 양적인 지표를 이용하여 검토할 수 있다(실험계획을 세우는 방식에 관해서는 고토[後藤] 외(2000), 인지심리학 실험 작성에 관해서는 히사모토·세키구치[久本·関口](2011)에 상세하다).

또 하나의 이점은 여행자의 무의식적인 심리에 다가갈 수 있는 점이다. 인터뷰나 앙케트 데이터는 회답자의 언어적 정보에 의존하지 않을 수 없다. 즉 거기에서 얻어진 정보는 회답자의 의식적 사고의 결과에 한정된다. 한편 인지심리학 실험에서는 실험 참가자가 특정 과제를 했을 때의 정답률이나 반응 시간 등을 분석 대상으로 한다. 이들 데이터는 실험 참가자 자신도 알지 못하는 심리상태를 반영할 수 있는 지표이기 때문에, 필드워크로는 얻을 수 없는 새로운 발견을 기대할 수 있다.

가바타 다카시(嘉幡貴至)

참고문헌

오카모토 다케시(2009), 「정보화가 여행자 행동에 미치는 영향에 관한 연구 ─ 애니메이션 성지순례 행동의 사례 분석으로부터」〔岡本健(2009), 情報化が旅行者行動に与える影響に関する研究 ─ アニメ聖地巡礼行動の事例分析から」, 『日本社会情報学会全国大会研究発表論文集』 24(0), pp.364~367〕.

가바타 다카시(2010), 「애니메이션 성지순례의 동기 형성과 정보탐색행동에 관한 연구 ─ 실험적 어프로치 제안」〔嘉幡貴至(2010), 「アニメ聖地巡礼の動機形成と情報探索行動に関する研究 ─ 実験的アプローチの提案」, 『CATS叢書』 4, pp.110~114〕.

고토 모토미치·나카자와 준·오오노기 히로아키(2000), 『심리학 매뉴얼 요인 계획법』〔後藤宗理·中沢潤·大野木裕明(2000), 『心理学マニュアル要因計画法』, 北大路書房〕.

히사모토 히로유키·세키구치 리쿠코(2011), 『쉬운 Excel로 심리학 실험』〔久本博行·関口理久子(2011), 『やさしいExcelで心理学実験』, 培風館〕.

27 필드워크

▌필드워크란

필드워크(fieldwork)는 야외 조사, 실시 조사, 현지 조사라고도 하며 서재(armchair)에서 하는 학문에 대해 옥외(open field) 학문으로 위치 지어졌다. 문화인류학에서 필드워크는 중요한 조사 방법인데, 사회학, 지리학, 고고학 등의 제분야에서도 행해진다(사토[佐藤], 2006).

또한 최근 필드워크라는 말이 보급되어 다양한 곳에서 보인다. 필드워크는 일반용어가 되어 학문 분야의 수만큼 많아졌다고도 할 수 있다. 현장에 가는 것이 필드워크라고 총칭되어 불리게 되었으므로 문화인류학에서는 다른 곳과의 차이를 강조하여 '인류학적 필드워크'라고 표기하는 경우마저 있다(스가와라[菅原], 2006, 클레인 애그로시노, 1994).

현재의 필드워크는 20세기 초 문화인류학자 말리놉스키[1]에 의해 확립되었다. 그는 제1차 세계대전 발발 상황에서 서태평양 상의 트로브리안드 군도[2]에 갔고, 그 결과 장기 체재, 현지어의 습득, 참여 관찰 등의 특장점을 얻었다. 같은 시기에 래드클리프 브라운도 인도양의 앤더만 군도에서 유사한 조사를 실시하여 민족지(ethnography)를

---

1 [역] 브로니슬라브 말리놉스키(Bronislaw Kasper Malinowski, 1884~1942) 폴란드 출신의 영국 인류학자로 역사주의를 비판하고 기능주의 연구 방법을 창시하여 사회 문화연구에 새 국면을 연 인물.

2 [역] Trobriand Islands는 남태평양 파푸아뉴기니의 동부인 밀린베이주(州)에 있는 군도.

기술했다. 또한 인류학자는 조사지를 하나나 둘 정도 선택하고, 그 '필드'에 장기간에 걸쳐 반복적으로 다니는 경우가 많다.

이후 인류학적 필드워크는 현지에 가서 그 지역주민과 같이 생활하고 삶에 녹아들면서 실천적 조사지의 문화를 파악하는 참여 관찰을 중심으로 구축되어 갔다. 인류학자는 문화 요소를 당연시하지 않는 '객관적(밖으로부터의) 시선'과 더불어 현지 주민의 가치관을 필드워크에서 파악하는 '내부적 시선'을 아울러 가질 것이 요구된다. 후자는 외부 문화의 가치관에서 마음대로 판단해 버리는 자민족 중심주의(ethnocentrism)에 빠지지 않도록 조사지의 문화나 사람들을 존중하면서 내부의 논리, 가치관, 세계관을 이해하는 문화상대주의(cultural relativism)이며 필드워크의 기본적 자세이기도 하다.

▌필드워크 방법

주된 조사의 흐름으로서는 사전조사(문헌 자료 조사 등)에 따른 조사지 결정과 준비 등→ 프리 필드워크(예비 조사) → 조사지와 테마의 결정 → 필드워크 → 거주지에서의 데이터 정리, 문헌 강독→ 조사……의 반복에서부터 시작하여 최종적으로 논문, 민족지에 이른다.

이때 예비 조사는 탐색지를 찾는 조사이므로 얕고 넓게 망라하며, 테마 결정 후에는 조사항목으로 좁혀서 단속적으로 장기 조사를 실천해가게 된다. 또한 예비 조사의 단계에서 조사에 지장이 있을 경우에는 다시 사전 조사로 돌아가 다시 책정 작업에 들어간다.

현장에서는 필드 메모를 하면서 문제가 없을 것 같으면 카메라 촬영, 경우에 따라서는 녹음, 녹화, 더불어 자료를 수집한다. 참여 관찰이므로 객관적인 관찰이 아니라 사회, 문화를 체험하면서 수집한다.

나아가 인터뷰(포멀한 경우와 인포멀한 경우가 있다), 경우에 따라서는 앙케트, 대상자의 인생을 청취하는 라이프 히스토리 등의 조사 방법이 있으며 시의에 따라 구분한다. 따라서 필드워크는 멀티 메소드이며 삼각측량(triangulation)이라고도 일컬어지고 다양한 수법을 조합시킨 조사라 할 수 있다.

조사결과는 가급적 일찍(당일 내의 기억이 선명) 메모나 자료 등으로부터 필드 노트에 기록한다(에머슨 쇼, 1998). 따라서 필드워커는 밖에 나가 조사하는 것과 동시에 실내에서의 기록도 중요한 임무이다. 필드 노트에는 조사된 객관적인 참여 관찰 사항을 시계열로 상세히 쓰는데, 이를 '두꺼운 기술'이라고 부르며 민족지의 기본이 된다.[3] 동시에 필드 일기도 기록하는데, 이것은 주로 주관적인 일기이며, 노트를 뒷받침하는 역할과 더불어 필드워커의 스트레스 해소 등 심리적 해방 장치의 역할도 맡는다.

현지에서는 인포먼트라 불리는 정보 제공자로부터 다양한 정보를 얻는다. 그러한 의미에서 인포먼트란 필드워커 입장에서는 연구협력자이기도 하며, 스승과 같은 존재가 되기도 한다. 인포먼트는 많은 사람이 아니라 테마에 적합한 1~3,4명 정도부터 시작하며 그리 많아지지는 않는다. 이 점에서는 '깊고 좁게'하는 청취를 통한 조사이고 인포먼트와의 신뢰관계(rapport: 라포라고도 한다)가 중요해진다.

필드워커가 주의해야 하는 것은 윤리 코드와 매너이다. 문화상대주의적으로 말하자면 상대 문화를 존중하고 문화 사회에 들어가 배우려 한다는 겸허한 마음가짐과 배려가 필요하다. 따라서 프라이버시 침해를 하지 않고 흙발로 성큼성큼 밝고 들어가는 식의 행동은

---

3 '두꺼운 기술'에 관해서는 반대말이 특별히 존재하지는 않지만, 이른바 '얇은 기술'이란 표층적으로 관찰된 사항을 간결하게 노트에 정리해 두는 것이다.

하지 않는 등, 현지와의 관계성을 자기 나름대로 체득할 필요가 있다. 기록에서도 배려는 필요하며 인간적인 필드워크 질이 담보되어야 한다(소후에[祖父江], 1990).

필드워크에서 얻은 조사 결과(데이터)는 1차 데이터(퍼스트 핸드 데이터)라고 일컬어지며, 오리지널한 것이다. 한편, 다른 문헌이나 자료로부터의 데이터를 2차 데이터(세컨드 핸드 데이터)라고 하며, 이것은 1차 데이터를 검증하고 지지하는 역할을 한다. 라이브러리 워크(문헌 강독)와 필드워크(현장 조사)를 왕복함으로써 데이터가 확립되고, 특장점이 집약되어 이론화 내지는 이론과의 정합성이 검증된다.

관광 연구에서도 필드워크는 실시되고 있으며, 시찰이나 현장에서의 일회성 청취(히어링 조사)를 볼 수 있다. 반복해서 관광 목적지나 대상 조직을 다니는 경우도 최근에는 많이 볼 수 있으며, 이것이 인류학적 필드워크 실천과 흡사하다. 특히, 관광 사회학이나 관광 지리학의 분야 등에서 활발하며, 관광 문화나 지역 사회에 끼치는 임팩트(관광이 미치는 영향) 등의 테마가 다루어진다.

▌콘텐츠 투어리즘 연구에서 행하는 필드워크

콘텐츠 투어리즘 연구에서도 필드워크는 중요한 수법이라고 할 수 있다. 특히, 서브 컬처 분야에서는 지역과 얽히는 경우가 대부분 대상이 되는 장소로 확정된다. 그곳에서 필드워크를 할 수 있다.

예를 들어, '애니메이션에 의한 성지순례'를 테마로 든다면, 콘텐츠의 모델이 된 지역, 배경에 그려진 장소가 존재한다. 이곳에 반복적으로 방문하면서, 스스로가 팬들에게 섞여 들어가 함께 하는 '성지순례', 그 지역의 상공회의소, 시청 등의 자치체에 가서 하는 청취

조사, 콘텐츠와 관련된 이벤트 참가, 상점과 사람들과의 교류, 지역 주민과의 담화, 마을 전체의 참여 관찰, 앙케트 실시, 관련 상품 분석 등은 모두 필드워크이다.

실제로는 〈러키☆스타〉의 와시노미야, 〈꽃이 피는 첫걸음〉의 유와쿠온천(湯涌温泉), 〈케이온!〉의 도요사토초(豊郷町), 〈스즈미야 하루히〉 시리즈의 고베(神戸), 〈타마유라(たまゆら)〉의 히로시마현(広島県) 다케하라시(竹原市)와 가나가와현(神奈川県) 요코스카시(横須賀市), 〈걸즈 앤 판처〉의 오아라이(大洗)를 비롯 더 많고 다양한 콘텐츠를 거론할 수 있다. 콘텐츠에 따라서는 〈타마유라〉처럼 두 개의 지역에 관련되는 것이나, 한 지역에서 복수의 콘텐츠를 갖는 장소(나가노현[長野県] 우에다시(上田市), 〈써머 워즈〉와 〈전국 바사라〉 시리즈 등)도 있다.

2차원의 콘텐츠가 3차원인 착륙지점으로서 로케이션 현장을 가지므로, 실천적으로 조사하는 필드워크가 필수불가결하다.

최근에는 콘텐츠의 팬을 위하여 '성지순례 맵'이나 '성지순례 노트'를 각 지역이 준비해두는 경우도 많아서 상점가, 자치체, 제작자 측, 팬 등에 의한 협력이 진행되는 지역도 볼 수 있다.

필드워커는 이러한 지역 진흥의 양태를 참여 관찰하면서 콘텐츠의 팬으로서 둘러보며 다니는 것도 바람직하다. 우선은 충분히 사전 조사를 한 다음, 조사지를 임시 결정하여 예비 조사를 해 본다. 사전 조사 단계에서, '성지순례' 블로그, 지역 자치체나 필름 커미션의 홈페이지, 애니메이션의 전문 잡지나 '성지순례'와 관련된 동인지 등의 자료 수집도 필요할 것이다. 그리고 현지에서 본 것, 체험한 모든 것이 연구의 기반이 될 수 있다. 적절히 메모를 하면서 촬영이 가능한지 체크하고 지역 사회를 배려하면서 돌아다녀 본다. 생각지 못한 만남에서 인포먼트를 발견하게 되거나, 그 사람으로부터 조사 과정에서 청취를 부탁할 만한 사람을 소개받을지 모른다. 팬과의 교류도 중요하며 반복하여 방문하는 팬과 그렇지 않은 방문자 간의 행동 차이도 구분할 수 있을지 모른다. 마을을 부흥시키려는 자치체뿐 아니라, 상점가 사람들이 콘텐츠의 한 팬이 되어 추진하는 경우도 볼 수 있을지 모른다. 지역주민의 콘텐츠에 대한 애착이나, 해당 지역의 자부심도 느낄 수 있을 것이다.

다만, 필드워크는 단지 현장에 가는 것을 말하는 것이 아니다. 조사자의 흥미, 시점, 인간성이 반영된다. 조사 기법만이 아니라 사람과 사람의 관계성, 인간성을 추궁받게 된다. 그러니 콘텐츠와 지역의 깊이 관여해보자. 그리고 콘텐츠 및 지역에 대한 애착, '사랑'의 배려와 따스함을 느끼면서 해당 사회에 조심스럽게 들어가 본다. 그곳이 '제2의 고향'이 되도록 발길을 들여보기 바란다.

나카무라 준코(中村純子)

참고문헌

사토 이쿠야(2006), 『필드워크 ── 종이를 들고 거리로 나가자』〔佐藤郁哉(2006), 『フィールドワーク ── 書を持って街へ出よう』, 新曜社〕.
스가와라 가즈요시(2006), 『필드워크에 도전 ──'실천'인류학 입문』〔菅原和孝(2006), 『フィールドワークへの挑戦 ──「実践」人類学入門』, 世界思想社〕.
소후에 다카오(1990), 『문화인류학 입문』〔祖父江孝男(1990), 『文化人類学入門(増補改訂版)』, 中央公論社〕.
로버트 M. 에머슨, 린다 L. 쇼, 레이첼 I. 프레츠(저), 사토 이쿠야·야마다 도미아키·요시이 히로아키(역)(1998), 『방법으로서의 필드 노트 ── 현지 취재부터 스토리 작성까지』〔R.M. エマーソン, R.I. フレッツ, L.L. ショウ(著), 佐藤郁哉·好井裕明·山田富秋(訳), 『方法としてのフィールドノート ── 現地取材から物語作成まで』, 新曜社〕.

줄리아 G. 크레인·마이클 V. 앵그로시노(저), 에구치 노부키요(역)(1994), 『인류학 필드워크 입문』〔J.G. クレイン, M.V. アグロシーノ(著), 江口信清(訳), 『人類学 フィールドワーク入門』, 昭和堂〕.

28 인터뷰

　문헌이나 자료로부터 지식을 얻어가다 보면, 다양한 의문이 발생한다. 특히, 사례는 문장으로 쓰이는 시점에서 사안의 어떤 한 면, 혹은 일정 기간을 잘라내어 고정시키게 된다. 쓰여진 것 외의 측면은 어떻게 되어 있을까? 현재는 어떻게 되어 있을까? 당사자는 어떻게 느끼고 있을까? 이를 알기 위해서 중요한 것이 현지 조사이며 사람으로부터 정보를 얻기 위한 기법이 인터뷰이다.

▌인터뷰의 종류

　인터뷰에는 종류가 있는데, '구조화 인터뷰', '반구조화 인터뷰', '비구조화 인터뷰'가 그것이다(엔도[遠藤], 2011). '구조화 인터뷰'란 질문 항목을 정해서 질문을 하는 방식이고, 다른 한편의 '비구조화 인터뷰'는 질문 항목을 처음부터 정하지는 않고 자유롭게 조사 대상자와 서로 이야기 나누는 것이다. '반구조화 인터뷰'는 사전에 대략적인 질문 사항을 정해두고 상대의 답변으로부터 더 깊은 이야기를 끌어내거나 새로운 질문을 추가하는 것이다.

　이러한 방식들은 각각 다른 특징들을 지니고 있다. '구조화'는 같은 질문 항목으로 질문하는 것이기 때문에 통계적으로 분석에 적합한 데이터를 얻을 수 있다. 상대방에 따라 대답 내용이 달라지는 '비구조화'의 경우는 이 점이 어렵다. 한편으로 조사 대상에 관하여 모르는 것이 많을 경우에는 처음부터 '구조화'를 이용하면 중요한 데이터를 얻을 수 없는 사태도 생긴다. 질문 항목을 생각하기 위한 지식이 부족할 경우에는, 우선 '비구조화' 인터뷰로 조사 대상에 관한 충분한 지식을 얻어두면 좋다. 현지에서는 다양한 상황을 상정할 수 있다. 상황에 따라 유연하게 대응하면서 '당신에게서 배우고 있습니다'라는 자세로 감사의 마음을 가지고 겸허하게 임하자.

▌ 인터뷰의 방법

'남의 이야기를 듣는다'고 쉽게 말하지만 통상 몇 가지의 청취 방식이 있다. 그저 막연하게 흘러들어오는 정보를 수동적으로 '듣기', 상대방 이야기에 맞장구를 치면서 '듣기', '길 안내를 듣기'라고 할 때 사용하는 것처럼 스스로가 질문하고 '듣는 행위'이다. 즉, 쌍방향 커뮤니케이션이자(후지이[藤井], 2009), '묻는' 힘이 중요시되는 '듣기'를 말한다(가토[加藤], 1975). 즉, 사람 이야기를 듣기 위해서는 우선 '질문'을 분명히 할 필요가 있다. 이는 연구 목적과도 관련되는 일이며, 이 '질문'을 생각하기 위해서도 선행연구를 읽거나 현지 조사에서 관찰, 비구조화 인터뷰 등에서 얻을 수 있는 정보는 중요하다.

물어야 할 사람이 정해지면 취재 상대에게 약속을 잡는 작업이 필요하다. 어떠한 상대든 사람에게는 그 사람 나름의 사정이 있다. 그러므로 갑자기 찾아가서는 안 된다. 메일이나 전화로 사전에 연락을 취하고, 질문 사항을 분명히 한 다음 인터뷰를 할 수 있는지 없는지 묻는다. 현지에서 갑자기 이야기를 듣게 되는 경우라도 상대방이 나를 위해 시간을 할애해주고 있다는 감각은 잊지 않도록 한다.

다음으로 사전 준비의 중요성에 관하여 이야기하고자 한다. 인터뷰 대상이 되는 사항이나 인터뷰 대상자에 관하여 사전에 조사할 수 있는 것은 인터넷 등을 활용하여 확실하게 조사해둘 필요가 있다. 아무것도 모르고 찾아가는 것은 상대방에 대해서 실례인 것은 물론, 제한된 시간 안에 모처럼 시간을 할애해준 상대방을 눈앞에 두고 직접 물어보지 않아도 알 수 있는 질문에 시간을 허비하는 것은 아까운 일이다. 예비지식이 있어야 질문의 질이 높아지고 그렇게 하면 상대방도 보다 많은 정보를 말해줄 수 있다. 사전 준비를 게을리해서는 안 된다(오카모토[岡本], 2018).

인터뷰에 따라 얻을 수 있는 결과는 메모를 하거나 녹음을 허락받는 등의 방법으로 기록해 남긴다. 다만, 기록으로 남겨두는 것만으로는 불충분하며 이를 정리하고 고찰을 더하여 논문이나 보고서와 같은 '형태'로 만들 필요가 있다. 사람에 따라서는 그것이 졸업논문이 될 수도 있다. 인터뷰로 신세를 진 사람들에게는 연구 성과가 형태가 된 단계에서 감사의 의미를 담아 그 결과를 보내자. 성과를 형태로 만들었다는 사실에 마음을 놓아버린 나머지, 환원을 소홀히 해버리는 경우가 많은데 이러한 부분은 조심해야 한다.

오카모토 다케시(岡本健)

참고문헌

엔도 히데키(2011), 「사회 조사와 관광」, 야스무라 가쓰미·호리노 마사토·엔도 히데키·데라오카 신고(편), 『잘 이해하는 관광사회학』[遠藤英樹(2011), 「社会調査と観光」安村克己·堀野正人·遠藤英樹·寺岡伸悟(編), 『よくわかる観光社会学』, ミネルヴァ書房, pp.110~113].

오카모토 다케시(2018), 『순례 비즈니스 ── 팝 컬처가 관광자산이 되는 시대』〔岡本健(2018), 『巡礼ビジネス ── ポップカルチャーが観光資産になる時代』, KADOKAWA〕.

가토 히데토시(1975), 『취재학 ── 탐구의 기법』〔加藤英俊(1975), 『取材学 ── 探求の技法』, 中央公論社〕.

후지이 세이지(2009), 『대학생부터 '취재학' ── 타인과 이어지는 커뮤니케이션력으키우는 법』〔藤井誠二(2009), 『大学生からの「取材学」── 他人とつながるコミュニケーション力の育て方』, 講談社〕.

29 참여 관찰

▌ 참여 관찰이란

연구자는 종종 연구실 밖으로 나가 현장에서 조사 활동을 하게 된다. 현장을 찾은 연구자는 사진, 영상 촬영, 인터뷰, 청취, 질문지 배포 등의 다양한 조사 활동을 하며, 이러한 조사 활동을 총칭하여 '필드워크'라고 부른다.

필드워크 중에서도 연구 대상이 되는 사회나 집단에 참가하여 사람들의 행동을 관찰하는 조사 방법이 '참여 관찰'이다(후지타·기타무라[藤田·北村], 2013). 조사자는 몇 주일부터 몇 년에 걸쳐 현장에 밀착하여 조사 대상의 사회나 집단의 일원으로 활동함으로써 사회나 집단의 말이나 의미, 현지 사람들의 심정을 이해하려고 노력한다. 매일매일의 조사 속에서 오감을 통하여 느낀 자신의 경험이 분석이나 기술의 기초가 된다.

참여 관찰은 사회나 집단의 조사자 위치 정립에 따라 ①완전한 참가자, ②관찰자로서의 참가자, ③참가자로서의 관찰자, ④완전한 관찰자라는 네 가지 타입으로 유형화된다(사토[佐藤], 2006). 실제 조사에서는 조사 목적이나 단계 등에 따라 각각의 사이를 움직이면서 유연하게 관찰해간다.

참여 관찰을 실천하는 데 있어서 중요한 것은 활동 기록을 적는 일이다. 고전적인 기록 방법은 '필드 노트'이다. 관찰한 내용뿐만 아니라 매일매일의 생활 속에서 느낀 모든 것을 방대한 양의 문자로 기록해 남긴다. 그 밖에도 카메라나 비디오 카메라를 활용하여 사진이나 영상을 촬영하거나 보이스 레코더를 활용하여 음성 녹음을 남기는 방법이 있다. 기록이나 기록 내용을 공개할 때 유의할 점은 관찰 대상이 되는 인물의 프라이버시권을 침해하지 않는 일이다. 유익한 정보를 기록할 수 있느냐 없느냐는 대상자와의 사이에서 어느 정도의 '라포'(신뢰관계)를 구축할 수 있느냐에 따를 때가 많다.

▌콘텐츠 투어리즘 연구에서의 참여 관찰

콘텐츠 투어리즘에서는 어떠한 사회나 집단이 참여 관찰의 대상이 되는 것일까? 선행연구에 따르면 콘텐츠를 둘러싼 관계자는 ①제작자, ②팬(여행자), ③지역의 삼자로 분류된다(야마무라[山村], 2011). 유형화된 삼자는 지역 안에 제작자가 있을 경우, 제작자 중에 팬이 있을 경우 등의 중복을 허용한다. 또한, 최근에는 위에서 말한 삼자에 덧붙여 연구자(연구 기관)의 존재도 무시할 수 없게 되었다.

이 세 유형은 더욱 세분화할 수 있다. 제작자 중에는 애니메이션 제작 회사, 방송국, 영화 배급회사, 출판 회사, 레코드 회사, 예능 사무소, 완구 메이커, 광고 대리점 등 많은 관계자가 존재한다. 애니메이션 업계를 대상으로 참여 관찰을 할 경우, 『국화와 포켓몬』(앨리슨, 2010)이나 『애니메이션의 혼』(콘드리, 2014)과 같은 책이 참고된다. 다만 이 업계를 실제로 참여 관찰하기란 어렵다. 저작권 보호 관점에서 영업 비밀로 취급되는 것이 많으며, 내부에 잠입하지 못할 가능성이 높기 때문이다. 설령, 받아들여진다고 해도 기술하거나 공표하는 것에는 엄격한 제한이 따를 것이다.

팬도 또한 각자의 기호에 따라 세분화할 수 있다. 모델이 된 무대를 특정하는 무대 탐방자, 무대를 돌아다니는 성지순례자, 무대에서 작품 이벤트를 하는 유지들, 성우 이벤트에 참가하는 이벤터 등, 각각의 취미 기호에 기초하여 타자와의 차별화를 도모한 호칭이 팬들 사이에서 자생적으로 창출되고 있다. 연구자 중에는 팬 입장을 취하는 사람도 많아서 팬이 조직하는 커뮤니티에 속하는 사람도 있다.

지역에는 지자체, 관광 협회, 상공회, 필름 커미션, 철도 회사, 음식점 등의 관계자가 존재한다. 콘텐츠의 모델이 된 건물의 소유자나 이용자, 축제 운영자, 콘텐츠에 대한 흥미나 이해를 갖지 않는 관계자도 있다.

실제로 참여 관찰을 할 경우에는, 이러한 모든 대상을 망라하여 다룰 것인지 하나의 대상으로 특화할 것인지와 같은 조사의 세밀도에 관하여 연구 테마, 조사 목적, 실제로 가능한 조사 기간 등을 고려하여 설정한다. 또한 작품이나 지역을 하나로 좁혀서 조사할 것인지, 복수의 작품이나 지역에 걸쳐서 조사할 것인지도 같이 생각하여 조사 설계를 하는 것이 바람직하다.

하나부사 마리코(花房真理子)

참고문헌

사토 이쿠야(2006), 『필드워크 — 종이를 들고 거리로 나가자』〔佐藤郁哉(2006), 『フィールドワーク — 書を持って街へ出よう』, 新曜社, pp.158~165〕.

후지타 유이코·기타무라 아야(2013), 『워드맵 현대 에스노그래피 — 새로운 필드워크의 이론과 실천』〔藤田結子·北村文(2013), 『ワードマップ現代エスノグラフィー — 新しいフィールドワークの理論と実践』, 新曜社, pp.18~21〕.

야마무라 다카요시(2011), 『애니메이션·만화로 지역 진흥 —— 도시의 팬을 낳는 콘텐츠 투어리즘 개발법』(전자판: 야마무라 다카요시(2018), 『〈보급판〉애니메이션·만화로 지역 진흥 —— 도시의 팬을 낳는 콘텐츠 투어리즘 개발법』)〔山村高淑(2011), 『アニメ·マンガで地域振興 —— まちのファンを生むコンテンツツーリズム開発法』, 東京法令出版(電子版: 山村(2018), 『〈普及版〉アニメ·マンガで地域振興 —— まちのファンを生むコンテンツツーリズム開発法』, PARUBOOKS)〕.

앤 앨리슨(저), 지쓰카와 모토코(역)(2010), 『국화와 포켓몬 —— 글로벌화하는 일본의 문화력』〔アリスン, A.(著), 実川元子(訳), 『菊とポケモン —— グローバル化する日本の文化力』, 新潮社, pp.1~412〕.

이안 콘드리(저), 시마우치 데쓰로(역)(2014), 『애니메이션의 혼 —— 협동하는 창조의 현장』〔イアン·コンドリー(著), 島内哲朗(訳), 『アニメの魂 —— 協働する創造の現場』, NTT出版〕.

30 기록 조사

콘텐츠 투어리즘 현장에는 다양한 주체에 의한 다양한 기록이 남는다. 이때, '현장'은 현실 공간과 정보 공간의 두 종류가 있다. 정보 공간 상의 기록이란 전자 게시판이나 홈페이지, 블로그나 SNS 등에 기록된 텍스트나 영상을 말한다. 현실 공간 상의 '기록'은 관광지에 놓인 노트나 에마 등의 기록된 코멘트나 일러스트를 말한다. 이를 조사함으로써 인터뷰나 앙케트 조사와는 다른 데이터를 얻을 수 있다.

▌기록 조사에 따라 얻을 수 있는 데이터

'기록' 조사에 따라 얻을 수 있는 데이터에는 아래와 같은 특징이 있다(오카모토[岡本], 2008). 우선 이러한 '기록'을 할 수 있는 자리는 장기간 같은 장소에 있는 경우가 많으며, 또한 기록하는 시간에도 제한이 없기 때문에 양적으로나 질적으로나 풍부한 정보를 얻을 수 있다. 다음으로 방문자의 진심에 가까운 기록을 얻을 수 있다. 앙케트나 인터뷰에서는 조사자가 설정한 질문에 대해 방문자가 대답하는 형식이 되므로, 질문자에 대한 대답의 범주를 넘은 의견은 이끌어낼 수 없는 경우가 있지만, 이러한 자연 상태의 기술이라면 방문자가 릴렉스한 상태로 표현한 의견을 그대로 수집할 수 있다. 또한 조사 비용이 낮다는 점도 들 수 있다. 기록하는 장소를 설정한다면 조사자가 그 장소에 없더라도 기술이 축적된다. 기록하는 공간의 설정 장소나 관리가 적절히 이루어지면 저비용으로 대량의 정보를 얻을 수 있다. 연구 대상에 관한 지식이 빈약한 상태로 앙케트나 인터뷰 조사를 해도 좋은 성과를 얻지 못할 경우가 많다. 그럴 때는 우선 현지에 남겨진 다양한 '기록'을 조사함으로써 광범위한 정보를 입수하면 된다.

한편으로, 이러한 데이터를 취급할 때에는 유의해야 할 점도 있다. 우선, 기록된 정보의 신빙성이다. 이러한 '기록'은 행위자의 자유로운 표현의 발로이며, 익명성도 담보된다. 그러한 까닭에 기록되는 정보에 관해서는 '행위자가 그렇게 기술한' 것임을 전제로 할 필요가 있다. 다음으로, '기록'을 하지 않는 사람들의 데이터는 얻을 수가 없다. 이것은 당연한 일인데, 기록한 사람들의 코멘트나 일러스트 이외에는 수집할 수 없다. 그렇기 때문에, 더욱이 '기록' 의견으로 대표성을 갖게 한다는 것에는 신중해야 한다. 나아가, 연구 윤리 상의 문제도 있다. 이러한 기록은 앙케트나 인터뷰와는 달라서 행위자에 대해 연구 협력의 승낙을 얻을 수 없다. 앞에서 말한 것처럼, 그렇기 때문에 진심이라든지 폭넓은 의견을 수집할 수는 있지만, 분석 결과는 개인을 특정할 수 없도록 집계된 형태로 공표할 필요가 있다.

▌기록 조사의 분석 방법

기록 조사에서는 다양한 성과를 얻을 수 있다(오카모토[岡本], 2008; 이마이[今井], 2009, 2010, 2012; 사토[佐藤], 2009, 2010; 가토[加藤], 2011; 요시타니·사토[由谷·佐藤], 2014). 예를 들어, 〈전국 바사라〉의 성지가 된 미야기현(宮城県) 고코쿠신사(護國神社)에 걸려있는 에마 289장의 분석이 있다(사토[佐藤], 2010). 우선 이 298장 중에서 애니메이션 일러스트가 그려져 있는 이타에마(痛絵馬)를 49장 추출하여 이를 분석한다. 분석 방법은 텍스트 마이닝으로(마쓰무라·미우라[松村·三浦], 2009), 텍스트 데이터로부터 빈출어를 추출하거나 단어 간의 관계성을 분석하는 것이다. 그 결과 이타에마의 기록을 세 가지로 분류하고 있다. 우선은 '기원(祈願)'이다. 이 기원의 내용은 다양하며 이모티콘이 곁들여지는 경우도 있다. 다음으로 그 장소에 온 것에 대해 기술하는 '기념, 발자취'적인 것이다. 그리고 콘텐츠의 팬 입장에서 공통언어인 '관용어'이다. 이를 가지고 인터넷 게시판과의 유사성을 지적하고 있다. 이러한 기록 분석을 전제로 일러스트 분석도 하고 있으며 기존 에마와의 차이나 이타에마의 특징에 관하여 고찰을 진행하고 있다. 선행연구를 참고로 하여 기록 분석을 실천해야 한다.

오카모토 다케시(岡本健)

참고문헌

이마이 노부하루(2009), 「애니메이션 '성지순례' 실천자의 행동으로 보는 전통적 순례와 관광 활동의 가교 가능성 ── 사이타마현 와시노미야신사 봉납 에마 분석을 중심으로」〔今井信治(2009), 「アニメ「聖地巡礼」実践者の行動に見る伝統的巡礼と観光活動の架橋可能性 ── 埼玉県鷲宮神社奉納絵馬分析を中心に」, 『CATS叢書』 1, pp.87~111〕.

이마이 노부하루(2010), 「콘텐츠가 초래하는 장소 해석의 변용 ── 사이타마현 와시노미야신사 봉납 에마 비교 분석을 중심으로」〔今井信治(2010), 「コンテンツがもたらす場所解釈の変容 ── 埼玉県鷲宮神社奉納絵馬比較分析を中心に」, 『コンテンツ文化史研究』 3, pp.69~86〕.

이마이 노부하루(2012), 「팬이 일상을 성스럽게 만들다 ── 에마에 걸린 소원」, 야마나카 히로시(편), 『종교와 투어리즘 ── 성스러운 것의 변용과 지속』〔今井信治(2012), 「ファンが日常を聖化する ── 絵馬に懸けられた願い」, 山中弘(編), 『宗教

とツーリズム —— 聖なるものの変容と持続』, 世界思想社, pp.170~189].

오카모토 다케시(2008), 「애니메이션 성지에서 순례자의 동향 파악 방법의 검토 —— 성지순례 노트 분석의 유효성과 과제에 관하여」〔岡本健(2008), 「アニメ聖地における巡礼者の動向把握方法の検討 —— 聖地巡礼ノート分析の有効性と課題について」, 『観光創造研究』 2, pp.1~13〕.

가토 히로야스(2011), 『게임 센터 문화론 —— 미디어사회의 커뮤니케이션』〔加藤裕康(2011), 『ゲームセンター文化論 —— メディア社会のコミュニケーション』, 新泉社〕.

사토 요시유키(2009), 「어떻게 해서 신사는 성지가 된 것인가 —— 공공성과 비일상성이 낳은 성지의 발전」〔佐藤善之(2009), 「いかにして神社は聖地となったか —— 公共性と非日常性が生み出す聖地の発展」, 『CATS叢書』 1, pp.73~84〕.

사토 요시유키(2010), 「오타쿠 에마란 무엇인가 —— 미야기현 호국신사의 에마 조사 결과와 그 분석」〔佐藤善之(2010), 「オタク絵馬とは何か —— 宮城縣護國神社の絵馬調査結果とその分析」, 『CATS叢書』 4, pp.115~127〕.

마쓰무라 나오히로·미우라 아사코(2009), 『인문·사회과학을 위한 텍스트 마이닝』〔松村真宏·三浦麻子(2009), 『人文·社会科学のためのテキストマイニング』, 誠信書房〕.

요시타니 히로야·사토 기쿠이치로(2014), 『서브컬처 성지순례 —— 애니메이션 성지와 전국 사적』〔由谷裕哉·佐藤喜久一郎(2014), 『サブカルチャー聖地巡礼 —— アニメ聖地と戦国史蹟』, 岩田書院〕.

31 앙케트 조사

앙케트 조사란 질문지를 조사 대상자에게 제시하고 회답을 기입하게 함으로써 데이터를 수집하는 조사 방법이다. 사회 조사, 시장 조사, 여론 조사, 지능 검사, 인격 검사, 제도 측정 등 폭넓은 영역에서 사용되고 있다.

▌앙케트 조사의 특징

앙케트 조사의 이점 중 하나는 같은 질문에 대한 회답을 많이 얻을 수 있는 점이다. 질문지에 회답한 사람들 중에서 어느 선택지에 몇 퍼센트 정도의 사람이 회답을 했는지 알 수 있다. 또한 이러한 변수를 여러 개 합하여 분석할 수 있는 데이터를 얻을 수 있는 점도 매력이다. 다음으로 인터뷰 조사 등에 비하면 데이터 수집에 걸리는 시간이나 비용(코스트)이 적다. 인터뷰에서는 1건의 데이터를 얻기 위해 일정 시간 대화를 필요로 하는데, 앙케트 조사의 경우 질문지를 만들고 배포하며, 회답자에게 기입하게 하면 되므로, 한 번에 여러 데이터를 수집할 수 있다. 기록지를 놓아두는 조사(앙케트 용지를 현장에 두고 앙케트 박스를 설치하여 회수하는 방식)라면 조사자가 현지에 없더라도 데이터를 수집할 수 있다.

한편으로 앙케트 조사는 회답자가 어떠한 상황에서 회답하는지 조사자로서는 알 수 없는 경우가 많다. 회답자가 질문지에 관하여 불분명한 점이 있을 경우, 질문지 작성자에게 질문할 수 없는 상황이면 사실과 다른 선택지를 선택하거나 회답하지 않을지도 모른다. 질문지 조사에서는 질문지의 설계 및 실시 형태가 중요해진다.

실시 형태에 관해서는 개별 면접법, 우송 조사법, 길거리 조사법, 전화 조사법, 집합 조사법, 인터넷 조사법 등이 있으며 각각 장점, 단점이 있다. 예를 들어 인터넷 조사의 경우 질문지를 이용하지 않는 만큼 비용을 절감할 수 있고 회답은 디지털 데이터로 얻을 수 있으므로 데이터화의 수고도 덜 수 있다. 하지만 인터넷 조사의 대상자는 애초 인터넷 유저뿐이며, 또한 회답자가 해당 사이트를 열람한 사람으로만 한정된다. 어떠한 형식으로 하면 자기 연구에 대해 최적의 데이터를 얻을 수 있을지 잘 생각해서 실시해야 한다.

▌조사 용지의 설계

앙케트 조사에서는 미리 조사자가 설정한 선택지 중에서 회답자가 선택하는 선택지법과 회답란에 자유롭게 문장을 기입하는 자유회답법이 있다. 선택지법 중에는 선택지 중에서 하나를 선택하는 형식과 해당되는 것을 복수로 선택해도 되는 복수 회답 형식이 있다. 예를 들어 이벤트에 대한 평가를 묻는 경우 하나를 선택하는 것이 적합하며, 사용한 교통수단을 물을 경우에는 이용한 수단을 복수 회답 형식으로 묻는 식이다. 자유회답법에서는 어떠한 테마에 관하여 자유롭게 기술하게 함으로써 질적인 데이터를 얻을 수 있다. 다만 자유회답법은 회답자의 부담이 늘어 회답률이 낮아지는 경향이 있는 점에 주의가 필요하다.

선택지법에 따른 조사에서는 조사자가 미리 준비한 선택지 이외의 회답은 얻을 수 없다. 조사지 설계자가 어느 정도 대상에 관하여 알고 있는지, 조사 목적이 어느 정도 깊이 있게 마련되었는지 시험된다. 질문 항목에 관해서는 측정하고 싶은 내용에 관하여 과거 연구에서 충분한 신뢰성과 타당성이 검토된 것이 있다면 그것을 사용할 수도 있다. 기존 항목을 사용함으로써 선행연구의 조사 결과와의 비교가 가능해진다는 메리트도 있다.

질문 항목의 작성에는 이하의 점에서 주의가 필요하다. 우선은 질문 의도를 정확히 반영한 문장으로 만들어야 하는 점이다. 질문 내용이 잘못 전달되어 버리거나 회답자에 따라 그 이해가 크게 달라질 만한 질문으로는 정확한 회답을 얻을 수 없다. 구체적으로는 주어와 술어의 관계가 타당한지, 질문 내용과 회답 방법이 일치하는지, 애매한 표현이 되지는 않았는지, 읽는 사람에 따라 다양한 해석을 허용하는 다의적 언어를 사용하지는 않았는지, 하나의 질문으로 둘 이상의 것을 묻지는 않는지, 문장이 지나치게 길지는 않은지, 방언이나 약어, 전문용어와 같이 일부 사람밖에 이해하지 못하는 말을 사용하지 않았는지 등을 확인해 두자. 마지막으로 회답자의 프라이버시가 충분히 지켜지는 방식으로 실시해야 하는 점, 그리고 앙케트에 '답하지 않을' 자유도 보장된다는 것을 잊으면 안 된다.

콘텐츠 투어리즘에 관한 앙케트 조사에는 다양한 선행연구가 있다. 그것들을 참고로 하면서 여행자나 지역주민 등 관계된 사람들 입장에서 가능한 한 폐가 되지 않는 방법을 궁리하고, 그러면서도 유용한 데이터를 얻을 수 있는 형태로 실시해야 한다.

오카모토 다케시(岡本健)·사이카 레이(雜賀玲衣)

참고문헌

스즈키 아쓰코(2011), 『질문지 디자인의 기법』〔鈴木淳子(2011), 『質問紙デザインの技法』, ナカニシヤ出版〕.

32 데이터 분석

　각종 조사에 의해 수집된 데이터에 대해서는 분석을 수행하게 된다. 데이터는 편의상 '질적 데이터'와 '양적 데이터'로 크게 나눌 수 있다. 각각 다양한 분석 수법이 개발되고 있는데(사토[佐藤], 2008), 여기에서는 양적 데이터를 예로 분석 방법과 그 결과를 보임으로써 데이터 분석 방법을 소개하고자 한다.

▌Excel에 의한 데이터 분석의 예—기본통계량

　수치 데이터를 분석할 때에는 'SPSS'(오시오[小塩], 2005)나 'R'(야마다[山田] 등, 2008) 등의 통계 소프트를 이용하는 경우가 많은데, 여기에서는 비교적 조작이 용이한 Excel을 사용하여 '기본통계량'과 '상관관계'를 찾아보자.

　기본통계량에 의해 구할 수 있는 수치는 '데이터의 중심점'인 '대표값'과 데이터의 편차를 수치화한 '분포도'이다. 이를 산출함으로써 데이터 전체의 특징이나 경향을 파악할 수 있다.

　[그림 32-1]은 2013년도 가미야마고등학교(神山高校) 문화제[→49]를 찾은 방문객들로부터 얻은 앙케트 결과 중에 다카야마(高山) 방문 빈도와 애니메이션/만화/게임의 성지순례 경험을 수치화한 것의 일부이다. 횟수는 '처음(1점)', '2~4회(2점)', '5~9회(3점)', '10회 이상(4

점)', '상주(5점)'이라는 다섯 단계로 득점화했다. 이처럼 회답을 수치로 치환하는 것을 코딩이라고 한다(이시무라[石村] 등, 2014).

	다카야마 방문 빈도	애니메이션/만화/게임의 성지순례 경험
방문자A	2	2
방문자B	4	1
방문자C	5	1
방문자D	2	2
방문자E	2	2
방문자F	1	1
방문자G	2	4
방문자H	1	2
방문자I	4	1
방문자J	2	4

[그림 32-1] 2013년도 가미야마고등학교 문화제 방문자 앙케트 결과(일부)

기본통계량은 Excel에 애드인되어 있는 데이터 분석 툴을 사용함으로써 얻을 수 있다. 구체적 순서는 [그림 32-2]~[그림 32-4]을 참조하기 바란다.

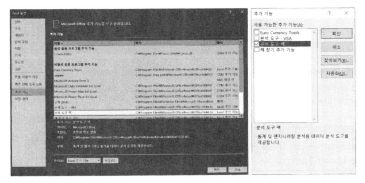

[그림 32-2] ① [옵션]에서 '분석 툴'을 선택(왼쪽), 아래의 '설정' 버튼을 클릭하여 '추가 기능'을 열고(오른쪽), '분석 툴'에 체크를 넣는다.

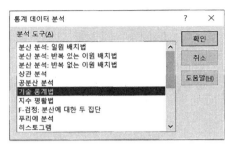

[그림 32-3] ② '기술 통계법'을 선택

① [파일]탭 옵션을 선택한 후 [추가 기능]-[관리] 설정을 선택하고 '분석 도구 팩' 체크를 유효하게 한다.

② [데이터] 탭을 선택한 후 '통계 데이터 분석'을 선택하고 표시된 분석 툴 항목 안에서 '기술 통계법'을 선택한다.

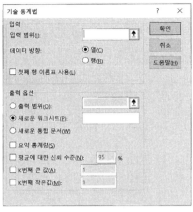

[그림 32-4] ③ 분석 대상으로 하고자 하는 데이터 범위를 설정

다카야마 방문 빈도		애니메이션/만화/게임의 성지순례 경험	
평균	2.5	평균	2
표준 오차	0.428174	표준 오차	0.365148372
중앙값(메디안)	2	중앙값(메디안)	2
최빈값(모드)	2	최빈값(모드)	2
표준편차	1.354006	표준편차	1.154700538
분산	1.833333	분산	1.333333333
첨도	-0.46753	첨도	0.080357143
왜도	0.83926	왜도	1.082531755
범위	4	범위	3
최소	1	최소	1
최대	5	최대	4
합계	25	합계	20
표본수	10	표본수	10

③ 입력범위로서 분석 대상으로 삼고자 하는 데이터를 선택한다. '통계 정보'의 체크박스에 체크를 넣고, [OK]를 선택한다.

④ 신규 워크시트에 기술 통계량이 표시된다.

[그림 32-5] ④ 분석된 기술 통계량

[그림 32-5]는 결과 일람을 표시한 것이다. 일반적으로 대표값으로 자주 이용되는 것은 '평균(mean)'인데 데이터의 종류나 분포의 상태에 따라서는 데이터를 작은 순서 혹은 큰 순서로 나열했을 때 가운데에 위치하는 값인 '중앙값(median)'이나 가장 빈번하게 등장하는 값 '최빈값(mode)' 등을 이용할 경우가 있다. 기타 '최소'나 '최대', 데이터의 수치 분포(편차)를 드러내는 '표준편차', 데이터 분포의 편향을 드러내는 '첨도, 왜도' 등도 구할 수 있다(요시다[吉田], 1998).

이상과 같이 기술통계량에 따라 데이터 전체의 특징이나 경향을 파악할 수 있으며 산출된 수치를 비교함으로써 데이터의 차이를 비교, 검토할 수 있다.

▌ Excel에 따른 데이터 분석의 예—상관 분석

상관 분석이란 두 변수 간의 관련성을 수치적으로 구하기 위한 분석 방법이다. 어떤 독립된 두 데이터가 어느 정도 관계되어 있는지를 밝힐 수 있다. 변수 x의 값이 클수록 다른 쪽 변수 y의 값도 커지는 경향이 있을 때는 정의 상관관계가 있다고 하며, 변수 x의 값이 클수록 다른 쪽 변수 y의 값이 작아지는 경향이 있을 때는 부(負)의 상관관계가 있다고 한다. 관련성의 정도는 상관관계로 드러난다. 그럼 실제로 샘플 데이터를 이용하여 상관계수를 구해 보자.

	다카야마 방문 빈도	팬들 간 교류
방문자 1	2	1
방문자 2	1	0
방문자 3	4	1
방문자 4	1	0
방문자 5	1	0
방문자 6	4	1
방문자 7	2	0
방문자 8	1	0
방문자 9	1	0
방문자 10	5	1
방문자 11	1	0
방문자 12	2	0
방문자 13	1	0
방문자 14	4	1
방문자 15	1	0

[그림 32-6] 2013년도 가미야마고등학교 문화제 방문자에 대한
앙케트 결과(일부)

[그림 32-6]은 2013년도 가미야마고등학교 문화제 방문자를 대상으로 한 앙케트 결과 중에서 다카야마 방문 빈도와 애니메이션 성지순례 중 팬들끼리의 교류 유무를 수치화한 것의 일부이다. 횟수는 '처음(1점)', '2~4회(2점)', '5~9회(3점)', '10회 이상(4점)', '상주(5점)'이라는 다섯 단계로 득점화했다. 애니메이션 성지순례 중 팬들끼리의 교류 유무는 '있다'(1점), '없다'(0점)로 득점화했다.

상관관계도 기술 통계량과 마찬가지로 Excel로 구할 수 있다. 구체적 순서는 [그림 32-7, 32-8]을 참조하면 된다.

분석 결과 0.882497503이라는 수치를 얻을 수 있었다([그림 32-9]). 이를 어떻게 해석하면 좋을까?

※ 순서①은 [그림 32-3]와 같음.

[그림 32-7] ② '상관 분석'을 선택

[그림 32-8] ③ 분석대상으로 하고자 하는 데이터 범위를 설정

	다카야마 방문 빈도	팬들 간 교류
다카야마 방문 빈도	1	
팬들 간 교류	0.882497503	1

[그림 32-9] ④ 분석된 상관계수

② [데이터]탭을 선택한 후 '데이터 분석'을 선택하고 표시된 분석 도구 항목에서 '상관 분석'을 선택한다.

③ 입력 범위로서 '분석대상으로 하고자 하는 데이터'를 선택한다.

④ 신규 워크 시트에 상관 계수가 표시된다.

　상관계수에는 이하와 같은 지표가 마련된다. $1.0 \geq |R| \geq 0.7$: 높은 상관관계가 있다. $0.7 \geq |R| \geq 0.5$: 상당히 높은 상관관계가 있다. $0.5 \geq |R| \geq 0.4$: 중 정도의 상관관계가 있다. $0.4 \geq |R| \geq 0.3$: 어느 정도의 상관관계가 있다. $0.3 \geq |R| \geq 0.2$: 약한 상관관계가 있다. $0.2 \geq |R| \geq 0.0$: 거의 상관관계가 없다. 이 지표에 비추어 보면 이번에 구해진 상관계수는 $1.0 \geq |R| \geq 0.7$의 범위에 들어가므로 방문 빈도와 팬들 간 교류 유무에는 '높은 상관관계가 있다'고 할 수 있으며, 방문 빈도가 높아질수록 팬들 간 교류가 활발해진다고 추측할 수 있다.

　이처럼 수집한 데이터를 분석함으로써 결과를 얻을 수 있다. 얻어

진 객관적 분석 결과를 기초로 자기 나름의 고찰을 해보자. 분석 수단
은 이밖에도 많이 있으므로 문헌을 참고로 하여 자기 연구 목적에
맞는 것을 찾아보았으면 한다.

사이카 레이(雜賀玲衣) · 오카모토 다케시(岡本健)

참고문헌

이시무라 고시로 · 이시무라 유지로(저), 이시무라 사다오(감수)(2014), 『졸업논문 ·
　석사논문을 위한 앙케트 조사와 통계처리』〔石村光資郞 · 石村友二郞(著), 石村
　貞夫(監修)(2014), 『卒論 · 修論のためのアンケート調査と統計処理』, 東京図書〕.
오시오 아쓰시(2005), 『연구사례로 배우는 SPSS와 Amos에 의한 심리 · 조사 데이터
　해석』〔小塩真司(2005), 『研究事例で学ぶSPSSとAmosによる心理 · 調査データ解
　析』, 東京図書〕.
사토 이쿠야(2008), 『질적 데이터 분석 —— 원리 · 방법 · 실천』〔佐藤郁哉(2008), 『質
　的データ分析法 —— 原理 · 方法 · 実践』, 新曜社〕.
야마다 쓰요시 · 스기사와 다케토시 · 무라이 준이치로(2008), 『R로 하는 쉬운 통계학』
　〔山田剛史 · 杉澤武俊 · 村井潤一郞(2008), 『Rによるやさしい統計学』, オーム社〕.
요시다 도시오(1998), 『정말 알기 쉽고 아주 중요한 것이 적힌 극초보 통계의 책』〔吉
　田寿夫(1998), 『本当にわかりやすいすごく大切なことが書いてあるごく初歩の統
　計の本』, 北大路書房〕.

33 연표 작성법

사료나 자료, 필드워크, 앙케트 조사 등으로 얻어진 데이터는 정리하지 않으면 산만한 정보 상태 그대로이다. 결과를 고찰하여 연구성과로 정리해내려면 우선 이들 정보를 정리할 필요가 있다. 이때 정리 방법의 하나로 연표 작성법을 소개하고자 한다.

▌연표 작성법의 기초와 전개

연표 작성법의 방식은 지극히 심플하다. 단적으로 말하자면 시계열로 일어난 일을 나열하는 것이다. 표 왼쪽에 연월일을 기재하고 오른쪽에 그때 무엇이 일어났는지를 쓴다. 단순한 방법이지만 이렇게 사건을 시계열로 나열함으로써 정보를 집약하고 고정할 수 있다. 이러한 연표 작성법을 사용하여 얻어진 성과에 야마무라(山村, 2008)와 오카모토(岡本, 2012) 등이 있다. 각각의 성과를 참조하면서 연표 작성법이 어떻게 활용될 수 있는지 구체적으로 보자.

야마무라(山村, 2008)에 게재되어 있는 〈러키☆스타〉의 성지가 된 사이타마현 기타카쓰시카군 와시노미야초(당시)의 경위를 정리한 연표를 보면, '연월'과 '주된 사건' 외에 '시기 구분'이 이루어져 있다. 일어난 사건을 나열하는 데에 있어서 팬(여행자)과 지역 사회, 지역 외의 관련기업 삼자에 주목하여, 그들이 수행한 역할과 관계성에 관

〈케이온!〉 성지인 도요사토 소학교 건물군에서 팬이 재현한 장면

하여 특징을 추출하고 '받아들이는 토양 정비기', '팬 주도기', '가도 카와서점 주도기', '상공회 주도, 상점 참가기', '지역 주도기'라는 다섯 시기로 구분한다. 시계열로 나열함으로써 콘텐츠 투어리즘을 주도하는 중심적 액터가 변천해가는 것을 분명히 한다.

오카모토(岡本, 2012)의 연구에는 〈케이온!〉의 성지인 시가현(滋賀県) 이누가미군(犬上郡) 도요사토초(豊郷町)의 경위를 2009년 4월 2일부터 2010년 5월 1일까지 정리한 연표가 게재되어 있다. 본 연표에서는 '날짜'와 '사항' 외에 '주체'가 기재되어 있다. 이는 사건을 행한 주체를 기재한 것이며 '투어리스트', '지역 개인', '지역 프로듀서', '콘텐츠 프로듀서', '매스미디어', '연구자, 학생'의 여섯 분류가 이루어졌다. 이 연구 성과에서는 사건을 연표로 정리한 다음 그 시기에 행한 두 번의 앙케트 조사결과를 비교할 때의 참조점으로 사용했다.

앙케트 조사는 2009년 여름과 2010년 5월에 실시했다. 이 결과를 보면 관광정보원으로서 '사람을 통해 듣고'의 비율이 크게 상승하고, 체재시간이 늘었으며 사용 금액도 높아졌다. 도요사토에서 실시된 다양한 사건이 인구에 회자되어 도요사키로 방문을 촉진하는 등, 방문자가 이전보다 도요사토에서 오랜 시간을 보내고, 경제효과도 낮은 것을 추측할 수 있다. 그 원인을 생각할 때 두 번의 조사 사이에 일어난 사건을 연표에서 참조하면, 다양한 주체의 착수가 볼만한 관광 자원을 증가시켰고, 특산품 선물이나 먹거리, 여행자가 모일 수 있는 장소를 제공한다는 사실이 드러난다(오카모토[岡本], 2012).

▌연표 작성법의 기능

정보를 집약, 고정시킴으로써 다양한 발견을 할 수 있다. 연표 작성법은 몇 가지 기능을 갖는다. 첫 번째는 일람성이다. 대부분의 정보를 나열해 봄으로써 그러한 관련성이나 인과 관계 등을 추측할 수 있다. 두 번째는 분류 가능하다는 점이다. 앞에서 말한 것처럼 사건을 실시, 주도한 액터에 주목한 분류 외에 사건의 종류나 참가자의 종별 등 다양한 축으로 분류 가능하다. 그렇게 함으로써 시계열이 정리되고 상황이 어떻게 변화되었는지 보인다. 세 번째는 다른 데이터와 관련지어지는 점이다. 오카모토(岡本, 2012)와 같이 여러 차례의 앙케트 조사 결과를 연표와 대응시킴으로써 결과의 분석, 고찰에 활용할 수 있다.

이러한 연표를 각 지역에서 만들어 가면 다른 사례와의 비교도 할 수 있다. 콘텐츠 투어리즘이 진행되어 갈 때 공통된 프로세스가 존재한다고 하면, 그것을 밝힐 수 있을 것이다. 또한 사회 일반의 사건과의 관련성을 볼 수도 있다. 사례를 둘러싼 사회 상황이나 미디어 환경 등의 변천과 대치해서 봄으로써 새로운 발견을 얻을 수 있을 것이다. 또한 연표 작성법은 조사에도 활용할 수 있다. 인터뷰할 때 연표를 공유하면서 이야기함으로써 보다 정확한 발언을 얻을 수 있는 것이다. 이렇게 얻어진 연표는 해당 지역 사람들이나 다른 지역에서 콘텐츠 투어리즘을 전개하려는 사람들, 콘텐츠 투어리즘 연구에 뜻을 둔 사람들에게도 이바지하는 성과가 된다.

오카모토 다케시(岡本健)

참고문헌

오카모토 다케시(2012), 「콘텐츠 투어리즘의 CGM적 관광 디자인 방식과 그 효과 ─ 애니메이션 〈케이온!〉의 성지 '도요사토'를 사례로」〔岡本健(2012), 「コンテンツツーリズムにおけるCGM的観光デザインのあり方とその効果 ─ アニメ『けいおん!』の聖地「豊郷」を事例として」, 『CATS叢書』 7, pp.41~76〕.
야마무라 다카요시(2008), 「애니메이션 성지 성립과 그 전개에 관한 연구 ─ 애니메이션 〈러키☆스타〉에 의한 사이타마현 와시노미야초의 관광객 유치에 관한 일고찰」〔山村高淑(2008), 「アニメ聖地の成立とその展開に関する研究 ─ アニメ作品「らき☆すた」による埼玉県鷲宮町の旅客誘致に関する一考察」, 『国際広報メディア・観光学ジャーナル』 7, pp.145~164〕.

34 액션 리서치

액션 리처시란 현장에서 일어나는 문제를 명확히 하고 대책을 마련하면서 그 해결 방법을 찾는 실천적 연구 수법이다. 야모리(矢守, 2010)는 '바람직하다고 생각하는 사회적 상태의 실현을 목표로 하여 연구자와 연구 대상자가 전개하는 공동적인 사회 실천'으로 정의한다. 그 연구 프로세스는 ①문제의 발견, ②현상의 파악과 원인 규명, ③문제해결을 위한 대책 검토, ④대책의 실시, ⑤결과의 검증이 된다. 검증 결과 문제가 해결되지 않거나 혹은 다른 문제가 발생하는 등의 경우에는 다시 현상을 파악하고 대책의 계획, 실시, 검증의 사이클을 지속하게 된다. 마케팅이나 정책 분야에서는 PDCA 사이클(Plan-Do-Check-Action)이라고도 불린다.

▌액션 리서치의 실천사례

콘텐츠 투어리즘 연구 분야에서 액션 리서치로서 다른 문제의식을 가지는 두 가지 사례를 거론한다.

첫째는 애니메이션 〈러키☆스타〉의 성지가 된 사이타마현 구키시(久喜市)의 와시노미야 지구이다. 와시노미야의 맨 처음 문제의식은 '와시노미야에 온 애니메이션 팬들이 보다 더 즐기고 갈 수 있게 하려면 어떻게 해야 할까'였다. 이에 대해 와시노미야 상공회의 직원은 찾아온 팬이나 애니메이션 팬의 사정을 잘 아는 사람들에게 청취하고 현상 파악과 원인을 규명했다. 다음으로 문제를 해결하기 위한 대책으로 가도카와서점(角川書店)에 이벤트 제안이나 일러스트 사용 허락을 얻는 등, 팬 감사 이벤트 개최나 와시노미야 오리지널 상품 판매를 실현했다. 그 결과 팬들이 즐길 수 있게 되었을 뿐 아니라 다른 팬들도 많이 찾아오게 되었다. 또한 그 안에서 방문자와 지역주민 사이의 관련성 증가나, 독자 콘텐츠의 필요성 등에 관하여 대응해 왔다. 와시노미야에서는 다른 사례를 흉내 내는 것이 아니라 자기들이 놓인 상황이나 해결해야 하는 문제점을 인식하고, 그 해결을 위해 필요한 실행에 착수했다. 그 때문에 독자적 색채가 강한 이벤트가 많은 것도 특징이다.

두 번째 사례는 아오모리현(青森県) 사이무라(佐井村)에서 개최된 〈Sai 애니메이션 써머 페스티벌〉이다. 사이무라에서 가진 문제의식은 '젊은이들이 마을 내부를 걸어다니지 않는다'는 것이었다. 그래서 지역 젊은 층이 중심이 되어 젊은이들에게 인기 있는 콘텐츠인 애니메이션 요소를 담은 이벤트를 개최하고 마을 안팎의 젊은이들에게 사이무라에서 즐길 수 있는 내용을 계획했다. 이벤트에서는 지역을 개방한 코스프레 기획을 메인으로 했다. 그것은 코스플레이어 입장에서 사이무라의 경관이 매력적으로 비친다고 생각한 것과, 마을 사람들이 평소 아무렇지 않게 생활하던 장소가 방문자들에게 매력적이라는 것을 인식시킬 수 있기 때문이었다. 2014년에 1회를 개최한 결과 방문자들은 젊은 층이 많아서 지금까지 사이무라의 관광객들과는 달랐다. 그 한편에서 이벤트 운영이나 지역주민에 대한 코스프레 문화를 주지하는 등에 관하여 과제도 부상하게 되었으며, 이를 해결하기 위한 대책과 실시를 계획하고 있다.

▌액션 리서치의 과제

콘텐츠 투어리즘의 액션 리서치는 콘텐츠를 활용하여 지역의 과제 해결을 추진하는 데에 있어서 유효한 연구 방법인데, 액션 리서치를 행하는 사례는 많지 않다. 그 이유 중 하나는 현장의 인적 요인이다. 지역 측이 콘텐츠 투어리즘에 착수할 때 그것을 실행하는 사람이 이 연구 방법을 모르거나, 알면서도 인원 부족 때문에 충분히 못 하는 등의 경우가 원인이 되어 액션 리서치가 실시되지 못하는 패턴이다. 그 때문에 결과의 검증이 불충분하거나, 문제 해결을 위한 방법의 타당성을 음미하지 못하고 단순히 타지역 사례의 모방으로 끝나버리는 일이 일어날 수 있다. 또한 연구자 부족도 이유 중 하나이다. 액션 리서치는 실천적인 연구이므로 현장에 깊이 개입하여 주체적으로 활동에 착수해야 하여, 비교적 실천하기 어려운 연구 방법이기 때문이다.

그래서 콘텐츠 투어리즘 현장에서는 지역과 대학 등의 연구기관이 협력하면서 사업을 추진해 가는 것이 이상적일 것이다. 문제의 발견이나 대책의 실시는 지역 측이 중심이 되고, 현상 파악이나 대책 검토, 결과 검증 등은 연구기관을 중심으로 하는 등, 각각 잘하는 분야에서 역할 분담하면서 협력하여 연구를 진행해 가는 것이 액션 리서치의 질을 높이고, 지역의 문제해결에 대한 정밀도를 높이는 일로 이어질 것이다.

무라키 이오리(村木伊織)

참고문헌

야모리 가쓰야(2010), 『액션 리서치 ── 실천하는 인간과학』〔矢守克也(2010), 『アクションリサーチ ── 実践する人間科学』, 新曜社〕.

제4부

콘텐츠 투어리즘의 현장

콘텐츠 투어리즘의 현장에서는 어떠한 일이 일어나고 있을까?
이때 '현장'은 콘텐츠 투어리즘에 관련된
모든 일정에 관련된 공간이나 장소를 가리킨다.
콘텐츠 작품, 콘텐츠 체험자를 둘러싼 정보 환경,
투어리스트의 특징, 그리고
콘텐츠 투어리즘의 목적지가 되는 장소, 거기에 사는 주민,
그 장소의 문화나 경관, 미디어와의 관련성,
콘텐츠와 투어리즘을 둘러싼 경제활동…….
제4부에서는 콘텐츠 투어리즘의 현장에 초점을 맞추어
거기에서 무엇이 일어나는지를 각 집필자들의 시점에서 검토해간다.

CONTENTS

TOURISM

35 콘텐츠 투어리즘 사례를 보는 법
— 성공/실패의 틀을 넘어서

콘텐츠 투어리즘은 다양한 요소로 구성되어 있고 그것들 모두가 분석 대상이 된다. 우선 '콘텐츠 그 자체'를 들 수 있다. 관광 목적의 중심을 이루는 콘텐츠 그 자체가 어떠한 미디어에서 유통되는 것인지, 해당 콘텐츠는 다른 것에 비해 어떠한 특징을 갖는지 등은 콘텐츠 투어리즘을 생각할 때 중요하다. 다음으로 콘텐츠 투어리즘에 관련되는 액터에 관한 것이다. 예를 들어 여행자의 특징이다. 해당 콘텐츠를 애호하는 사람들의 연령이나 젠더는 물론 행동적으로 어떠한 특징을 갖는 것인지, 어느 정도의 인원인지 등이다. 그리고 지역 측이 하는 일에 관해서는, 어떠한 주체가 무엇을 실시하고 그 결과가 어떻게 되었는지에 관한 분석이 불가결하다. 액터들 간의 상호작용에도 주의를 해야 한다. 콘텐츠 투어리즘을 둘러싼 공간 또한 중요하다. 콘텐츠 투어리즘에 관련된 공간은 현실 공간뿐만 아니라 정보 공간이나 허구 공간에서 일어나는 일이나 상호작용도 주시해야 한다. 또 현실 공간의 관광 목적지 시설이나 경관(오카모토[岡本], 2013, 2014), 콘텐츠 제작회사의 입지나 관광 목적지가 된 장소와 여행자가 출발하는 지역의 관계도 살펴볼 수 있다(오카모토[岡本], 2015).

▌ 사례분석에서 중요한 것

사례를 분석하는 데 있어서 중요한 것은 다양한 입장에서 봐야 하는 점이다. 그러나 우리는 전지전능한 신이 아니기에 관련된 모든 사람들의 생각이나 행동을 완전히 지각할 수는 없다. 또한 인간 기억이나 의견은 그때마다 변화해 가는 것이며, 그것들을 완전히 고정시키기란 불가능하다. 이를 전제로 하면서도 사례에 관하여 의의 있는 고찰을 하기 위해 선행연구를 읽고, 연구 목적을 설정하여 조사를 실시하며, 그 결과를 객관적으로 분석한다. 어떠한 입장에서 무엇을 조사, 분석하고 무엇을 위해 결과를 낼 것인가, 이 점을 늘 다시 물으면서 콘텐츠 투어리즘의 현상과 관계를 맺어가는 것이 좋다.

예를 들어 콘텐츠 투어리즘에 관련된 인터넷 상의 담론을 분석할 경우는, 인터넷 상의 담론만을 정보원으로 해 버리면 협소한 분석에 그치게 된다. 인터넷 상에 적힌 것만 보고 있다가는 문득 잊어버리게 되지만, 다양한 의견을 적어두는 사람들은 어딘가에서 현실적인 신체를 가지고 사는 인간이며, 또 의견의 대상이 되는 사건과 관계하는 살아 있는 사람이 대상인 것이다. 꼭 실제로 해당 지역으로 향하거나 관계자를 만나서 스스로의 눈으로 상황을 보고, 자기 귀로 다양한 입장의 사람들 의견을 듣는 것이 좋다.

▌ 콘텐츠 투어리즘의 성공과 실패

콘텐츠 투어리즘을 연구, 실천하다 보면 반드시 문제가 되는 것이 그 평가이다. 단적으로 말해 그 사례가 성공이냐 실패냐 하는 판단 문제이다. 이는 간단해 보이지만 사실상 꽤 까다로운 문제다. 우선 어떠한 지표를 이용해서 판단할지 어렵다. 예를 들어 가장 차이가 명확해 보이는 경제효과를 그 평가 축으로 둘 경우도 기준이 금방 정해지지 않는 것을 알 수 있다. 예를 들어 상품을 개발해서 한 개 700엔으로 만 개를 판매하여 700만 엔의 이익을 거두었다고 치자. 성공이냐 실패냐는 이것만으로는 판단이 가지 않는다. 상품 판매로 이익을 얻은 사람들의 커뮤니티 규모, 이익을 얻은 액터는 어떠한 존재인가, 개발에 어느 정도의 시간과 비용을 들였는가, 2만 개를 만들어도 완판되었다고 치면…… 등등.

 그 다음 관광의 평가 중에는 경제 이외의 측면도 포함된다. 그 지역 주민이 콘텐츠 투어리즘을 계기로 자기 지역에 자부심을 갖게 되는 심리적 편익의 상승. 지역에 머무르기만 해서는 만날 일이 없던 사람들과의 연계를 얻는 사회 관계 자본의 축적이나, 새로운 문화의 창출. 그러한 사회적, 문화적 측면도 있다. 반대로 이러한 측면에서 불이익도 생길 수 있다. 좋은 효과가 나왔다고 해도 그 지속가능성이 평가의 대상이 되는 경우도 있다. 콘텐츠 투어리즘은 지속 가능성에 문제가 있다는 이야기도 듣게 된다. 다만 처음부터 '지속'이라는 것만 생각한다면 새로운 시도가 과연 가능할까? 피해야 하는 것은, 회수할 가능성이 없는데 과잉 투자를 하는 것이지 행위 자체를 포기하는 것이 아니다. 상식이나 편견에 사로잡히지 말고 다양한 관점에서 사례를 분석, 고찰하고 많이 배우자.

오카모토 다케시(岡本健)

참고문헌

오카모토 다케시(2013), 「콘텐츠 투어리즘의 경관론 —— 애니메이션 성지순례/확장

현실 경관/오타쿠 스케이프」〔岡本健(2013), 「コンテンツツーリズムの景観論 ──
アニメ聖地巡礼/拡張現実景観/オタクスケープ」, 『ランドスケープ研究』 77(3),
pp.222~225〕.

오카모토 다케시(감수)(2014), 『신사순례 ── 만화·애니메이션으로 인기 '성지'를 돌
다』〔岡本健 監修(2014), 『神社巡礼 ── マンガ·アニメで人気の「聖地」をめぐる』,
エクスナレッジ〕.

오카모토 다케시(2015), 「미디어 콘텐츠와 관광, 도시, 커뮤니티 ── 정보사회의 세
번째 장소로서의 애니메이션 성지」〔岡本健(2015), 「メディアコンテンツと観光、
都市、コミュニティ ── 情報社会のサードプレイスとしてのアニメ聖地」, 『奈良
県立大学研究季報』 25(2), pp.193~212〕.

36 〈마녀배달부 키키(魔女の宅急便)〉
― 해외의 여성 콘텐츠 투어리즘

　작품과는 전혀 관련이 없는 장소가 여성들의 콘텐츠 투어리즘에 의해 '성지'가 된 드문 사례가 있다. 호주의 태즈메이니아 섬에 있는 로스 마을이다.

　로스는 알만한 사람이면 다 아는, 1836년에 건설된 역사적으로 가치 있는 오랜 석교가 있는 것으로 알려진 지방의 소규모 관광지이다. 그 마을이 지금은 일본인을 비롯한 젊은 유럽, 미국, 아시아 여성들이 홀로 여행하는 목적지가 되었다.

　발단은 어느 일본인 청년 여행자가 우연히 이 거리를 방문하여 '로스 베이커리'라는 작은 빵집 겸 B&B(Bed and Breakfast, 민박 비슷한 것)를 발견하고는, 〈마녀배달부 키키〉(이하 〈키키〉)의 주인공 키키가 머물게 되는 '가위바위보 빵집'과 똑같이 생긴 화덕과 지붕아래의 객실 존재를 알게 되어 SNS에서 소개한 것이었다. 일본 애니메이션 같은 것은 전혀 본 적이 없다는 호주인 오너 부부는 그 청년으로부터 〈키키〉에 관한 내용을 듣고 비디오를 빌려 보고서 '아, 정말 비슷하네'하고 생각했다고 한다.[1] 나중에 지붕 아래의 객실은 'Kiki's Room'이라 이름 붙여졌고[2], 거기에 머문 여성들이 〈키키〉에 관련된 상품이

1　필자가 2013년 1월에 간 오너 Kirsty Lloyd-Bostock 씨의 인터뷰로부터.

2　http://www.channelmanager.com.au/BookAndPayNow/BookAndPayNowRoo

나 포스터를 선물로 두고 가거나, 개중에는 일부러 일본에서 보내주기도 하여 정말로 '키키의 방'이 되어 버렸다.

호주는 그 자연 경관에 의해 그밖에도 〈바람 계곡의 나우시카〉의 바람 계곡과 닮은 장소(울룰루 카타추타 국립공원)나 〈천공의 성 라퓨타〉의 라퓨타 신전을 떠오르게 하는 파로넬라 파크가 '성지'가 된 사례도 있는데, 〈키키〉에서 특징적인 것은 마치 키키가 수행하는 것처럼 젊은 여성의 나홀로 여행이 많다는 것이다. '키키의 방'에는 방문자 노트가 놓여 있는데, 필자가 조사한 2013년 1월 시점에는 A4 노트로 10권이 넘었다. 노트 내용에서 두드러진 점은 '워킹 홀리데이를 무사히 마친 스스로에 대한 노고를 치하하기 위해, 귀국 전에 동경하던 키키의 방으로 왔다'는 식의, 자신과 키키를 동일화하고 자립한 자기의 최종 목적지로서 이곳을 선택했다는 것이다. 물론 남성들이 적은 내용도 있었지만, 자기 처지와 키키를 겹쳐보고 기록을 이어서 쓴 것은 압도적으로 여성이 많았다.

키키도 고독, 자신감 상실, 연애, 정체성 위기와 같은 다양한 고민을 경험한다. 자기 힘만으로, 더욱이 이국 땅에서 생활하는 것은 여성 입장에서는 큰 장애이다. 로스는 렌트카를 사용하지 않을 경우 주도(州都)인 호바트에서 버스를 갈아타고 가는 수밖에 없는 벽지이기도 한 까닭에, 그러한 곤란한 도정이나 불안함 또한 키키와 자신을 중첩시키는 중요한 과정이다(Norris, 2013). 이렇게 해서 젊은 여성들에게 압도적으로 지지를 받고 작품의 관련성이 없는 작은 시골마을이 '성지'로 기정사실화한 것이다.

2000년대 후반부터 증가하기 시작한 여성 여행자는 지금도 끊이

---

ms.aspx?ID=224#768 (2015 1월 11일 열람). [역] 2023년 6월 30일 현재도 열람 가능.

지 않는다. 오너도 '그/그녀들의 이미지를 망가뜨리지 않는 것에만
조심하고 있다'고 하며, 〈키키〉를 이용한 큰 비즈니스는 전개하고 있
지 않다. 방문자 노트에는 '친절한 사람들', '멋진 마을'이라는 기술과
'갓 구운 빵이 맛있다'는 코멘트가 두드러진다. 지속가능성을 유지하
려면 역시 '사람과의 연계'가 중요한 법이다.

스가와 아키코(須川亜紀子)

* 감사의 말 : 로스 베이커리 인에서 하게 된 조사는 태즈메이니아대학 사회학부 강사인
Craig Norris 씨의 협조를 받았습니다. 이 자리를 빌어 깊이 감사 말씀을 드립니다.
또한 과학연구비 기반연구B(과제번호 13056202: 연구대표자 오시로 후사미[大城房
美])의 조성을 받은 연구입니다.

참고문헌

Norris, Craig(2013), "A Japanese media pilgrimage to a Tasmanian bakery,"
Transformative Works and Cultures, 14, pp.1~16.

37 〈귀를 기울이면(耳をすませば)〉
― 테마 파생형 콘텐츠 투어리즘

▌개봉한 지 20년 이상이 되어도 팬 방문이 끊이지 않는 모델 지역

1995년에 제작된 애니메이션 영화 〈귀를 기울이면〉은 도쿄도(東京都) 다마시(多摩市) 세이세키사쿠라가오카(聖蹟桜ヶ丘)에서 다마 뉴타운에 이르는 지역이 모델 지역으로 설정되어 있다. 개봉한 지 20년 이상이 경과한 현재도 여전히 연간 1만 명 이상으로 추산되는 팬들이 계속 찾고 있다.[1] 재방문자는 3할 정도 되며 특히 남성 재방문자는 4할에 이른다. 팬층은 젊은 세대가 대부분을 차지하며 여성이 다수이다.[2] 영화 속에 등장한 '지구가게'가 있는 로터리에 입지한 '노아 양과자점'에는 '귀를 기울이면 추억 노트'[3]가 놓여 있고 팬들의 휴식 장소로 조성되어 있다. 이렇게 단발성 콘텐츠 작품 하나로 전국에서 일정 수의 팬들이 지속적으로 방문을 지속한다는 사실은 더 주목해도 좋을 것이다.

---

1 '노아 양과자점'에서 한 앙케트 결과로부터. 상세한 사항은 모리(毛利, 2014a:30)를 참조. 또한 노아 양과자점의 점주 이야기에 따르면 2018년 현재도 팬의 방문자 수는 그다지 변하지 않았다고 한다.
2 앙케트 및 '청춘 우체통'에 넣어진 메시지로부터. 상세한 내용은 모리(毛利, 2014b:24)를 참조.
3 노아 양과자점에서는 2005년 여름 무렵부터 놓았으며 2018년 10월 현재 48권에 이르렀다.

▌ 팬들에 의한 인터넷에서의 정보 발신의 선구가 된 작품

〈귀를 기울이면〉이 수많은 팬들로부터 지지를 받는 요인으로는, 이 작품이 세계적으로도 지명도가 높은 스튜디오 지브리 작품 중 하나라는 것이 첫번째로 거론된다. 정기적으로 재방송될 기회도 많아서 새로운 젊은 세대 팬이 생기기 쉬운 조건이라 할 수 있다. 그러나 같은 지브리 작품이면서 지역까지 겹치는 〈폼포코 너구리 대작전(平成狸合戦ぽんぽこ)〉에 대해서는 팬들이 모이는 현상을 특별히 볼 수 없다는 점에서, 제작회사의 브랜드력만의 문제는 아니고 역시 작품 자체의 테마성, 특히 젊은 층의 공감을 얻기 쉬운 스토리를 지니고 주인공들 청춘의 무대가 되는 다마(多摩)를 찾아가려는 동기와 이어지기 쉬운 특질을 갖추고 있다는 것이 크다고 생각된다.

〈귀를 기울이면〉이 제작된 1995년은 인터넷 시대의 도래를 고하는 시기와 겹친다. 실제로 영화 공개 직전부터 인터넷 상에 이 작품을 다루는 개인 홈페이지(팬 사이트)가 몇 개나 생겼고, 개설자 스스로가 현지를 걸어다니며 촬영한 많은 사진이 소개되었다. 아직 지브리의 공식 사이트가 존재하지 않던 시기부터 있던 팬들에 의한 적극적인 정보 발신은, 인터넷 보급과 이용이 진보한 21세기에 특징적인 콘텐츠 투어리즘의 발전을 예감하게 만드는 것이며, 그 선구적 사례 중 하나로 언급할 수 있을 것이다.

▌ 더 지속적인 대처를 목표로

그런데 스튜디오 지브리는 작품의 이차적 이용을 기본적으로 인정하지 않고, 지역 진흥에 관하여 지역과의 연계를 하는 것에도 소극적이다. 이러한 제약이 대단히 크다.

그렇기 때문에 지역에서는 작품 세계에서 파생된 테마(팬의 청춘을 응원하는)를 내세운 콘셉트로 활동이 이루어진다. 구체적인 실행으로 세이세키사쿠라가오카(聖蹟桜ヶ丘) 역 앞에 '청춘 우체통'[4]이 설치되어 여기에 소원이나 결의를 적어 넣도록 되어 있다. '청춘 우체통'은 작품을 자유롭게 사용하지 못하는 상황에서 생긴 이른바 고육지책이기는 하지만, '콘텐츠의 이용과 이차적 이용과는 별도로 콘텐츠에서 파생된 테마를 축으로 새로운 이야기성이 창조되고 수용되는 투어리즘'으로 정의되는 '테마 파생형 콘텐츠 투어리즘'[5]의 상징적 존재가 되었다.

우체통에 넣어진 메시지는 대부분 현실에 기반한 내용이며 실현가능한 목표를 향해 노력하려는 경향이 보인다.[6] 이는 단순히 이야기 세계를 소비만 하는 관광 행동이 아니라, 자기 이야기 세계를 새롭게 창조하는 계기를 잡기 위한 방문으로 변화한 것이라 판단해도 좋으며, 이 콘셉트의 유효성을 시사하는 것이다. 작품 개봉 당시의 붐에만 의존하지 않고 전개할 수 있기 때문에 지속적인 전개를 가능케 하는 효과적인 방법이라고 생각할 수 있다. 지역에서는 이 콘셉트에 따라 한층 호흡이 긴 대처를 지향하고 있다.

모리 야스히데(毛利康秀)

---

4 '청춘 우체통'은 스튜디오 지브리에서 확인을 받고 문제가 없는 범위에서 제작되었다.
5 정의의 상세한 사항은 모리(毛利, 2014b:18)를 참조.
6 우체통에 넣은 메시지의 내역에 관한 분석은 다이라·모리타·모리(平·森田·毛利, 2015:148)를 참조.

참고문헌

다이라 기요타로·모리타 도시오·모리 야스히데(2015), 「다마시 세이세키사쿠라가
　　오카의 관광자원 창출과 활용에 관한 보고 ── '청춘 우체통' 설치의 의의 및 효과
　　에 관하여」〔平清太郎·森田利夫·毛利康秀(2015), 「多摩市聖蹟桜ヶ丘における
　　観光資源の創出と活用に関する報告 ──「青春のポスト」設置の意義および効果
　　について」, 『多摩ニュータウン研究』 17, pp.143～153〕.
모리 야스히데(2014a), 「관광도시로서의 다마시 ── 특색 있는 콘텐츠 투어리즘의
　　창출에 관한 조사 연구」〔毛利康秀(2014a), 「観光都市としての多摩市 ── 特色あ
　　るコンテンツ·ツーリズムの創出に関する調査研究」, 『多摩ニュータウン研究』 16,
　　pp.23～37〕.
모리 야스히데(2014b), 「도쿄도 다마시의 콘텐츠 투어리즘 창출 활동에 관한 사례
　　연구 ── 영화 〈귀를 기울이면〉을 이용한 관광 마을 진흥 활동 및 방문자 의식에
　　관하여」〔毛利康秀(2014b), 「東京都多摩市におけるコンテンツツーリズム創出活
　　動に関する事例研究 ── 映画「耳をすませば」にちなんだ観光まちづくり活動なら
　　びに訪問者の意識について」, 『コンテンツツーリズム学会論文集』 1, pp.15～25〕.

38 〈신세기 에반게리온(新世紀エヴァンゲリオン)〉
― 전통적 관광지의 콘텐츠 투어리즘

하코네(箱根)는 예로부터 온천지로서의 역사와 문화를 갖는다. 하코네 칠탕(七湯)으로 대표되는 좋은 온천들이 풍부하며, 요세기 세공(寄木細工)[1], 하코네 다이묘(大名) 행렬[2], 다이몬지 태우기(大文字焼)[3], 하코네 역전(箱根駅伝)[4] 등은 지역의 독자적인 문화이기도 하다.

이러한 하코네를 무대로 한 SF 애니메이션이 바로 〈신세기 에반게리온〉이다. 사다모토 요시유키(貞本義行)에 의한 같은 제목의 만화가 1994년 말에 연재 개시되고, 1995년부터 1996년에 텔레비전판 전26화가 방송되었다. 하코네가 무대로 등장하지만 일반에게 널리 침투한 것은 2007년 이후에 등장한 〈에반게리온 신극장판〉 시리즈일 것이다.

극장판은 텔레비전판을 개편한 4부작이며 현재까지 〈서(序)〉(2007), 〈파(破)〉(2009), 〈Q〉[5](2012) 세 작품이 상영되었다(2020년에 〈신 에반게리

---

1 [역] 나무의 쪽매를 모자이크처럼 붙인 세공.
2 [역] 하코네에서는 매년 11월 3일 문화의 날에 약 170명으로 이루어진 다이묘 행렬이 지난다. 단풍철이라 수많은 관광객이 찾는 때이기도 하여 이 퍼레이드는 관광객들에게 상당히 인기가 있다.
3 [역] 우란분제 때의 행사로 8월 15일이나 16일 밤에 산을 '大'자 모양으로 햇불로 사른다.
4 [역] 도쿄와 하코네를 왕복하는 대학 역전 경주를 말함. 1920년부터 시작되어 매년 1월 2일, 3일에 개최되는 경기대회로 정식명칭은 도쿄 하코네 간 왕복 대학 역전 경주(東京箱根間往復大学駅伝競走).

온 극장판〉 공개 예정[6]). 특히 〈서〉에서는 하코네가 곳곳에 등장하며 이야기 중심인 가공의 도시 '제3 신도쿄시'가 센고쿠하라(仙石原)로 설정되어 있다. 이 도시 지하공간(통칭 지오 프론트)에는 특무기관 'NERV(네르프) 본부'가 있는 것으로 되어 있다. 지하에 묻힌 가상 공간이므로 가시적으로 실감할 수 없는 설정임에도 불구하고 팬들이 센고쿠하라를 방문하게 되었다. 이밖에 오와쿠다니(大涌谷), 도겐다이(桃源台), 아시노코(芦ノ湖) 호수 북부, 소운잔(早雲山), 하코네유모토(箱根湯本), 긴토키산(金時山, 公時山) 및 하코네신사, 시모후타고야마(下二子山) 산, 나가오토게(長尾峠) 고개 등이 배경으로 그려져 있어서 '성지순례'의 장소로 알려져 있다.

극장판 공개에 맞춘 '에반게리온×하코네초'의 기획으로, 2009년에 '하코네 보완 맵'이 배포되어 화제를 불렀다. 이는 하코네초 관광협회가 제작회사와 타이업하여 보완맵을 제작하고, 애니메이션에 의한 지역 진흥을 목적으로 한 사례라고 할 수 있다. 〈서〉, 〈파〉라는 작품별로 제작되었으며 영어판, 일본어판이 있다.

2010년 4월 23일에는 로손 하코네 센고쿠하라점이 '로손 제3 신도쿄시점'으로 콘텐츠 상품을 풍부하게 갖추어 오픈했다. 그러나 예상 이상의 방문자들이 몰리면서 여러 문제들 때문에 당초 5월 중반까지 하려던 캠페인을 4월 25일에 종료했다. 그러나 그 이후도 극장판 안에서도 등장하는 UCC 밀크커피, 여기에 과자류, 티슈, 피규어, 타올 등의 콘텐츠 관련 상품이나 장식을 놓고, 나아가 센고쿠하라의 '제3

---

5 [역] 원래 일본 예능에 공통되는 이념의 하나로 구성상의 삼단계를 완만한 도입의 서(序), 풍부한 전개의 파(破), 빠른 템포의 마무리를 급(急)이라 하고 일본 발음으로 '조하큐'로 읽는다. 3부를 '큐' 발음을 살려 '急' 대신 'Q'로 이름 붙였다.

6 [역] 실제로는 일본에서 2021년 3월 개봉했고 한국에서는 2022년 10월 개봉했다.

신도쿄시점'은 북점(2018년 10월 말 폐점), 남점, 서점으로 증설되었다.

2011년에는 스탬프 랠리가 실시되고 이듬해에는 '에반게리온×하코네초×TOYOTA 전력보완계획'으로서 'NERV 공용차'가 등장했다. 하코네초라고 적힌 '이타차(痛車)'가 달리고 있다. 또 오다큐(小田急) 하코네 고속버스의 '에반게리온 버스'가 도쿄 등 여러 곳에서 호수 끝자락 부근까지 운행하며 보완 맵이 붙은 기념 승차권이 한정판매 되어 화제가 되었다.

이밖에 기간중에 지정 호텔이나 여관에 숙박하면 오리지널 상품을 받을 수 있는 캠페인이 실시되었다. 시노식품(しいの食品)에서는 노포의 전통과자 '하코네산'이 '하코네 후타고산'이라는 이름으로 오리지널 스티커를 넣어 지역 한정판매가 이루어졌다.

또한 2012년 7월에는 하코네 유모토에 '에바야(えゔぁ屋)'가 개업하여 요세기 무늬나 온천 모티프, 캐릭터가 유카타를 입은 모습 등의 오리지널 상품을 지역 한정으로 판매했다. 또한 이 가게에서는 '네르프야키'(단팥이 들어간 도라야키)나 'LCL 드링크' 등도 판매한다.

이렇게 하코네에서는 '전통적인 문화, 온천'이라는 유명세뿐 아니라 관, 산, 민이 공동으로 콘텐츠를 집어넣은 캠페인이나 이벤트, 상품 개발을 실시하고 있다.

그 후 '하코네초'의 지역 넘버 플레이트, 2014년 12월에는 하코네 보완계획 AR스탬프 랠리가 실시되었다. 이는 GPS와 AR(확장현실)을 이용하여 하코네 전역을 스마트 디바이스로 도는 스탬프 랠리이다. 방문자는 하코네의 100군데 남짓한 스탬프 포인트(에바 AR은 50곳 이상 설치)에서 에바기(機)나 사도(使徒) 등의 3D 스탬프를 얻을 수 있다. 스탬프 랠리는 현재 12코스가 있다. 또한 아시노코 스카이라인에서는 2015년 4월부터 일정 속도로 주행하면 에바의 테마곡이 들리는

'멜로디 베이프(멜로디 로드)'가 제공되었다.

이러한 전통문화에 뿌리내린 관광지에 서브컬처 요소를 도입함으로써 지금까지 하코네를 다니던 연령층보다도 작품 팬층의 중심에 해당하는 젊은 층들이 이 콘텐츠를 통해 하코네를 방문하게 되었다.

나카무라 준코(中村純子)

39 〈플리즈 티처(おねがい☆ティーチャー)〉
—호스트와 게스트의 배려가 지키는 성지

나가노현(長野県) 오마치시(大町市)의 기자키코(木崎湖) 호수 주변은 〈플리즈 티처〉(2002.1~3 방영)와 그 속편 〈플리즈 트윈즈(おねがい☆ツインズ)〉(2003.7~10 방영)의 성지가 되었다. 기자키코 및 그 주변에는 텔레비전 방영 후, 계속해서 순례자가 방문하고 있다. 지속적으로 관련 일을 진행하고 있으며, 뜻있는 애니메이션 팬과 지역 관계자가 연계하여 청소 활동이나 모금 활동으로까지 발전했다.

▌자율적인 지역과의 관계

기자키코 주변에서는 애니메이션 팬의 적극적인 행동이 눈에 띈다. 예를 들면 2007년 8월에는 환경미화운동 〈미즈호 프로젝트(みずほプロジェクト)〉가 실시되었다. 이는 작품의 시대설정인 2017년까지 현재와 변함없는 아름다운 기자키코의 풍경을 남기기 위해 벌인 청소 활동이다. 2008년 9월에 그 제2탄이 실시되었다. 이 프로젝트 실행위원회는 기자키코 주변의 가로등 유지를 위한 모금 활동도 전개하고 있으며, 애니메이션 무대를 말 그대로 '성지'로 소중히 지켜가려는 생각을 행동으로 보여준 것이다.

기자키코 주변에서 볼 수 있는 팬 활동은 다양하다. 예를 들어 기자키코 호반에 있는 세이코테이(星湖亭)에서는 팬이 애니메이션에 관련된 메뉴를 발안하고 열성적인 팬은 시도를 거듭해 레시피까지 지참했고(오카모토[岡本], 2013a), 가게에서 정식으로 메뉴로 채용하여 제공하기에 이르렀다. 또한 뜻있는 팬들이 팬클럽 홈페이지를 통해 현지를 찾을 때 방문 규칙이나 사진 촬영의 매너를 철저히 하고, '인사 운동'을 통한 지역주민들과의 커뮤니케이션을 촉구하였다. 여행자들이 절도를 지키며 자율적으로 지역과 접촉한 좋은 사례라고 할 수 있을 것이다(야마무라[山村], 2009).

▌지역 측의 궁리

팬의 자율적 행동이 눈에 띄는 기자키코에서는 지역 사람들도 다양한 궁리를 실천하고 있었다. 예를 들어 애니메이션 팬에 대한 호칭법이다. 애니메이션 팬에 대한 호칭으로 '오타쿠'라는 말이 있는데, 이것은 1988년에 일어난 연속 여아유괴 살인사건에 의해 널리 알려지게 된 말이라서 부정적인 이미지가 부여된 것이었다. 이 말 때문에 방문자들이 불쾌한 느낌을 가져서는 안 된다고 생각한 지역주민들은 관계자들 사이에서 이들은 '오네티상'[1]이라고 부르기로 정했다. 한 걸음 더 나아가 호반의 숙박시설인 알펜하임 야마쇼(山正)여관의 여주인은 팬들에게 '오네티 플랜'이라는 숙박요금 할인 플랜을 마련하여 통상의 홈페이지와는 별도로 '오네티 살롱.net'이라는 애니메이션 팬을 대상으로 홈페이지[2]를 개설했다. 2009년 10월에 필자가 야마쇼여관에서 실시한

---

1   [역] 〈플리즈 티쳐〉의 원래 일본어 제목인 '오네가이 티쳐'에서 앞글자를 따서 '오네+티'라 하고 여기에 경칭인 '상'을 붙여 만든 말.

2   [역] 오네티 살롱.net의 H.P. http://www.mjnet.ne.jp/onetysalon/index.htm (2023년 6월 현재)

앙케트 조사 결과를 보면 그 시점에서 이미 30회 이상이나 찾아온 재방문자까지 확인할 수 있었다. 방문객들이 불쾌한 경험을 하지 않고 즐거운 시간을 보낼 수 있도록 궁리함으로써 팬들 입장에서 기분 좋은 공간이 만들어졌고, 그곳은 몇 번이나 다니고 싶은 장소가 된 것이다(오카모토[岡本], 2013b).

또한 기자키호에서는 팬들에 의한 자율적 행동을 위한 플랫폼이 구축되었다. NPO법인 '지역만들기 공방'의 대표인 가사기 히로오(傘木宏夫) 씨는 2005년에 〈플리즈〉 시리즈의 존재를 알게 되어, 그 배경으로 그려진 풍경의 아름다움에 감동했다. 배경의 제작회사인 구사나기(草薙)로부터 원화를 빌려서 〈구사나기 배경 원화전~애니메이션 속의 기자키코〉를 개최하고, 이를 계기로 애니메이션 팬과의 교류가 활발해졌다. 그러는 가운데 팬들로부터 기자키코의 환경미화운동 시작에 관하여 상담을 받게 되었다. 팬들은 현지에서는 핸들 네임이라 불리는 닉네임을 사용하는 경우가 많았으며, 몇 가지 그룹이 존재했다. 팬들은 미화활동을 하고 싶다는 생각은 하면서도 실명이나 자신들의 그룹만이 표면에 드러난다는 것을 불편해했다. 그래서 지역 NPO대표인 가사기 씨의 이름을 내세운 형태로 '미즈호 프로젝트 실행위원회'가 발족했다(야마무라[山村], 2011).

기자키코에서는 애니메이션을 계기로 찾아온 팬들이 현지 자연과 접하는 한편 지역주민들도 자기 지역의 경관이 그려진 배경의 아름다움을 접하게 되고, 자기 지역의 아름다움을 재발견한다. 애니메이션을 계기로 호스트와 게스트가 함께 지역에 눈길을 돌리고 지역에 관하여 생각하며 행동하기에 이른 사례라 하겠다.

오카모토 다케시(岡本健)

참고문헌

오카모토 다케시(2013a), 『n차 창작 관광 —— 애니메이션 성지순례/콘텐츠 투어리즘
/관광사회학의 가능성』〔岡本健(2013a), 『n次創作観光 —— アニメ聖地巡礼/コン
テンツツーリズム/観光社会学の可能性』, 北海道冒険芸術出版〕.

오카모토 다케시(2013b), 「오타쿠 투어리즘에서 호스피털리티」, 아오키 요시히데
·간다 고지·요시다 미치요(편), 『호스피털리티 입문』〔岡本健(2013b), 「オタク
ツーリズムにおけるホスピタリティ」, 青木義英·神田孝治·吉田道代(編), 『ホス
ピタリティ入門』, 新曜社〕.

야마무라 다카요시(2008), 「애니메이션 성지 성립과 그 전개에 관한 연구 —— 애니메이
션 〈러키☆스타〉에 의한 사이타마현 와시노미야초의 관광객 유치에 관한 일고찰」
〔山村高淑(2008), 「アニメ聖地の成立とその展開に関する研究 —— アニメ作品「ら
き☆すた」による埼玉県鷲宮町の旅客誘致に関する一考察」, 『国際広報メディア·観
光学ジャーナル』 7, pp.145~164〕.

야마무라 다카요시(2011), 『애니메이션·만화로 지역 진흥 —— 도시의 팬을 낳는 콘텐
츠 투어리즘 개발법』(전자판: 야마무라 다카요시(2018), 『〈보급판〉애니메이션
·만화로 지역 진흥 —— 도시의 팬을 낳는 콘텐츠 투어리즘 개발법』)〔山村高淑
(2011), 『アニメ·マンガで地域振興 —— まちのファンを生むコンテンツツーリズム
開発法』, 東京法令出版(電子版: 山村(2018), 『〈普及版〉アニメ·マンガで地域振
興 —— まちのファンを生むコンテンツツーリズム開発法』, PARUBOOKS)〕.

40 〈쓰르라미 울 적에(ひぐらしのなく頃に)〉
─다양한 관계성 속에서 형태가 만들어지는 관광 공간

 기후현(岐阜県) 오노군(大野郡) 시라카와무라(白川村) 오기마치(荻町) 지구는, 시라카와고(白川郷) 갓쇼즈쿠리(合掌造り)[1] 집락으로 잘 알려져 있다. 오기마치 지구의 갓쇼즈쿠리 민가는 1971년에 발족한 '시라카와고 오기마치 집락의 자연환경을 지키는 모임' 활동을 중심으로 보존과 활용이 이루어졌고, 1976년에 중요 전통적 건조물군 보존지구로 선정되었으며, 1995년에 '시라카와고·고카야마(五個山) 갓쇼즈쿠리 집락'으로 세계문화유산에 등록되었다. 특히 세계유산으로 등록됨으로써 이 지역은 세간의 주목을 끌었고 1994년에 당일치기 숙박 약 67.1만 명이던 시라카와무라의 관광객은 피크 때인 2008년에는 약 186.1만 명까지 증가했다. 갓쇼즈쿠리 민가를 중심으로 하는 오기마치 지구의 풍경은 관광 팸플릿 등에서 종종 '일본의 원풍경'으로 표현되었다. 이 지역을 찾는 관광객 대부분은 세계유산 등록을 계기로 갓쇼즈쿠리 민가를 알게 되었고 일본의 원풍경이라 일컬어지는 오기마치 지구의 풍경을 소비하게 된 것이라 생각할 수 있다.

 그러나 최근에는 일부 관광객이 다른 이미지를 가지고 오기마치 지구를 찾게 되었다. 그것은 2002년부터 발표된 동인 게임으로,

---

1 [역] '갓쇼'란 합장, 즉 두 손을 모은 것처럼 지붕의 경사를 가파르게 만든 주택. 눈이 많이 내리는 지역에서 발달한 형태이다.

콘텐츠 투어리즘 공간이 형태를 갖추어가는지를 이해하는 것이 중요
할 것이다(간다[神田], 2012).

간다 고지(神田孝治)

참고문헌

간다 고지(2012), 「시라카와고의 애니메이션 성지순례와 현지의 반응 —— 장소 이미지
　　및 관광객을 둘러싼 문화 정치」〔神田孝治(2012), 「白川郷へのアニメ聖地巡礼と現地
　　の反応 —— 場所イメージおよび観光客をめぐる文化政治」, 『観光学』7, pp.23~28〕.

41 〈러키☆스타(らき☆すた)〉
— 유연한 전개에 의한 '재미'의 지속

애니메이션 〈러키☆스타〉(2007.4~9)는 요시미즈 가가미(美水かがみ)의 네컷만화(가도카와서점[角川書店])를 원작으로 한 작품으로 교토 애니메이션이 제작을 담당했다. 2007년 4월 무렵부터 팬들이 애니메이션 성지순례를 개시했고, 2007년 7월에 『월간 뉴타입』(8월호)의 부록 「러키☆스타적 소풍 책갈피」에 사이타마현(埼玉県) 구키시(久喜市)의 와시노미야신사(鷲宮神社)가 작품 무대로 소개되었다. 같은 무렵 개인 홈페이지에 '오타쿠들이 와시노미야신사에 모여 있어서 치안이 걱정'이라는 투서가 있어서, 『산케이신문(産経新聞)』이 와시노미야 상공회에 취재를 하여 「간토(関東)에서 가장 오래된 신사에 애니 오타쿠 쇄도하여 지역이 곤혹, 이색의 에마(絵馬)도」라는 타이틀 기사가 인터넷뉴스에 게재되었다(야마무라[山村], 2008). 그 후 와시노미야가 한 일이 텔레비전이나 신문 등의 매스미디어에 활발히 거론되고 애니메이션 성지순례나 그 뒤에 이어진 일에 관하여 많은 사람들이 알게 되는 계기를 만든 사례라고 할 수 있다.

▎액터들끼리의 교류를 기반으로 한 시행

앞에서 말한 것처럼 당초에는 굳이 말하자면 다소 좋지 않은 이미

〈러키☆스타〉 성지 와시노미야신사의 이타에마

지를 환기하는 정보가 퍼졌는데, 실제로 특히 지역주민들로부터는 그러한 의견이 많이 난 적은 없어서, '부정적'이라기보다 '무슨 일이 일어나는지 잘 모르겠다'는 상황이었다고 한다. 상공회 직원은 와시노미야신사로 가서 찾아오는 애니메이션 팬들에게 청취조사를 개시하였고, 애니메이션 성지순례에 관하여 알게 되었으며 그 사실을 반영하여 저작권자인 가도카와서점에 허락을 얻어서 상품 개발이나 이벤트 기획을 해나갔다(야마무라[山村], 2008, 오카모토[岡本], 2009).

예를 들어 오동나무 에마(絵馬)[1] 모양의 휴대폰 스트랩을 개발, 판매했다. 이 스트랩은 이타에마(痛絵馬[→51])를 모티프로 한 디자인을 넣어서 두꺼운 종이 겉에 애니메이션 그림을, 안에는 가스가베(春日

---

1 [역] 이 지역 가스가베 오동나무가 유명한데 그것으로 만든 에마(絵馬) 모양.

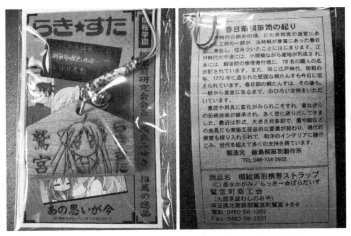

이타에마를 본따서 만든 오동나무 에마형 휴대폰 스트랩

部) 오동나무 옷장에 관한 해설문을 기재하고, 콘텐츠 문화와 지역 문화[→05]가 잘 블렌딩된 상품으로 만들어졌다. 팬들 입장에서 유희를 즐기거나 고집이 느껴지는 상품은 반갑다. 2007년 12월 판매 개시로부터 2009년 3월 발매분까지 합하면 23,500개의 판매고를 올린 것에서도 이 인기를 엿볼 수 있다(오카모토[岡本], 2012). 판매 방법에도 궁리를 기울였다. 열 몇 가지 종류의 다양한 버전을 만들어서 각각 두 종류씩 개인 상점에서 판매했다. 이렇게 함으로써 '상품의 다양성을 모두 갖추고 싶다'는 욕구를 가진 팬은 마을 안의 점포를 돌아다니게 되었다. 그 과정에서 지역의 개인 상점주와 애니메이션 팬이 교류하게 되고, 다양한 정보교환이 이루어진다(오카모토[岡本], 2011). 이러한 관련성 안에서 지역주민들에 의해 발안된 것이 지역 마쓰리인 하지사이(土師際)[2]에 〈러키☆스타 신여(神輿)〉가 등장하였고 전국에서

---

2   [역] 간토에서 최대급 신여 행사를 보인 와시노미야신사의 마쓰리로 1983년부터 2017년까지 개최되었다. 2018년부터는 〈러키☆스타 신여〉만 (H.P.는 https://

모집한 가마꾼들에 의해 가마가 운반된다. 이 신여는 그 이후 매년 하지사이에 등장하여 호평을 얻었고 2010년에는 상하이국제박람회에서도 시연되었다(오카모토[岡本], 2012).

▌메타적 시점을 가진 액터에 의한 다양한 전개

하지사이에서는 그밖에도 다양한 이벤트가 실시된다. 아키하바라(秋葉原)에 있는 라이브&바 '디어스테이지'에서 활약하는 아이돌이 무대에서 노래와 댄스를 선보이고, 그에 맞추어 아이돌의 노래와 춤에 맞춘 '오타쿠 예능'을 피력하는 무대인 〈오타코이 소란 마쓰리(WOTAKOI ソーラン祭り)〉나 남성의 여장 코스프레 콘테스트 〈와시노미야 미쓰콘(わしのみやMISSコン)〉 등이다. 〈와시노미야 미쓰콘〉은 가도카와서점의 잡지 『뉴타입』 30주년 기념 이벤트로 「따라와도 되고 말고!(ついてていいとも!)」라는 제목으로 2015년 4월 신주쿠(新宿) 스튜디오 알타에서 실시되기에 이르렀다. 2018년 9월에는 〈러키☆BBQ〉라고 이름을 내건 상공회 직원과 바비큐를 즐기는 이벤트가 개최되었다(오카모토[岡本], 2018).

이제 하지사이의 이벤트는 〈러키☆스타〉라는 작품에 얽매이지 않고 오타쿠 문화 전반에 걸쳐 전개되고 있다. 그러나 결코 작품을 없는 양 취급하는 것이 아니다. 어떤 것이든 '재미'와 '즐거움'을 느낄 수 있는 '콘텐츠'를 유연하게 반영해 넣으면서 메타적인 시점을 가지는 액터가, 관련된 액터 각자에게 무언가의 이익을 환원하는 틀을 구축하고 있는 것이다(오카모토[岡本], 2009, 야마무라[山村], 2011).

오카모토 다케시(岡本健)

---

luckystar.wasimiya.com/ja/) 운영.

참고문헌

오카모토 다케시(2009), 「「러키☆스타」로 보는 애니메이션 성지순례에 의한 교류형 마을 만들기」, 시키타 아사미·우치다 준이치·모리시게 마사유키(편저), 『관광의 지역 브랜딩 ─ 교류에 의한 마을 만들기의 시스템』〔岡本健(2009), 「「らき☆す た」に見るアニメ聖地巡礼による交流型まちづくり」, 敷田麻実·内田純一·森重昌 之(編著), 『観光の地域ブランディング ─ 交流によるまちづくりのしくみ』, 学芸 出版社, pp.70~80〕.

오카모토 다케시(2011), 「콘텐츠 투어리즘의 호스피털리티 매니지먼트 ─ 하지사이 '러키☆스타' 신여'를 사례로」〔岡本健(2011), 「コンテンツツーリズムにおけるホ スピタリティマネジメント ─ 土師際「らき☆すた神輿」を事例として」, 『HOSPI- TALITY』 18, pp.165~174〕.

오카모토 다케시(2012), 「연결을 창출하는 정보사회의 여행 커뮤니케이션 ─ 애니메 이션 〈러키☆스타〉의 성지 '와시노미야'의 하지사이를 둘러싸고」〔岡本健(2012), 「つながりを創出する情報社会の旅行コミュニケーション ─ アニメ『らき☆すた』 の聖地「鷲宮」における土師祭をめぐって」, 『CATS叢書』 7, pp.139~176〕.

오카모토 다케시(2018), 『순례 비즈니스 ─ 팝 컬처가 관광자산이 되는 시대』〔岡本健 (2018), 『巡礼ビジネス ─ ポップカルチャーが観光資産になる時代』, KADOKAWA〕.

야마무라 다카요시(2008), 「애니메이션 성지 성립과 그 전개에 관한 연구 ─ 애니메이 션 〈러키☆스타〉에 의한 사이타마현 와시노미야초의 관광객 유치에 관한 일고찰」 〔山村高淑(2008), 「アニメ聖地の成立とその展開に関する研究 ─ アニメ作品「ら き☆すた」による埼玉県鷲宮町の旅客誘致に関する一考察」, 『国際広報メディア· 観光学ジャーナル』 7, pp.145~164〕.

야마무라 다카요시(2011), 『애니메이션·만화로 지역 진흥 ─ 도시의 팬을 낳는 콘텐츠 투어리즘 개발법』(전자판: 야마무라 다카요시(2018), 『〈보급판〉애니메이션·만화 로 지역 진흥 ─ 도시의 팬을 낳는 콘텐츠 투어리즘 개발법』)〔山村高淑(2011), 『アニメ·マンガで地域振興 ─ まちのファンを生むコンテンツツーリズム開発 法』, 東京法令出版(電子版: 山村(2018), 『〈普及版〉アニメ·マンガで地域振興 ─ まちのファンを生むコンテンツツーリズム開発法』, PARUBOOKS)〕.

42 〈트루 티어즈(true tears)〉
— 지역주민·작품 팬·제작자가 담당하는 지역 문화

도야마현(富山県) 남서단에 위치하는 난토시(南砺市)는 기존 여덟 마을을 합병함으로써 2004년 11월에 탄생했다. 2014년 11월 말 총인구는 53,836명. 젊은 층은 진학이나 취직으로 시외로 유출되는 경향이 있으며, 소자화나 고령화 및 정주 인구의 감소가 진행되고 있다. 그 때문에 난토시는 교류 인구의 확대를 목표로 지역 특성을 살린 매력 있는 마을 만들기나 관광 진흥에 주력하고 있다.

2008년 1월 도야마현 안에 실재하는 장소를 모델로 한 텔레비전 애니메이션 〈트루 티어즈〉(이하 〈tt〉)가 방송되었다. 애니메이션 제작에 참가한 것은 난토시 구(舊) 조하나마치(城端町)에 본사를 둔 주식회사 P. A. WORKS이다. 일본의 애니메이션 산업이 도쿄 중심의 산업 구조를 취하는 가운데 지방의 소도시에 본사를 두는 애니메이션 제작회사는 아주 드문 존재였다.

〈tt〉의 방송이 시작되자 일부 시청자가 오프닝 영상이나 본편에 등장하는 건물의 형상 등을 참고로 하여 무대 모델은 조하나마치에 있다고 추정했다. 열심히 활동하여 수집된 정보는 그들이 운영하는 웹사이트나 블로그에서 발신되고 정리되어 사이트에서 확산되었고, 작품의 수많은 팬을 조하나마치로 불러들였다.

현지를 찾은 그들은 지역주민들에게 놀라움으로 받아들여졌다. 종래의 여행자 층과 다른 20~40대 남성들이 관광명소가 아닌 가게나 길거리를 촬영하는 모습이 기이하게 비쳤던 것이다. 그러나 그들과의 교류를 통해 조하나마치가 애니메이션 작품의 무대 모델 같다는 정보가 지역주민들에게 두루 알려졌다.

▌다양한 주체에 의한 실행

2008년 3월 난토시관광협회는 ⟨tt⟩를 계기로 조하나마치를 찾는 관광객을 대접하기 위해 JR 조하나역에 ⟨tt⟩ 캐릭터가 그려진 포스터와 커뮤니케이션 노트를 설치했다. ⟨tt⟩의 방송이 끝나자 난토시, 난토시상공회, 난토시관광협회 등이 주체가 되어 ⟨조하나 실벚꽃 축제⟩나 ⟨조하나 무기야 마쓰리(城端むぎや祭)⟩[1] 등의 축제에 맞추어 ⟨tt⟩의 패널 전시회나 새로 만든 상품의 지역 한정판매가 이루어졌다. 2009년 7월에는 시제 5주년 기념에 맞추어 ⟨true tears 내성 기념 팬 이벤트⟩를 실시, 2010년 7월에는 ⟨tt⟩의 캐릭터 4명이 난토시에 특별주민으로 등록되어 특별 주민표를 발행하는 서비스도 개시되었다.

이러한 실행에 대해 지역주민이나 작품 팬, 애니메이션 제작회사들도 각각 커미트하고 있다. 뜻있는 지역주민들은 마쓰리에 맞추어 극중에 나오는 '아이짱 구이(あいちゃん焼き)'나 '진실의 눈물 튀김(真実の涙揚げ)'을 판매하거나 본편에 등장하는 '무기바나 춤(麦端踊り)'을 재현하고 선보였다. 2010년 12월에는 뜻있는 작품 팬들이 ⟨진실의 눈물을 다시 한번~true tears 이벤트 in 조하나⟩라는 상영 이벤트를

---

1   도야마현을 대표하는 민요 무기야부시(むぎや節)의 애조를 띤 선율과 남성들이 단체로 추는 웅장한 풍격의 무기야오도리 춤의 대조가 인기인 9월에 개최되는 마쓰리.

주최했다. 2012년 9월 조하나 무기야 마쓰리 이후 P.A.WORKS는 '엣추(越中) 동화 본점'이라는 상표로 조하나 무기야 마쓰리와 〈tt〉의 콜라보 상품을 판매하기 시작했다.

작품 팬과 지역주민은 서로 감사함을 느끼고 있었다. 음식점을 경영하는 남성은 "처음에는 애니메이션 때문에 왔지만 조하나를 좋아하게 되었습니다. 그런 말을 들으니 너무 기쁘고 반갑네요"라고 이야기하고, 작품 팬들이 기뻐하기 바란다며 '무기바나 춤' 강습회를 개최했다. 한편으로 작품 팬들도 〈tt〉나 작품 팬을 받아들여준 지역주민에게 감사하고 2011년 7월부터 난토시의 조성금을 받아 지역 진흥에 진력하였다. 조하나 무기야 마쓰리나 조하나 히키야마 마쓰리(曳山祭)에서는 관광객을 대상으로 하는 휴게소를 개설하거나 패널전시회 등의 소규모 이벤트를 실시했다. 지역 정보지의 제작이나 판매도 했다. 이러한 활동은 더 이상 〈tt〉와 직접적 관련이 없는 것들뿐이었다.

마쓰리에 참가하는 작품 팬도 나타났다. 조하나 무기야 마쓰리의 전체 춤에 참가하는 작품 팬은 막차가 끊겨도 마지막까지 지역주민들과 계속해서 춤을 추었다. 2013년 5월부터는 조하나 히키야마 마쓰리의 신여를 끄는 사람으로 마을 전체를 하루종일 걸어다니는 작품 팬도 나타났다.

그들의 이러한 행동에서 지역주민과 작품 팬의 새로운 관계를 찾아낼 수 있다. 둘은 서로 전통문화의 '담당자'이며 그러한 의미에서는 불가분이다. 포목점을 운영하는 남성은 관광지와 관광객 사이의 "경계가 조금씩 이어지고 있어요"라며 기뻐했다.

이러한 현상을 난토시 전역으로 이어가기 위해 난토시는 오리지널 쇼트 애니메이션 〈사랑 여행~True Tours Nanto~〉를 제작하고 2013년 4월부터 난토 시내 한정으로 방송, 송신을 시작했다. 애니메이션 제작에는 P.A.WORKS를 비롯하여 ⟨tt⟩를 만든 제작 스태프, 캐스트 등이 재집결했다. ⟨tt⟩ 방영으로부터 11년이나 지난 세월을 거친 현재도, 난토시에서는 ⟨tt⟩를 발단으로 삼는 새로운 콘텐츠 투어리즘 사업이 실시되고 있다[→61].

하나부사 마리코(花房真理子)

43 〈케이온!(けいおん!)〉
— 개인의 '유희심'이 축적된 CGM적 관광

애니메이션 〈케이온!〉(2009.4~6, 2010.4~9)은 가키후라이(かきふらい)가 그린 네컷만화(호분샤[芳文社])가 원작인 경음악부 여고생들의 일상을 그린 작품이다. 제작은 교토애니메이션이며 TBS계열에서 방영되었고 2011년 12월에는 극장판이 공개되었다. 제작 측은 그것을 공식으로 인정하지 않지만 주인공들이 다니는 사쿠라가오카 고등학교(桜ヶ丘高校)의 모델이 된 것은 시가현(滋賀県) 이누가미군(犬上郡) 도요사토초(豊郷町)의 도요사토소학교 옛 교사 건물들이며, 방영 직후부터 팬들이 찾아오고 있다.

▌팬과 지역주민에 의한 '놀이'

애니메이션 팬은 지역에 상품을 남기고 가는 경우가 있는데[→13], 이 도요사토소학교 옛 교사 건물들에 그 집적량이 상당히 많다. 애니메이션 팬들이 가져와 모인 〈케이온!〉의 각종 상품, 캐릭터 피규어, 작중에서 그려진 기타나 헤드폰 등과 같은 형태의 실물 등이 나열되어 있다. 또한 작중에서 경음악부 동아리실로 사용되는 방에는 작중에서 그려진 다기 등이 팬들에 의해 이곳에 모여들어 애니메이션에 그려진 장면이 재현되었으며, 찾아온 팬들로부터도 호평을 얻고 있다. 그밖에도 팬들의 표현활동 장으로서 자유롭게 코멘트나 일러스트를 그릴 수 있는 순례 노트나 동아리실 칠판 개방, 이타에마에서 힌트를 얻어 지역주민들이 설치한 칠판형 메시지 카드 등이 있으며, 팬들은 각자의 생각대로 표현활동을 하고 있다(오카모토[岡本], 2012a). 이타차로 찾아오는 팬도 많다.

2009년 6월에는 팬들이 머물 장소를 만들고자 지역주민을 중심으로 팬들의 지원을 받으며 카페를 시작했다. 저작권자에게 허가를 얻어 컵받침이나 열쇠고리를 제작해서 판매했다.

도요사토에서 눈길을 끄는 것은 '뛰어나오는 여고생'이다. 이것은 자동차 운전수에게 아동이 뛰어나오는 것에 대해 주의를 환기하고자 만든 간판 '뛰어나오는 아이'의 애니메이션 캐릭터판이다. 도요사토초에서 '뛰어나오는 아이'를 본 팬 중 한 명이 '애니메이션 캐릭터로 된 것이 있으면 재미있겠다'고 발안하여 디자인하게 되었다. 지역주민들은 그것을 높이 평가하였고 공동으로 제작해서 마을 안 여러 곳에 설치했다(오카모토[岡本], 2012a).

도요사토초의 특징은 다양한 형태로 방문객에 의한 표현의 장을 제공한 점이다. 그 표현을 교사 내외에서 전개함으로써 마을을 찾는 팬들은 자신들의 가치관이 환영받는다고 느끼고 지역에 대한 애착이 증가한다. 또한 이러한 활동 주체는 '개인'이 베이스이다. 지역의 개인이나 팬이 각자 아이디어를 내고 그것을 다양한 기회를 통해 타자와 이야기 나누면서 실현해 가는 경우가 많다. 개인의 표현이나 아이디어가 모여 관광 자원을 성립시킨다는 의미에서 'CGM적 관광 디자인'이라고 할 수 있을 것이다(오카모토[岡本], 2012a).

▌ 문맥이나 관련 문화를 활용한 전개

　도요사토초에서는 〈케이온 음악! 라이브〉(가마이시[釜石], 2012)나 〈캐릭터 생일회〉, 〈동인지 즉매회(即売会)〉 등 팬 주최의 다양한 이벤트가 개최되고 있다. 이 점은 제작 측도 콘텐츠 투어리즘에 협력적인 와시노미야[→41]와는 대조적이다. 와시노미야의 전개 방법을, 포함된 콘텐츠와 관련한 액터들을 확장해 가는 '지역 확대형'이라고 이름 붙인다면, 도요사토는 '영역 농축형'이라고 할 수 있다(오카모토[岡本], 2012b). 영역 농축형의 이점은 팬들의 가치관이 직접적으로 이벤트에 반영되는 점이다. 동호회 사람들은 자신들이 즐기고 싶은 대로 즐길 수 있다.

　한편 도요사토초에서도 실행의 폭이 넓어지기 시작했다. 〈케이온!〉 작중에서 주인공들의 연주 장면 배경에 그려진 도요사토소학교 옛 교사 건물의 강당에서는 고등학생 대상의 경음학대회 '도요사토 경음악 고시엔(甲子園)[1]'을 개최하고 있다. 2011년부터 개시되어 2012년부터는 문화청 후원사업이 되어 최우수 밴드에는 문부과학대신상이 수여된다. 새로운 문맥에서 경음악의 성지가 되어가고 있는 것이다. 또한 2014년 11월에는 애니메이션을 활용한 관광 진흥에 나선 지자체 관계자가 모집하는 〈애니메이션 성지 서미트 in 도요사토〉가 개최되는 등, 작품 그 자체를 이용한 방식이 아니라도 관련된 다양한 문맥이나 문화를 둘러싸고 호흡이 긴 실행에 나서고 있다.

오카모토 다케시(岡本健)

1　[역] 원래 고시엔(甲子園)은 고교야구대회의 성지를 가리키는 지명인데, 고교대회라는 의미가 확장되어 각종 분야에서 고등학생을 대상으로 하는 대회에 사용되는 용어가 되었다.

참고문헌

오카모토 다케시(2012a), 「콘텐츠 투어리즘의 CGM적 관광 디자인 방식과 그 효과
—— 애니메이션 〈케이온!〉의 성지 '도요사토'를 사례로」〔岡本健(2012a), 「コンテ
ンツツーリズムにおけるCGM的観光デザインのあり方とその効果 —— アニメ『けい
おん!』の聖地「豊郷」を事例として」, 『CATS叢書』 7, pp.41~76〕.

오카모토 다케시(2012b), 「여행자 주도형 콘텐츠 투어리즘의 관광 자원 매니지먼트
—— 러키☆스타 성지 '와시노미야'와 케이온! 성지 '도요사토'의 비교에서」〔岡本
健(2012b), 「旅行者主導型コンテンツツーリズムにおける観光資源マネジメント
—— らき☆すた聖地「鷲宮」とけいおん!聖地「豊郷」の比較から」, 『日本情報経営学
会誌』 32(3), pp.59~71〕.

오카모토 다케시(2013), 「오타쿠 투어리즘에서 호스피털리티」, 아오키 요시히데·
간다 고지·요시다 미치요(편), 『호스피털리티 입문』〔岡本健(2013), 「オタクツー
リズムにおけるホスピタリティ」, 青木義英·神田孝治·吉田道代(編), 『ホスピタ
リティ入門』, 新曜社, pp.66~73〕.

가마이시 나오히로(2012), 「애니메이션 성지순례형 마을 진흥에서 이벤트의 역할에
관한 연구 —— 시가현 이누가미군 도요사토초에서 〈케이온 음악! 라이브〉를 사례
로」〔釜石直裕(2012), 「アニメ聖地巡礼型まちおこしにおけるイベントの役割に関
する研究 —— 滋賀県犬上郡豊郷町における「けいおんがく!ライブ」を事例とし
て」, 『CATS叢書』 7, pp.77~88〕.

44 〈타마유라(たまゆら)〉

― 미니 할리우드형 콘텐츠 투어리즘

히로시마현(広島県) 다카하라시(竹原市)를 무대로 한 애니메이션 〈타마유라〉는 당초부터 콘텐츠 투어리즘을 의식한 작품이다. 필자는 애니메이션 팬으로서, 또한 다케하라(竹原) 지역의 한 시민으로서 콘텐츠 투어리즘의 사례를 마을 안쪽에서 봄으로써 '받아들이는 측'에서 관찰조사를 하는 입장이 되었다(후로모토[風呂本], 2012, 2013). 이를 통해 표면적으로 성공이라 일컬어지는[1] 〈타마유라〉의 콘텐츠 투어리즘의 구조를 들여다보고자 한다.

우선 2010년 초에 다케하라를 무대로 애니메이션을 제작할 때 제작 측인 쇼치쿠(松竹)주식회사(이하 '쇼치쿠')에서 다케하라시청(이하 '시청')에 애니메이션 제작 협력을 의뢰했다. 그러나 시의 반응은 신통치 않았고 의사소통도 잘 되지 않았다고 한다. 그래서 NPO법인네트워크 다케하라(이하 'NPO')가 선두에 서서 다케하라를 포기하려 했던 쇼치쿠를 붙잡아 말리고 연계를 취하게 되었으며 애니메이션 제작에

---

1 2012년 3월 7일 방송된 〈크로즈업 현대〉(NHK) 등. 다만 이 프로그램에서는 다케하라와 가모가와와 난토시의 취급이 콘텐츠 투어리즘의 성공/실패 모델로서 고정화되어 시청자들에게 만연했다는 문제가 있다. 프로그램 모두의 영상을 〈타마유라〉의 특별 화상으로 했다는 점에서 공평하지 않은 무언가의 의도를 고찰할 수도 있을 것이다. 이 프로그램의 신뢰도가 높기 때문에 아직 '다케하라는 성공, 가모가와는 실패'라는 편향적 생각을 하는 시청자를 만날 경우가 많다[→48].

이르게 되었다.

사이타마현 구키시의 〈러키☆스타〉 성지순례 관광의 경제효과를 잘 알고 있던 NPO의 대표는 비즈니스 찬스를 놓쳐서는 안 된다며, 혼자 제작 측에 대해 적극적인 행동에 나섰던 것이다. NPO의 대표가 개인적으로 협력금을 지참하여 직접 쇼치쿠를 찾아가 포기하려던 제작 측을 만류한 이 구도는, 대등한 입장이 아니라 결과적으로 다케하라 측에게 불리한 스타트 라인이었다고 할 수 있다.

애니메이션이라는 것의 효과가 아직 널리 알려지지 않은 상황에서 미지수의 이러한 이야기에 올라탈 것인가 말 것인가를 생각할 경우, 특히 다케하라와 같이 전통적이고 보수적인 색채가 짙은 마을에서는 새로운 사업에 간단히 뛰어들지 않으려는 분위기가 있었다고 관계자는 말한다. 〈타마유라〉의 사토 준이치(佐藤順一) 감독은 종전에 〈ARIA〉라는 위로물 계열의 애니메이션을 성공시켰으며, 배경 무대야 다르지만 비슷한 방식을 취할 것임은 애니메이션 팬들 사이에서는 진작 예견된 일이었다. 감독의 네임 밸류를 생각한다면 우선 작품적으로는 큰 모험일 것이 없었고 무난하게 완성되어 성공할 것이 약속된 것이나 다름없었다.

그리고 작품의 판매 촉진과 지역 관광진흥을 목표로 하여 다케하라에서도 애니메이션 〈타마유라〉 이벤트가 여러 차례 개최되었다. 애니메이션 층이 중심인 관광지에 젊은 애니메이션 팬들이 다수 방문하여 대단히 붐비게 되자 마침내 다케하라 측도 이 애니메이션 성지순례 관광의 효과를 목격하면서 진지하게 착수를 시작하게 된 것이다.

그런데 콘텐츠 투어리즘이 성공하려면 콘텐츠 홀더의 협력, 지역주민의 이해와 참가, 또한 팬의 지원이 중요하다(야마무라[山村], 2011).

다케하라에 적용시켜 보면 거리 보존 지구에서는 팬과 지역주민의 교류를 볼 수 있는 등 좋은 변화가 나타나기는 했다. 그 한편에서 시 전체적으로 보자면 지역주민들에게 정보가 닿지 않아서 이해가 부족했기 때문에, 지역주민의 적극적 관여는 아직 이루어지지 못한 상태였다. 이는 거리 보존 지구와 그 외의 신시가지에서 종전부터 있던 '관광 진흥'에 대해 가진 온도차 문제에 기인하는 것이며, 콘텐츠 이용 이전의 마을 구조를 그대로 유지하던 것이라고 할 수 있다.

또한 시와 상공회의소와 NPO, 그리고 쇼치쿠 간의 생각이나 전략의 차이를 조정하거나 타협하는 것도 과제일 것이다. 쇼치쿠 측으로서는 애니메이션이 성공하는 것이 첫째였다. 그 때문에 이벤트 같은 것도 하고, 다케하라의 지역 진흥에도 협력하려는 자세를 보였다. 다만 어디까지나 콘텐츠가 낳은 이익은 기본적으로 자기 회사가 얻는 것이다. 그 결과 쇼치쿠에 의한 애니메이션 판권 관리가 엄격하여, 예를 들면 시나 상점가 등에 의한 상품 전개가 어려운 것이 현실이며, 다케하라 측은 너무 엄격한 규제에 교섭을 단념해 버린 경우도 많았다. 다케하라 측은 작품 무대를 제공한 것이었으므로 쇼치쿠가 금전적으로도 협력하기를 바랐다. 여기에는 전체적으로 다케하라 측이 콘텐츠 홀더라는 종류의 기업과 교섭하는 것에 익숙하지 않은 측면도 있을 것이다.

그렇다고는 해도 애니메이션 〈타마유라〉에 의한 관광 진흥도 4년이 경과하면서 서서히 시민들 사이에 침투하고, 또한 역앞 상점가에서도 몇 번인가의 이벤트를 통해 이해가 더해지면서 〈타마유라〉의 상품 제작이나 판매에 도전하는 점포가 증가하였으므로, 지역 콘텐츠로서 조금씩 정착되었다고 할 수 있다. 페리나 버스, 택시에 캐릭터를 랩핑한다든가, 역앞 상점가에서 〈타마유라〉 관련의 장식이나 아이템 등이 다케하라 시내에서 눈에 띄게 증가했다.

다만 팬, 콘텐츠 홀더, 지역의 삼위일체 형이라고 할 만한 콘텐츠 투어리즘이 될 수 있었는가 하면 그렇지는 않다. 실제로 이벤트는 어디까지나 쇼치쿠 주체의 쇼 비즈니스였고, 이른바 오타쿠 자신들이 신여를 직접 운반하는 와시노미야의 하지사이(土師際)나 이벤트와는 질이 다른 것이었다. 애니메이션 팬의 관여와 오타쿠와 지역의 협업 등을 명확히 부정한 것이다.

이 팬 시선의 결여를 지적한 것에 관해서는, 청취 때 쇼치쿠 측은 팬 시선은 필요없다[2]는 입장을 필자에게도 명확히 전달했다. 필자가 이벤트 준비를 진행하며 관찰한 결과, 필자의 지론이기도 한 내발적 발전이라는 견지에서 지역 협업으로서 콘텐츠 투어리즘을 파악했을 경우에 〈타마유라〉는 명백히 외래형 개발이라고 할 만한 이질적인 것이었다. 그러나 필자가 팬, 콘텐츠 홀더, 지역에 의한 협업이라는 시각에서 지적한 다케하라 측 관계자 및 쇼치쿠의 자세는 '팬 시선은 필요없다'는 것이었으므로, 이는 처음부터 와시노미야의 〈러키☆스타〉 등과는 다른 비즈니스 모델을 목적으로 한 전략이라고 결론지을 수 있다.

물론 콘텐츠 투어리즘이라는 것이 모두 〈러키☆스타〉를 모델로 할 필연성은 없다. 각각의 지역, 각각의 콘텐츠에 대응한 비즈니스 모델의 구축이 필요하다. 그러한 의미에서는 영화회사인 쇼치쿠가 미국의 할리우드, 애니메이션으로 말하자면 디즈니와 같은 강력한 콘텐

---

2 이 '팬의 시선은 필요없다'는 자세는 상당히 철저하며, 지역 대학생 애니메이션 팬이나 오타쿠 층은 〈타마유라〉 이벤트의 자원봉사 스태프에서 기본적으로 제외되는 경우가 많다. 쇼치쿠나 다케하라의 관계자들로부터는 음지에서 애니메이션 팬에 대한 멸시적 발언도 보였다. 열성적 팬들 중에는 상점가와 의기투합하여, 이벤트 말단에서 도우미 역할을 한 사람도 있지만, 쇼치쿠와 다케하라 관계자들이 하는 기획 회의나 연석 같은 자리에는 동석할 수 없는 것이 통례였다.

츠 홀더로서 존재하는 경우, 그것은 미국형 쇼 비즈니스가 된다. 애니메이션 팬은 어디까지나 컨슈머이며, 그 마케팅은 엄중히 관리되는 콘텐츠 비즈니스 형태를 취한다고 해도 지극히 당연할 것이다.

여기에서는 기본적으로 팬의 존재는 단순한 소비자이며, 마을 만들기에 관련되는 플레이어 같은 것이 아니다. 그것은 원래 관광객 증가라는 목적 안에서 다케하라의 마을 자치체, 또한 콘텐츠 홀더인 쇼치쿠 자체가 외래의 애니메이션 팬들을 협업자로 받아들일 마음이 없기 때문이다. 어디까지나 팬은 '손님'이고 요구되는 것은 '경제효과'인 것이다. 즉 전형적인 종래의 로케이션 관광지 구조 그대로이다.

『콘텐츠 산업론―혼효와 전파의 일본형 모델(コンテンツ産業論―混淆と伝播の日本型モデル)』(데구치·다나카·고야마[出口·田中·小山], 2009)에서 데구치 히로시(出口弘)는 콘텐츠 산업의 모델을 할리우드형과 일본형으로 분류하였다. 할리우드형은 대자본을 투자하여 작품을 제작하고 대량의 관객(소비자) 획득을 지향한다. 일본형은 작품 제작에 받아들이는 측(소비자)의 의향이 금방 반영되는 '공진화형의 초다양성 시장'으로 자리매김된다. 이 일본형 콘텐츠 산업은 애호자들에 의한 자발적 활동이, 예를 들어 무대가 된 지역사회에 임팩트를 주는 것, 그 지역사회 측에서 받아들이는 태세의 재구축이 이루어지면, 여기에서 애호자+지역사회+만드는 측 사이에서 공진화형의 초다양성 시장이 성립한다는 것을 예로 들면서, 현재의 애니메이션에 의한 성지순례 관광과 그 영향력을 미치는 것도 일본형이기 때문에 가능하다는 것을 시사한다.

그러나 〈타마유라〉 모델은 위의 예로 말하자면 할리우드형 모델 응용에 그친다 할 것이다. 강대한 판권력, 받아들이는 측의 완전한 컨슈머화라는 것은 애호자의 자발적 활동이나 2차 창작과 같은 느슨한 관계를 구축할 수 없다. 투자규모야 작지만 모델로서는 미니 할리우드형이라 위치지을 수 있다. 지금도 다케하라에서 원하는 것은 관광객의 소비 행동이며, 부외자들이 마을 진흥에 관여하는 것은 아니다.

지금도 애니메이션 팬이 독자적인 팬 행동을 취하려고 한 경우에는 보수적인 주민들이 곳곳에서 쓴소리를 하고, NPO는 그것을 설득하러 돌아다녀야 하는 경우가 있다고 들었다.[3] 콘텐츠 홀더가 되는 쇼치쿠도 작품 이미지를 중요하게 여긴다는 이유로 콘텐츠를 가깝고 친숙한 상태로 두는 것을 방침으로 삼고 있기 때문에, 자발적인 팬 활동은 지극히 제약될 수밖에 없다. 물론 모든 것이 콘텐츠 홀더 측이 만든 상황이 아니더라도, 지금 상태의 다케하라의 상황은 지역 콘텐츠 애니메이션이라고 해도 공진화형이라고 보기는 도저히 어려울 것이다.

콘텐츠 투어리즘이 새로운 관광 양태이며, 관광객과 지역의 협업을 목적으로 하는 것이라면, 다케하라의 사례는 겉핥기식 필름 투어리즘, 로케이션지 관광의 성공이지, 콘텐츠 투어리즘으로서의 성공은 아니라고 생각한다.

후로모토 다케노리(風呂本武典)

참고문헌

데구치 히로시·다나카 히데유키·고야마 유스케(2009), 『콘텐츠 산업론 —— 혼효와 전파의 일본형 모델』〔出口弘·田中秀幸·小山友介(編)(2009), 『コンテンツ産業論 —— 混淆と伝播の日本型モデル』, 東京大学出版会〕.

---

3   거리 보존지역에서 애니메이션 팬에게 이해도가 있는 상점이 독자적으로 코스프레 등을 섞은 〈타마유라〉 이벤트를 하려고 했지만, 지역 장로에게서 쓴소리를 들었다, 혹은 쇼치쿠가 못하게 했다 등의 것들이다. 청취에서 관계자들 간의 주장에 아귀가 맞지 않는 점은 보이지만, 서로 이해와 협력 체제에 있다면 진위를 알 수 없는 '압력'에 관한 이야기는 나오지 않을 것이다.

후로모토 다케노리(2012), 「과소 지역의 애니메이션계 콘텐츠 투어리즘의 구조와
　과제 ── 애니메이션 〈타마유라〉와 다케하라시를 사례로」〔風呂本武典(2012),
　「過疎地域におけるアニメ系コンテンツツーリズムの構造と課題 ── アニメ「たま
　ゆら」と竹原市を事例に」, 『広島商船高等専門学校紀要』 34, pp.101~119〕.

후로모토 다케노리(2013), 「내발적 발전의 사고에 따른 콘텐츠 투어리즘 ── 히로시
　마현 내의 만화 애니메이션 지역 진흥 사례의 비교 검토 〈타마유라〉: 〈다케하라
　·아침 안개의 무녀-3차〉」〔風呂本武典(2013), 「内発的発展の思考によるコンテ
　ンツツーリズム ── 広島県内の漫画アニメ地域振興事例の比較検討 たまゆら: 竹
　原·朝霧の巫女(3次)」, 『広島商船高等専門学校紀要』 35, pp.55~68〕.

야마무라 다카요시(2011), 『애니메이션·만화로 지역 진흥 ── 도시의 팬을 낳는 콘텐
　츠 투어리즘 개발법』(전자판: 야마무라 다카요시(2018), 『〈보급판〉애니메이션
　·만화로 지역 진흥 ── 도시의 팬을 낳는 콘텐츠 투어리즘 개발법』)〔山村高淑
　(2011), 『アニメ·マンガで地域振興 ── まちのファンを生むコンテンツツーリズム
　開発法』, 東京法令出版(電子版: 山村(2018), 『〈普及版〉アニメ·マンガで地域振
　興 ── まちのファンを生むコンテンツツーリズム開発法』, PARUBOOKS)〕.

45 〈그날 본 꽃의 이름을 우리는 아직 모른다(あの日 見た花の名前を僕達はまだ知らない)〉
— 콘텐츠를 계기로 한 상재(常在) 문화 정착

▌ 지치부(秩父)의 〈그꽃〉 성지순례

애니메이션 〈그날 본 꽃의 이름을 우리는 아직 모른다〉(이하 〈그 꽃〉)는, 사이타마현(埼玉県) 지치부시(秩父市)를 무대로 2011년에 제작된 애니메이션 작품이다. 이 작품은 2011년 4월부터 방영되었을 때 심야시간대 방송이었음에도 불구하고 최고시청률 5.5%를 기록하고, DVD와 Blu-ray 합계 출하수는 27만이나 되는 등 상업적으로 성공을 거두었다.

작품 무대인 지치부에서도 방영후 즉시 4월 하순에는 일찌감치 성지순례차 방문하는 팬들 모습을 볼 수 있게 되었으며, 6월이 되자 많은 팬들의 방문이 눈에 띄게 되었다. 작품에도 무대로 등장하는 지치부신사(秩父神社)에는 애니메이션 일러스트가 그려진 '이타에마(痛絵馬)'도 볼 수 있게 되었다.

지치부에서는 2010년부터 행정을 중심으로 '지치부 애니메이션 투어리즘 실행위원회'라는 조직이 생겼고, 증가하기 시작한 팬들에 대한 시책이 전개되었다. 6월에는 상점가의 가로등에 〈그꽃〉의 일러스트가 그려진 깃발이 걸렸고, 그 뒤에도 관광안내소에서 마련한 특설 코너의 설치와 수제 지도의 배포, 오피셜 맵 제작, 〈그꽃〉 일러스트

가 그려진 그림엽서 선물, 8월의 성지 칠석 이벤트 개최 등이 연속적
으로 이루어졌다.

▎〈류세이 마쓰리(龍勢祭)〉의 팬 활동

이처럼 〈그꽃〉이라는 콘텐츠와 지치부의 관계에서 눈에 띄게 특징
적인 것은, 지역의 제례와 작품의 관련성이다. 여기에서는 지치부시
요시다(吉田) 지구의 〈류세이 마쓰리〉를 예로 들어보자. 〈류세이 마
쓰리〉는 농민이 직접 만든 로켓 불꽃, 통칭 '농민 로켓(류세이)'을 쏘아
올리고, 지역의 무쿠신사(椋神社)에 봉납하는 마쓰리이며, 사이타마
현 지정 무형민속문화재이기도 하다. 작품 스토리는 주인공 '멘마(め
んま)'의 소원을 이루기 위해 멤버가 협력하여 류세이를 쏘아올리는
이야기로 되어 있다.

이 '류세이 마쓰리'에 작품 주인공 그룹인 '초평화 버스터즈'가
2011년부터 봉납자로서 참가하고 있다. 그리고 이를 지탱하는 것이
'류세이 서포터즈'라는 팬그룹이다. 구체적인 활동으로서는 '요시다
류세이 보전회'의 홈페이지 관리, '그꽃 류세이' 배낭 제작, 류세이의
제조 등에 더하여 〈류세이 마쓰리〉 당일에는 유료 관람석으로 관객
을 유도하고, 류세이 소개 코너를 운영, 류세이 관련 상품 판매 등
외에도 망루 재건을 위한 모금 활동도 하고 있다.

〈류세이 마쓰리〉라는 지치부의 가장 전통적인 문화활동이 팬 그룹
의 협력에 의해 지탱되는 것을 확인할 수 있다. 마쓰리에서는 '그꽃
류세이'나 성우의 무대인사 같은 것이 화제가 되어, 종래에는 8만 명
정도였던 관객이 2013년에는 12만 명이 되었다. 그 뒤에도 이어서
수많은 관객이 〈류세이 마쓰리〉를 찾아오게 되었다. 이처럼 〈그꽃〉

과 그 팬들은 지치부가 지역 문화로 주목을 받는 데 대단히 큰 역할을
했다.

▌콘텐츠에 의한 지역 문화와 다시 관계맺기

그밖에도 〈그꽃〉은 지치부 지구 전체를 수호하는 지치부신사의 대
표적 제례인 〈지치부 밤 마쓰리〉의 포스터에 캐릭터를 게재하거나
마쓰리에서 항상 있는 불꽃놀이 대회의 참가, 지치부시의 주요한 관
광자원인 꽃잔디의 PR포스터에 캐릭터 등장, 칠석 마쓰리의 단자쿠
(短冊)[1] 모집 기획 등에도 협력하고 있다. 이러한 개최행사를 잘 보면
봄(꽃잔디), 여름(칠석), 가을(류세이), 겨울(밤축제)처럼 사계절 내내 지
역의 상재(常在) 문화와 관련되는 것을 알 수 있다. 그 관여 방식으로
서는 '그꽃×꽃잔디'나 '지치부 밤 마쓰리'의 관객 유치 포스터 등에서
볼 수 있는 것처럼, 애니메이션 콘텐츠를 사용하여 지역의 상재 문화
PR을 하는 것 이외에도, 류세이 마쓰리의 '초평화 버스터즈'의 봉납,
지치부 밤 마쓰리의 '스타 마인', 칠석 마쓰리 때 팬들의 단자쿠 장식
등 행사 자체에 대한 직접적 참가도 하고 있다.

이러한 이벤트를 통해 팬들이 콘텐츠를 즐기고 지역 문화와 어울
려 논다. 그리고 이 놀이가 상재 문화를 현대에 정착시키는 것으로
이어지는 것이다. 이렇게 지치부에서는 팬이 콘텐츠를 통해 지금까
지 소원하던 지역 문화와 관계를 다시 맺고, 지역 문화를 알게 되며
존중하게 되었다.

가타야마 아키히사(片山明久)

---

1 [역] 글씨를 쓰거나 물건에 매다는 데에 쓰는 폭이 좁고 두툼한 종이. 칠석에 조릿대
   나무에 여러 색의 단자쿠와 장식을 다는 관습이 있다.

참고문헌

가타야마 아키히사(2014), 「지치부신사×그날 본 꽃의 이름을 우리는 아직 모른다」, 오카모토 다케시(감수), 『신사순례 — 만화·애니메이션으로 인기 '성지'를 돌다』 〔片山明久(2014), 「秩父神社×あの日見た花の名前を僕達はまだ知らない」, 岡本健(監修), 『神社巡礼 — マンガ·アニメで人気の「聖地」をめぐる』, エクスナレッジ, pp.132~137〕.

46 〈꽃이 피는 첫걸음(花咲くいろは)〉
—동적인 '전통' 창조에 의한 문화 계승

〈꽃이 피는 첫걸음〉(이하 〈꽃첫〉)은 도쿄에서 자란 여고생 '마쓰마에 오하나(松前緖花)'가 어떤 사정으로 부모님 곁을 떠나 유노사기(湯乃鷺) 온천가의 여관 '깃스이소(喜翠荘)'에서 일하면서 학교생활을 하는 이야기이다. '꽃첫 여관조합'(제작위원회)에 의해 제작되었으며 2011년 4월부터 9월까지 텔레비전 방송, 2013년 3월에는 극장판이 공개되었다. 이시카와현(石川県) 가나자와시(金沢市)의 유와쿠마치(湯涌町)가 무대로 그려졌고, 유노사기 온천가의 모델이 된 유와쿠온천에서는 작중에서 그려진 가공의 마쓰리를 실제로 개최하고 있다(오카모토·오카모토[岡本·岡本], 2014).

▍가공의 '마쓰리'가 현실로

〈꽃첫〉 안에서는 '본보리 마쓰리(ぼんぼり祭り)'라는 가공의 마쓰리가 그려졌다. 작중에 등장하는 신사의 모델이 된 유와쿠이나리신사(湯涌稲荷神社)에서는 당초 이러한 마쓰리가 개최되지 않았다. 작중 신사의 제신은 여우를 따르던 소녀 신이라는 설정이다. 매년 10월이 되면 신들은 이즈모(出雲)로 돌아가는데, 그때 신이 진행하는 길을 잘 알 수 있도록 신사에서 길을 따라 본보리 등불을 밝힌다. 사람들은

내걸린 본보리 등불 아래에 소원을 쓴 '기원 종이'를 매단다. 신은 길을 알려준 것에 대한 감사로 기원 종이를 이즈모로 가져가서 사람들 소원을 들어준다. 이것이 애니메이션에서 그려진 마쓰리 설정인데, 2011년에 〈본보리 마쓰리〉가 실제로 개최된 것이다. 애니메이션이나 지역을 선전하는 일시적 이벤트가 아니라, 신직(神職)이 직접 기도까지 하는 본격적인 제사였다. 지역주민들에 따르면 유와쿠이나리신사 본보리 점등식에는 500명, 같은 해 10월의 유와쿠 본보리 마쓰리에는 5,000명이 방문했다. 이후 해가 갈수록 방문자가 증가하여 2014년 10월 유와쿠 본보리 마쓰리에는 12,000명이 찾아왔다([표 46-1]). 이 마쓰리가 얼마나 지속될지 현시점에서는 단정할 수 없지만,[1] 통상 영화나 드라마와 연동시킨 지역 진흥으로 찾아오는 방문객 수는 방영 연도에 최대에 이르고 약 2년 정도면 그 효과가 사라진다. 그 점을 떠올리면 지금 단계에서 애니메이션을 계기로 하여 창출된 마쓰리가 계속되는 사례라고 할 수 있다. 야마무라 다카요시(山村高淑)는 이 본보리 마쓰리가 실현되어 지속될 때 중요한 요건을 지역측, 제작측이 각기 본업이 무엇인지를 인식하고 협력 관계를 구축했다는 점에서 찾았다(야마무라[山村], 2012).

[표 46-1] 유와쿠 본보리 마쓰리의 입장객 추이
(Yamamura, 2015를 기본으로 집필자 작성)

이벤트명	개최 연월일	입장객수(명)
제1회 유와쿠이나리신사 본보리 점등식	2011년 7월 23일(일)	500
제1회 유와쿠 본보리 마쓰리	2011년 10월 9일(토)	5,000
제2회 유와쿠이나리신사 본보리 점등식	2012년 7월 22일(일)	1,000

---

1 [역] 2023년 10월 21일에도 본보리 마쓰리는 예정되어 있다. H.P. https://yuwaku. gr.jp/bonbori/

제2회 유와쿠 본보리 마쓰리	2012년 10월 6일(토)	7,000
제3회 유와쿠이나리신사 본보리 점등식	2013년 7월 21일(일)	1,000
제3회 유와쿠 본보리 마쓰리	2013년 10월 12일(토)	10,000
제4회 유와쿠이나리신사 본보리 점등식	2014년 7월 21일(월)	1,200
제4회 유와쿠 본보리 마쓰리	2014년 10월 11일(토)	12,000

▌본보리 마쓰리로 생각하는 '전통의 창조'

이러한 사례를 볼 때 '전통적 지역 문화의 파괴'라고 단정지어 비판하기란 간단하다. 그러나 거기에는 강한 차별의식이 내재되어 있다는 것에 주의가 필요하다. 신사의 마쓰리는 고상하며 애니메이션이나 만화는 문화적 레벨이 낮다는 의식이다. 저속한 문화에 의해 고급 문화가 모독된다는 논리인데, 과연 그러할까?

엔도 히데키(遠藤英樹)는 E. 홉스봄의 '전통의 창조'[2] 개념을 인용하며 〈본보리 마쓰리〉가 '전통'이 될 가능성에 관하여 말했다. '전통의 창조'는 '어느 시기에 고안된 행사가 몹시 오랜 전통에 기초하는 것으로 간주되어 그것이 의례화되고 제도화되는 것'이라는 의미인데, 〈본보리 마쓰리〉도 관광객이나 지역주민에 의해 '전통'이라고 인식·표상된다면, 애니메이션이라는 팝 컬처가 '전통의 창조'를 유발시키는 드라이브가 되는 사례가 될 수 있다고 지적했다(엔도[遠藤], 2014).

신사 문화든 애니메이션·만화 문화든, 사람에 의해 창출된 문화다. 지역에 전하는 마쓰리가 애니메이션에 의해 새롭게 그려지고, 그것을 지역 측, 제작 측, 애니메이션 팬 등 다양한 입장의 사람들이 인정하고 당사자들의 힘으로 지속시킨다. 형식을 유지하는 것만이 '전통'의 계승 방법은 아니다. 동적으로 당사자가 문화를 창조해감으

---

2   [역] 한국에서는 에릭 홉스봄의 『만들어진 전통』으로 번역되어 알려져 있다.

로써 지켜지는 '전통'도 있다.

오카모토 다케시(岡本健)

참고문헌

엔도 히데키(2014), 「전통의 창조」, 오하시 쇼이치·하시모토 가즈야·엔도 히데키·
간다 고지, 『관광학 가이드북』〔遠藤英樹(2014), 「伝統の創造」, 大橋昭一·橋本和
也·遠藤英樹·神田孝治, 『観光学ガイドブック』, ナカニシヤ出版, pp.114~119〕.

오카모토 다케시·오카모토 마사히로(2014), 「유와쿠이나리신사×꽃이 피는 첫걸음」
〔岡本健·岡本雅裕(2014), 「湯涌稲荷神社×花咲くいろは」, 岡本健(監修), 『神社
巡礼 ―― マンガ·アニメで人気の「聖地」をめぐる』, エクスナレッジ, pp.144~149〕.

야마무라 다카요시(2012), 「가공의 마쓰리를 전통 행사로 ――'본보리 마쓰리' 성공의
비결」〔山村高淑(2012), 「架空の祭りを伝統行事に ――「ぼんぼり祭り」成功の秘訣」,
『日経グローカル』 202, pp.62~63〕.

Yamamura, T.(2015), "A fictitious festival as a traditional event: the Bonbori
Festival at Yuwaku Onsen, Kanazawa city." *The Theory and Practice of
Contents Tourism*, Research Faculty of Media and Communication, Hokkaido
University, pp.33~39.

47 〈그 여름에서 기다릴게(あの夏で待ってる)〉
―콘텐츠 투어리즘에서 필름 커미션이 하는 역할

영화나 드라마 제작에서 필름 커미션(이하 FC)의 역할은 중요하다 (나가시마[長島], 2007)[→16]. 또한 FC가 콘텐츠 방송 후에 로케이션지 관광의 추진을 실행함으로써 지역 진흥에 종사하는 케이스도 많으며 콘텐츠 제작뿐 아니라 콘텐츠 투어리즘의 관점에서도 그 기능을 생각해 볼 필요가 있다.

▌ 필름 커미션과 애니메이션

애니메이션 제작에 FC가 관여하는 사례로서 나가노현(長野県) 우에 다시(上田市)를 무대로 하는 애니메이션 〈써머 워즈(サマーウォーズ)〉를 계기로 한 지역 진흥을 예로 들 수 있다. 〈써머 워즈〉의 제작 때 제작자가 신슈(信州) 우에다(上田) FC에 어프로치한 것에서 시작되어, 그후 지역은 제작자와 공동 프로모션을 실시함으로써 방송 후에는 많은 애니메이션 팬들이 우에다시를 찾았다고 한다. 야마무라(山村, 2011)는 작품 로케이션지로 여행자가 찾아가는 프로세스를 분석하여 애니메이션 팬이 무대를 찾아내고, 정보를 발신함으로써 점차 여행객이 증가하는 '여행자 주도형'에 대해, 우에다시처럼 FC를 중심으로 로케이션지 관광이 추진되는 케이스를 'FC형'이라 이름 붙였다. 그리고 후자에

관해서는, 작품이 실사 영화인지 애니메이션인지의 차이만으로 관광 진흥의 양식이 영화나 드라마의 로케이션지 관광에서 이루어지는 수법과 구조적인 차이는 없다고 지적하였다. 그러나 우에다시와 마찬가지로 FC가 애니메이션 제작에 관련된 사례인 나가노현(長野県) 고모로시(小諸市)를 무대로 한 애니메이션 〈그 여름에서 기다릴게〉를 계기로 한 지역 진흥에서는 종래와 다른 동향을 볼 수 있다.

▍끌어들이기형 콘텐츠 투어리즘의 전개

〈그 여름에서 기다릴게〉 제작에서는 제작자가 무대가 된 고모로시내에 있는 고모로 FC로 로케이션 헌팅 지원을 요청하였고, 더불어 로케이션 헌팅을 실시하기에 이르렀다고 한다(가마이시[釜石], 2014). 그리고 FC는 주인공이 사는 집 모델 선정에도 조언을 하거나, 지역 학교 내에서 로케이션 헌팅 등 제작 스태프만으로는 취재가 어려운 장소를 예약하는 일 등을 맡았다. 지역에 뿌리를 둔 필름 커미션이기 때문에 비로소 작품 이미지에 맞고 또한 편리성 높은 풍경을 정확히 소개할 수 있다. 고모로시 사례에서 FC는 어디까지나 로케이션 헌팅 지원을 하는 것에 머물렀고, 그 후 전개되는 지역 진흥은 고모로 FC 만이 아니라 고모로시청 상공관광과, 고모로 상공회의소, 고모로 관광협회, 시나노철도(信濃鉄道) 등 지역의 각종 단체가 관여해서 만들어진 '여름 마을 환대 프로젝트'에 의해 추진되어갔다. 그리고 고모로 시내의 상점에서 실시된 '여름 마을 카드 랠리'에 관해서는 고모로시 상공회의소가, 〈그 여름에서 기다릴게〉의 캐릭터를 랩핑한 열차의 운행에 관해서는 시나노철도가, 각각의 입장에서밖에 할 수 없는 역할을 발휘하면서 지역 전체가 다양한 지역 진흥에 착수해갔다.

<그 여름에서 기다릴게>의 성지인 나가노현 고모로시에서
커피가게 점주가 고안해낸 '그 파스타'

또한 '여름 마을 환대 프로젝트'는 지역 내의 단체에만 머무는 것이
아니라, 정기적으로 애니메이션 팬을 끼워넣어 의견교환회를 실시함
으로써, 팬도 포함한 폭넓은 입장의 사람들로부터 의견을 집약하고
지역 진흥을 추진해갔다. 그 성과로서 예를 들어 고모로 시내에 있는
찻집 '자가 배전 커피 고모로(自家焙煎珈琲こもろ)'에서는 점주가 팬의
조언을 받아 작중에 등장하는 '겉으로 보기에는 스파게티 까르보나라
이지만, 맛은 중화냉면'이라는 요리를 재현한 '그 파스타'를 제공했
다. 처음에는 이것을 먹고자 많은 팬들이 찾아왔다가, 점주 부부의
인품이나 가게에서 제공하는 본격적 커피를 즐기게 되면서 단골이
되었다(오카모토[岡本], 2013, 2018).

▮ 필름 커미션의 역할

실사 콘텐츠 제작과 마찬가지로 애니메이션 등의 비(非)실사 콘텐츠 제작에서도 FC는 로케이션 헌팅의 지원 등 제작측 입장에서 중요한 역할을 담당한다. 고모로 사례에서는 종래 FC가 담당했던 로케이션지 관광을 추진하는 역할까지 맡는 것이 아니라, FC는 어디까지나 로케이션 헌팅 지원에 머물렀다. 지역의 폭넓은 입장의 사람들 중에서 FC가 잘하는 부분에만 주력함으로써 각각의 액터들이 주체적으로 행동하여 보다 다양한 지역 진흥이 전개될 가능성을 찾아볼 수 있다.

가마이시 나오히로(釜石直裕) · 오카모토 다케시(岡本健)

참고문헌

오카모토 다케시(2013), 『n차 창작 관광 ─ 애니메이션 성지순례/콘텐츠 투어리즘/관광사회학의 가능성』〔岡本健(2013), 『n次創作観光 ─ アニメ聖地巡礼/コンテンツツーリズム/観光社会学の可能性』, 北海道冒険芸術出版〕.

오카모토 다케시(2018), 『순례 비즈니스 ─ 팝 컬처가 관광자산이 되는 시대』〔岡本健(2018), 『巡礼ビジネス ─ ポップカルチャーが観光資産になる時代』, KADOKAWA〕.

가마이시 나오히로(2014), 「가이코신사×그 여름에서 기다릴게」, 오카모토 다케시(감수), 『신사순례 ─ 만화·애니메이션으로 인기 '성지'를 돌다』〔釜石直裕(2014), 「懐古神社×あの夏で待ってる」, 岡本健(監修), 『神社巡礼 ─ マンガ·アニメで人気の「聖地」をめぐる』, エクスナレッジ, pp.120~123〕.

나가시마 가즈요시(2007), 『필름 커미션 가이드 ─ 영화·영상에 의한 마을 진흥』〔長島一由(2007), 『フィルムコミッションガイド ─ 映画·映像によるまちづくり』, WAVE出版〕.

야마무라 다카요시(2011), 『애니메이션·만화로 지역 진흥 ─ 도시의 팬을 낳는 콘텐츠 투어리즘 개발법』(전자판: 야마무라 다카요시(2018), 『〈보급판〉애니메이션·만화로 지역 진흥 ─ 도시의 팬을 낳는 콘텐츠 투어리즘 개발법』)〔山村高淑(2011), 『アニメ·マンガで地域振興 ─ まちのファンを生むコンテンツツーリズム開発法』, 東京法令出版(電子版: 山村(2018), 『〈普及版〉アニメ·マンガで地域振興 ─ まちのファンを生むコンテンツツーリズム開発法』, PARUBOOKS)〕.

48 〈윤회의 라그랑제(輪廻のラグランジェ)〉
　　—미디어가 만들어내는 '평가'와의 대치

　　이번 장에서는 지바현(千葉健) 가모가와시(鴨川市)와 애니메이션 작품 〈윤회의 라그랑제〉에 의한 콘텐츠 투어리즘의 현상, 그리고 그 배경에서 발생한 다양한 사건을 소개한다. 집필자 중 히로타(廣田)는 2012년 6월부터 가모가와시의 작업에 종사해왔다. 본 장에서는 주로 착수와 관련하여 당사자 시점에서 미디어에 의해 구축된 사례에 대한 '평가'를 논하고자 한다.

▌윤회의 라그랑제 가모가와 추진위원회의 활동

　　〈윤회의 라그랑제〉(통칭 〈라그링〉, 〈라그랑제〉)는 프로덕션 아이지(アイジー)의 원작을 바탕으로 애니메이션 제작회사 지벡크가 제작하여 요미우리 텔레비전 계열 각국 등에서 2012년 1~3월, 7~9월에 전 24화로 방영된 동명 애니메이션을 근간으로 하며, 극장 공개 중편 영화, 인터넷 라디오, 만화, 노블라이즈(소설화), 나아가 게임기로 다각 전개된 미디어 믹스이다(히로타[廣田], 2014에서 인용 및 가필). 애니메이션 업계에서는 그다지 유례가 없는 '"실재하는 도시를 무대로 한다"는 것을 스토리 내에 명시화하여 대담하게 집어 넣은' 작품이며, '타 업종의 디자이너를 불러 공업 디자인을 도입한' 애니메이션이다.

또한 지바현 가모가와시는 보소반도(房総半島) 남부(미나미보소[南房総]) 태평양 측(소토보[外房])의 인구 34,146명(2015년 1월 현재)[1]의 도시이며, 미나미보소·소토보 지역의 상업·문화·교육의 중핵 도시이다.

가모가와시 중심지인 가모가와 지구에 1970년 가모가와 씨월드가 개업하여 시역을 횡단하는 우치보선(内房線)·소토보선이 잇따라 전철화되고, 1972년에 특급열차 '와카시오(わかしお)'가 소토보선 경유로 아와가모가와역(安房鴨川駅)까지 운행을 시작한 이후, 여름철 해수욕 시즌에만 성황이던 관광산업이 거의 통년화하였다. 2005년에 가마쿠라(鎌倉)불교 니치렌종(日蓮宗)의 개조인 니치렌 관련 사원인 세이초지(清澄寺)·단조지(誕生寺)나 명승지 다이노우라(鯛ノ浦) 등을 안고 있는 옛 아마쓰코미나토초(天津小湊町)와 합병됨으로써, 관광객 포함수 약 322만 명(2013년 기준)을 자랑하는 관광도시이다. 그러나 세계적인 불황이나 동일본대지진 풍평(風評)피해 등의 영향으로 관광객 포함수는 현재 가모가와시가 된 이후 최고 약 482만 명(2005)에서 최저일 때 약 289만 명(2011)으로 감소했다(지바현[千葉県], 2008, 2012, 2014).

그러던 중에 2011년 6월에 가모가와시청에 걸려온 한 통의 전화가 가모가와시를 콘텐츠 투어리즘의 무대로 바꾸어놓았다. 그 전화는 라그랑제 프로젝트(윤회의 라그랑제 제작위원회)에서 걸려온 것으로, '가모가와시를 무대로 한 애니메이션을 제작하고 있다. 홍보에 협력했으면 한다'는 필름 커미션의 의뢰였다. 마침 이 무렵 동일본대지진의 쓰나미나 후쿠시마 제1원자력발전소 사고에 동반한 오염수 문제로 향후 몇 년간의 해수욕객이 격감할 것으로 예상되었고, 또 일반 관광객도 대폭 감소할 것이 예상되던 가모가와시 측은 '그렇다면 전력으로

---

1   가모가와시 H.P. http://www.city.kamogawa.lg.jp/

협력하고자 한다'며 시청, 상공회, 관광협회, 청년회의소와 더불어
'ALL 가모가와 체제'로 협력할 것을 결정했다. 이와 더불어 지역의
조사이국제대학(城西国際大学) 관광학부의 우치야마 다쓰야(内山達也)
조교수와 우치야마 조교수의 수업을 이수하던 학생들이 가세하여 '윤
회의 라그랑제 가모가와 추진위원회'(이하 추진위원회)가 2011년 11월에
결성되었다.

▌추진위원회의 활동

추진위원회의 설립 목적은 주로 아래 두 가지이다.

① 가모가와시가 〈라그링〉과 제휴한 것에 관하여 시 안팎에서 어
   필한다.
② 〈라그링〉을 통해 가모가와시를 찾은 관광객에 대한 이벤트 기획과
   운영.

초창기 활동은 우선 애니메이션 제작위원회[2] '라그랑제 프로젝트'
가 기획한 2011년 12월 가모가와 시민회관에서 시사회에 협력하기
위해,

   • 이전부터 존재한 포털 프리 페이퍼 『KamoZine』의 특별호 발행.
   • 가모가와 저지부(극중에 나오는 사람을 돕는 서클활동에 빗댄 팬

---

2 주간 회사를 중심으로 해서 애니메이션 제작회사나 방송국, 공식 이벤트, 상품
   등의 판매기획 등의 입안을 하는 회사 등이 리스크 헷지를 하기 위해 임의로 짜는,
   콘텐츠 비즈니스를 하기 위한 조직.

클럽)의 멤버 모집.
- 'Lagrange meets Kamogawa'라는 캠페인의 로고 모집.
- 페넌트나 스티커 작성.
- '홍보 가모가와'(행정 홍보지) 제작.
- 반다이 채널에서 방영되는 무비의 촬영 협력(주연 성우에 의한 프로모션 비디오).
- 연말 '코믹 마켓 81'에서 공개하는 프로모션 비디오 촬영.

등과 같은 것에서 시작하여, 특히 시민들에게 알리는 데에 다대한 효과가 있었다고 한다.

추진위원회는 한동안 새로운 프로그램 방송 전후의 프로모션에 대동했지만, 서서히 중심축을 지역인 가모가와시의 활동으로 옮겨갔다. 애니메이션 방송 개시 후에 속속 무대를 방문하기 위해 가모가와로 관광오는 애니메이션 팬들의 모습이 증가해갔다. 추진위원회는 팬 대상의 기획을 작성하고, 무대 탐방을 위한 지도 무료 배포나 마을 걷기 게임 만들기, 가모가와시 한정 상품 만들기·배포, 종래부터 이루어지던 이벤트에 대한 캐릭터 입간판으로 참가하기나 극중 캐릭터를 이미지화한 의자를 실제로 만드는 등의 활동을 했다.

▎가모가와의 '평가'에 끼친 미디어의 영향

그러나 애니메이션 제작 발표 이후, 인터넷 상에서는 일부 애니메이션 팬들 중에서 '가모가와는 애니메이션 무대로 하는 것을 제작위원회에게 요구하고, 성지순례 붐을 인위적으로 일으키려고 한다'는 등의 유언비어나, '극중에서 노골적으로 가모가와, 가모가와 몇 번이나 지명을 연호하는 것이 도저히 납득이 가지 않는다'는 비판이 일어나게 되었다. 그러한 비평을 하는 애니메이션 팬은 콘텐츠 투어리즘에 대해 애니메이션 자체의 상업적인 성공 및 실패를 연역하여 '이것은 성공이다, 이것은 실패다'라고 단죄해 버리는 경향이 있고, 애니메이션의 스토리나 콘텐츠 투어리즘에 대한 지역의 행동, 애니메이션 자체의 상업적 활동 및 평가를 한데 섞어서 논해 버리는 경우가 많았다.

이러한 것은 어디까지나 인터넷 상에서의 이야기이며, 초기에는 모든 애니메이션 팬들이 〈라그링〉 및 가모가와시에 대한 평가에 관여한 것은 아니었다. 이를 단번에 바꾸어 버린 것이 '매스미디어'였다.

NHK의 다큐멘터리 프로그램 〈클로즈업 현대〉에서 '애니메이션 성지순례'를 다룬 회차가 2012년 3월에 방영되어 〈타마유라〉(히로시마현 다케하라시)[→44]나 〈꽃이 피는 첫걸음〉(이시카와현 가나자와시)[→46], 〈러키☆스타〉(사이타마현 구키시)[→41], 〈그날 본 꽃의 이름을 우리는 아직 모른다〉(사이타마현 지치부시)[→45] 등의 사례가 거론되는 가운데, 가모가와시도 그 중 하나로 다루어졌다. 그러나 편집 단계에서 어떤 인터넷 상의 아이디어가 원용된 것인지 몰라도, 프로그램 구성에서 가모가와의 사례는 문제가 있는 방식이라고 파악하는 듯한 형태로 방영되었다.

구체적으로는 '애니메이션 회사는 배경 묘사의 생략을 위해 실재하는 도시를 모델로 한 무대를 설정한다'나 '애니메이션 무대가 된 자치체, 주민들은 애니메이션 제작위원회에게 해당 지역의 내용을 더욱 많이 담아내도록 요구하고 있다.'는 등의 내용이었는데, 가모가와시에 관해서는 그런 것이 한층 심해서 인터넷 게시판에서 애니메이션 팬의 의견으로 '오타쿠를 우습게 보지 말아라', '약삭빠른 계획으로 애니메이션 오타쿠≒애니메이션 팬을 손바닥 위에서 춤추게 하려고 했다니, 애니메이션 팬을 우습게 보지 마라'와 같은 내용이 소개되었다. 이것을 예비지식 없이 보면 '가모가와시는 약삭빠른 방식으로 성지순례 행동을 인위적으로 일으키고자 획책하였고, 결과적으로 그것이 애니메이션 팬들에게 노출되어 고전을 면치 못하고 있다'는 식으로 이해될 가능성이 높은 내용이었다.

그 방영 이후 인터넷 게시판에서는 프로그램에 대한 논의가 생겼고 '오타쿠 우습게 보지 마라'는 성지순례 애니메이션의 화제에 관한 템플릿적인 답변이 한때 정착할 정도였다. 나아가 애니메이션 관련 뉴스, 토픽을 정리한 '정리 사이트'가 인터넷 게시판을 근거로, 방영을 본 다음 애니메이션 팬의 감상 등으로 센세이셔널한 기사를 속속 인터넷 상으로 내보내고, 애니메이션 방영 중임에도 불구하고 '가모가와는 성지순례의 실패 사례'로 정리했다. 사정을 모르는 사람들은 이러한 인터넷 상의 기사를 읽고, 더구나 공공방송에서 중립 공정하다고 여겨지는 NHK 보도를 믿었기에 '라그링'과 가모가와시에 관하여 '실패'라는 인상을 품게 된 것으로 보인다.

이러한 경위를 정리하면, 매스미디어와 인터넷 평가가 애니메이션의 상업적 실패나 팬 인원이 감소하는 한 원인이 되었을 가능성이 있으며, 그러한 의미에서 제작위원회 및 추진위원회에게 끼친 영향은 컸다.

▌미디어의 '평가'에 대한 가모가와의 활동

떠나버린 팬도 있는가 하면 남은 팬도 있다. 그 팬들에 대해 추진위원회는 전력으로 대접을 해나갔다. 2012년 6월에 팬이 참가하는 첫 번째 공식 이벤트 〈가모녀 문화제(鴨女文化祭)〉가 도쿄에서 개최되고,

동일 스케줄로 가모가와시의 마쓰리로 개최된 〈가모가와 씨 페스타〉
에 출전한 추진위원회 부스와 콜라보하여, 가모가와 씨 페스타에서
배포한 부채를 가모녀 문화제에 가지고 온 팬들에게 한정 상품을 선
물하는 캠페인을 하였으며, 중핵적인 팬들이 아직 존재하는 것을 확
인했다.

　게다가 추진위원회·제작위원회는 공동으로 10월에 대규모 이벤트
〈라그링 마쓰리〉를 기획 개최하였다. 이 이벤트는 이틀간 개최하기
로 하였는데, 작중에서는 고등학교 문화제가 베이스가 되었지만, 모
의 가게뿐 아니라 마을 전체에서 콘텐츠 투어리즘에 관한 심포지움
이나 종래부터 가모가와시에 있던 이벤트에 참가하던 프로레슬링 단
체 ZERO1에 의한 〈라그링〉의 캐릭터를 모티브로 한 복면 레슬러의
프로레슬링, 또는 무대가 된 2032년까지 멀리 내다보는 타임 캡슐
묻기 이벤트, 가모가와 씨 월드를 야간에 대절해서 성우 토크쇼 등을
실행했다. 이 이벤트에는 추정 5,000명이 참가하였고, 애니메이션과
현실 세계를 왕래하는 체험이나 지역 사람들과의 만남을 경험한 애
니메이션 팬들에게는 크게 호평받았으며, '정리 사이트'도 이벤트를
높이 평가하는 기사를 게재했다.

　〈라그링 마쓰리〉 이후 애니메이션 주변의 미디어 믹스가 거의 종
료되자 제작위원회의 움직임은 둔화되었고 추진위원회가 거의 모든
기획을 입안·실행하게 되었다. 추진위원회는 팬에 대한 청취조사 결
과, 가장 수요가 높았던 작중에 나오는 가공의 탄산음료 '가모가와
에너지'의 상품화에 착수하여 2013년 6월에 가모가와 시내 40점포에
서만 판매했다. 2015년 1월 현재 출하수는 4만 병을 넘었으며 가모가
와 에너지는 이미 〈라그링〉의 벽을 넘어 해당지역 음료로서 사랑받
고 있다.

이처럼 다양한 실행의 결과 애니메이션 〈라그링〉의 제작 자료는 가모가와에서 보존·활용되게 되었다(오카모토[岡本], 2018).

▌ 사례에 대한 '평가'의 위험성

가모가와시 케이스에서 배울 수 있는 점은 크게 두 가지이다. 하나는 콘텐츠 투어리즘 사례의 성공이나 실패를 안이하게 단정할 수는 없다는 점이다. 또 하나는 현대와 같은 정보사회에서 정보는 특히 사실 관계로부터 유리된 '의미'나 '평가'를 수반하게 되고, 그것이 확산해간다는 점이다. 이 정보 확산은 콘텐츠 투어리즘의 실천에서 좋은 영향과 나쁜 영향 모두를 초래할 수 있다.

또한 한 번 확대된 '평가'는 재생산될 위험성도 있다. 2015년에 들어서도 웹사이트 '산케이WEST'에서 가모가와시의 사례가 '팬들이 반발해서 실패한 케이스'로 다루어졌다.[3]

이러한 '평가'는 연구자나 실천자가 만들어내는 측면도 있다. 사례에 관하여 '성공'이나 '실패'라는 말은 이해하기 쉽고, 문득 그렇게 판단을 내리고 싶지만 이것은 피해야 할 일이다. 그러한 가치 판단을 내릴 경우에는 늘 객관적인 근거(데이터나 사실)를 참조하면서 '이러한 점에서 이렇게 판단할 수 있다'고 논의를 엄밀하게 진행할 필요가 있다.

연구자나 실천자는 미디어에서 흘러나오는 정보만을 있는 그대로 받아들이고 사례를 평가해서는 안 된다. 그것은 잘못된 정보이거나 자의적으로 '의미'나 '가치'를 부여받은 정보일지 모른다. 현지에 실

---

3 「【간사이의 논의】붐을 이루기 시작하는 '애니메이션 성지순례' … "적나라하게 드러내기" 마을 진흥에 팬들 맹반발, '대화'야말로 성공의 비결」, 『産経WEST』, 産業経済新聞社, 2015년 1월 8일 자.

제로 가보거나 관련된 사람들의 다양한 견해를 파악해서 사실을 다
각적으로 분석할 필요가 있다.

히로타 겐토(廣田健人) · 오카모토 다케시(岡本健)

참고문헌

오카모토 다케시(2018), 『순례 비즈니스 ── 팝 컬처가 관광자산이 되는 시대』〔岡本健
　　(2018), 『巡礼ビジネス ── ポップカルチャーが観光資産になる時代』, KADOKAWA〕.
지바현 상공노동부 관광과(2008), 「2007년 관광 유입 조사 개요」〔千葉県商工労働部
　　観光課(2008), 「平成19年観光入込調査概要」〕.
지바현 상공노동부 관광기획과(2012, 2014), 「2011, 2013년 관광 유입 조사 개요」〔千葉県
　　商工労働部観光企画課(2012, 2014), 「平成23年·平成25年観光入込調査概要」〕.
히라타 겐토(2014), 「애니메이션 '성지순례'에 의한 마을 진흥의 신규 전개 ── 〈윤회의
　　라그랑제〉로 보는 지바현 가모가와시의 타운마케팅 성공과 실패」〔廣田健人(2014),
　　「アニメーションの『聖地巡礼』による町おこしの新規展開 ──『輪廻のラグランジェ』
　　に視る千葉県鴨川市のタウンマーケティングの成功と失敗」, 『コンテンツツーリズム
　　論叢』 5, pp.82~106〕.

49 〈빙과(氷菓)〉
— 콘텐츠를 창조하는 원천으로서의 지역 문화

    기후현(岐阜県) 다카야마시(高山市)는 애니메이션 〈빙과〉(2012.4~9 방영)의 무대가 되었다. 〈빙과〉는 요네자와 호노부(米澤穂信)의 소설 『고전부 시리즈(古典部シリーズ)』를 원작으로 하여 교토애니메이션이 애니메이션을 제작했다. 문과계 동아리 활동이 활발한 것으로 유명한 진학교(進学校) 가미야마(神山)고등학교에서 '고전부'라는 폐부 직전의 동아리에 들어온 남녀 네 명이 학교나 지역에서 일어나는 사건에 도전하는 모습이 그려져 있다. 사건이라고 해도 살인이 일어나거나 하는 것이 아니라, 등장인물 중 하나인 지탄다 에루(千反田える)가 "나 마음에 걸려요"라며 주목한 사소하고 이상한 일을, 주인공 오레키 호타로(折木奉太郎)를 중심으로 해결하는 식이다.

    작중에서 이야기 무대는 가미야마시(神山市)라고 되어 있지만, 로케이션 헌팅은 원작자의 출신지인 다카야마시에서 이루어졌다. 다카야마에는 애니메이션 방영 당초부터 팬들이 찾아와 안테나숍 '마룻토플라자'에는 '빙과 교류 코너'가 마련되었고, 애니메이션에 그려진 찻집 '백파이프'나 '가쓰테'에도 팬들이 찾아왔다. 이러한 상황에 호응하여 지역의 뜻있는 사람들에 의해 다카야마 '빙과' 응원위원회가 결성되어 팬들의 협력을 얻고 콘텐츠 홀더와 협의하며 다양한 실행을 추진해갔다(오카모토[岡本], 2013, 2014b).

▌지역 문화가 콘텐츠에 의해 주목되다

구체적 실행으로서는 성지순례 맵 배포나 〈빙과〉 포스터의 인기
투표, 상품 제작 등이 있다. 2012년 7월에 나온 주로쿠은행(十六銀行)
경영상담실의 시산에 따르면 〈빙과〉로 인해 다카야마시로 들어오게
되는 관광객 수를 연간 15만 명으로 상정하면 기후현 내의 직접 효과
는 약 13억 엔, 파급효과를 포함하면 21억 엔이라 한다.

2013년 4월에는 히다(飛驒) 이치노미야(一宮) 미나시신사(水無神社)
에서 62년간 지속된 〈이키비나 마쓰리(生きびな祭)〉[1]와의 콜라보레이
션이 실현되었다(오카모토[岡本], 2014a). '이키비나 마쓰리'에서는 히
다(飛驒)의 미혼여성 아홉 명이 궁궐의 높으신 분이나 히나인형 공주
님처럼 분장하고 행렬을 이룬다. 이 마쓰리가 원작소설 및 애니메이
션에서 '멀리 돌아가는 히나'라는 에피소드로 그려졌다. 2013년의
〈이키비나 마쓰리〉에서는 지탄다 에루 역의 성우인 사토 사토미(佐藤
聡美) 씨의 토크쇼 등이 열렸고, 당일은 평일에 비가 오는 날씨였음에
도 불구하고 2,500명이 찾아왔다. 〈빙과〉와 히다 다카야마의 콜라보
상품 판매, 랩핑 버스의 운행, 스탬프 랠리 등도 이루어졌다. 당일
많은 애니메이션 팬이 찾아와 행렬이 오기를 이제나저제나 기다렸
고, 이키비나가 등장했을 때 관중들로부터 감탄의 목소리가 끌어올
랐다. 애니메이션 팬들은 상품을 거두어들이듯 구매했고 성우의 토
크쇼를 듣기 위해서만 방문한 것이 아니었다. 소설이나 애니메이션
에서 그려진 '진짜' 마쓰리를 체감하기 위해 이곳으로 향한 것이다.

---

1 [역] 비단으로 상징되는 여성의 기품과 행복을 기념하기 위해 시작된 마쓰리로
다른 곳에 비해 봄이 늦게 찾아오는 히다 지역에서 보통의 '히나 마쓰리'(3월 3일)에
비해 한 달 늦은 4월 3일에 개최되며, 9명의 미혼 여성을 '이키비나 님(生きびな様)'
로 선발하여 행사한다.

가에 미즈키 시게루 작품에 등장하는 요괴 동상들을 설치했다.

'걸판 거리 속 숨바꼭질'에서는 그저 캐릭터 패널을 설치하는 것에 그치지 않고 패널 설치를 계기로 일부 상점에서 자기 가게에 설치한 캐릭터에 관련된 무언가를 한다는 움직임이 보였다. 예를 들어 마을 안에 있는 요리를 겸한 여관의 처마 끝에는 애니메이션에 등장한 캐릭터 패널이 설치되어 있을 뿐 아니라, 홍차를 좋아하는 캐릭터를 따와서 티세트를 준비했다. 또한 마을 안에 있는 정육점에서는 설치한 패널 캐릭터가 작중에서 먹던 구시카쓰(串カツ)[2]를 판매하는 고안도 하였다. 이렇게 그저 캐릭터 패널만 설치하는 것에 그치지 않고 그것을 계기로 해서 지역주민들에 의한 애니메이션 팬 접대가 이루어진 것이다.

나아가 이러한 상점 측의 접대에 호감을 가지고 상점주와 교류하는 애니메이션 팬들이 점점 나타나게 되었고, 이번에는 애니메이션 팬들이 설치될 캐릭터의 일러스트나 상품을 기증하고 가는 현상도 보이기 시작했다.

이러한 다양한 일들이 인정되어 오아라이와 〈걸판〉의 지역 진흥은 관광청이 실시한 '제1회 "지금밖에 못 하는 여행이 있다" 젊은이의 여행을 응원하는 실행 표창'에서 장려상을 수상하기에 이르렀다. 타이업형의 콘텐츠 투어리즘은 '너무 장치를 많이 걸면 잘 안 된다', '팬이나 지역 개인을 뒷전에 두고 간다'는 등의 말을 듣는 경우도 많다. 그러나 오아라이처럼 제작측이나 자치체만을 주체로 한 지역 진흥에 머물지 않고, 작품을 계기로 팬이나 지역주민들까지 생생하게

鬼太郎)〉는 여섯 번이나 텔레비전 애니메이션으로 만들어졌다. 어린 시절 살았던 사카이미나토시에는 미즈키 시게루 로드와 기념관이 만들어졌다.

2 [역] 육류나 채소 등을 꼬치에 꿰어 튀김옷을 입히고 튀긴 일본 음식.

실천에 참가하는 방식도 있으며, 팬들에게서도 인정받는 케이스가
있다는 것을 잊지 말아야 한다.

가마이시 나오히로(釜石直裕)·오카모토 다케시(岡本健)

참고문헌

가마이시 나오히로(2014), 「오아라이 이소마에신사×걸츠 앤 펀처」, 오카모토 다케
  시(감수)(2014), 『신사순례 —— 만화·애니메이션으로 인기 '성지'를 돌다』〔釜石
  直裕(2014), 「大洗磯前神社×ガールズ&パンツァー」, 岡本健(監修), 『神社巡礼
  —— マンガ·アニメで人気の「聖地」をめぐる』, エクスナレッジ, pp.18~21〕.
야마무라 다카요시(2011), 『애니메이션·만화로 지역 진흥 —— 도시의 팬을 낳는 콘텐
  츠 투어리즘 개발법』(전자판: 야마무라 다카요시(2018), 『〈보급판〉애니메이션
  ·만화로 지역 진흥 —— 도시의 팬을 낳는 콘텐츠 투어리즘 개발법』)〔山村高淑
  (2011), 『アニメ·マンガで地域振興 —— まちのファンを生むコンテンツツーリズム
  開発法』, 東京法令出版(電子版: 山村(2018), 『〈普及版〉アニメ·マンガで地域振
  興 —— まちのファンを生むコンテンツツーリズム開発法』, PARUBOOKS)〕.

51 〈러브 라이브!(ラブライブ!)〉

— 게스트 호스트 모두 콘텐츠를 계속 소비하는 일대 파워
스포트

애니메이션 〈러브 라이브!〉(2013.1~3, 2014.4~6)는 도쿄도 지요다
구(千代田区) 아키하바라(秋葉原) 주변을 주된 무대로 한다. TOKYO
MX 등에서 방송되어 〈건담〉 시리즈로 알려진 썬라이즈가 제작했다.

폐교 위기에 직면한 모교를 구하고자 나선 아홉 명의 고등학생이
'뮤즈(μ's)'라는 스쿨 아이돌 그룹을 결성하여, 아이돌 활동을 통해 학
교 인기를 높임으로써 폐교 위기에서 구하는 이야기이다. 로봇 매니
아 노포가 만든 아이돌 애니메이션으로서도 주목되었다. 'μ's'는
2015년 〈제66회 NHK홍백노래대회(紅白歌合戦)〉에도 출장하여 각광
을 받았다([표 51-1]).

아키하바라역 주변에서는 역에서 바로 연결되는 상업시설 '아틀레
아키하바라'에서 작품과 콜라보 이벤트가 실시된 것 외에도, 이 지역
에 군립한 대부분의 애니메이션 전문점에서도 이벤트가 열렸다. 이
밖에도 작중에 실명으로 등장하여 이 지역에 가게를 마련한 메이드
찻집 '큐어 메이드 카페'와도 연동했다.

[표 51-1] 〈러브 라이브!〉와 간다묘진(神田明神) 관련 주요 사항

연월		일
2010년	6월	『전격 G's magazine』(KADOKAWA) 8월호에서 〈러브 라이브!〉 기획연재 시작
	8월	코믹 마켓 78에서 1st 싱글 발매
	11월	그룹명 '뮤즈(μ's)'로 결정
2011년	2월	4th 싱글 발매. 발매기념 캠페인으로 9명 각각 아키하바라 이미지 걸 취임
	9월	5th 싱글 발매. 전회와 마찬가지로 9명 각각 아키하바라 이미지 걸 취임
2013년	1월	TV애니메이션(1기) 방송. '에도 총 진수(江戸総鎮守) 간다묘진(神田明神)'으로 작품에 크레딧되어 공인 무대가 됨
2014년	1월	TV애니메이션(2기) 방송. 이어서 '에도 총 진수 간다묘진'으로 작품에 크레딧
	6월	방송 종료
	11월	간다묘진에서 〈러브 라이브!〉와 콜라보한 에마, 부적 배포 개시
2015년	3월	간다마쓰리 콜라보 공지. Anime Japan2015에 간다마쓰리로 출품
	4월	간다마쓰리 포스터를 지요다구 내에 게시 개시
	5월	간다마쓰리 개최. 경내에서의 특설 물품 판매가 이루어짐
	6월	극장판 〈러브 라이브!〉 전국 121관에서 상영 개시. '에도 총 진수 간다묘진'으로 크레딧
	12월	μ's가 제66회 NHK홍백노래대회에 출장
2016년	3월	도쿄 돔에서 μ's의 파이널 라이브가 열림

▌입지와 우지코(氏子)[1] 기업을 살린 간다묘진의 상품 전개

그 중에서도 특징적이라고 할 수 있는 것은 이 지구의 총 우지가미(氏神)[2]인 간다묘진의 상품 전개이다. 작품과 간다묘진과의 관련은,

---

1 [역] 신사의 제사권을 구성하는 사람들을 말하는데 예전에는 하나의 우지가미(氏神), 즉 조상신을 모시는 집단을 일컬었다.

2 [역] 기본적으로 신으로 모시는 조상 즉 조신(祖神)을 말하는데, 시대가 내려오면서

9명의 주인공 중 한 명인 도조 노조미(東篠希)가 이 신사에서 아르바이트를 하고 있다는 설정에서 출발한다.

특필할 만한 것은 경내의 사무소 등지에서 포스터나 스트랩, 카스테라만주 등 〈러브 라이브!〉만으로 약 50종류에나 이르는 상품 판매가 이루어진다는 사실이다. 작품과 신사가 콜라보한 선례로서는 〈지하야후루(ちはやふる)〉(2011.10~2012.3, 2013.1~6)의 무대가 된 오쓰시(大津市)의 오미진구(近江神宮) 신사가 있는데, 작품과 콜라보한 제비뽑기를 수여하는 정도였지 이렇게까지 대규모 상품 전개는 유례가 없었다.

이를 가능케 한 것이 간다묘진의 입지와 5000곳이 넘는다고 하는 이 지역 우지코 기업의 풍부함이다. 간다묘진은 서력 730년에 창간되었으며 에도 시대에는 에도 총 진수로서 숭상되었다. 아키하바라를 비롯해 간다나 니혼바시(日本橋), 오테마치(大手町)나 마루노우치(丸の内) 등 108정회(町会)를 우지코 지역에 두고 슈에이샤(集英社)와 같은 출판사나 도라노아나(とらのあな)를 비롯한 상품 관련회사 등이 우지코 기업으로 들어가 있다. 이러한 우지코 기업이 기획을 들고옴으로써 신사와 콜라보한 상품 전개가 실현되는 것이다. 그 때문에 〈러브 라이브!〉에 한하지 않고 〈여기는 잘나가는 파출소〉[3], 〈슈타인즈 게이트 제로〉 등 콜라보하는 작품이 하나로 한정되지 않은 것도 특징이다.

혈연관계는 옅어졌다.

3 [역] 원래 제목은 〈여기는 가쓰시카구 가메아리공원 앞 파출소(こちら葛飾区亀有公園前派出所)〉인데 한국에서 통용된 제목은 〈여기는 잘나가는 파출소〉이다.

▌〈러브 라이브!〉 이전부터 이타에마가 봉납되다

이 경향은 신사에 봉납되는 이타에마(痛絵馬)에서도 드러난다. 이타에마란 에마 중에서 애니메이션이나 만화 캐릭터 등이 그려진 것으로, 애니메이션 '성지'에서는 해당 작품과 관련 있는 캐릭터가 그려지는 경우가 많다. 콘텐츠 투어리즘 연구에서는 봉납된 에마의 수나 에마에 그려진 내용에서, 정량적·정성적 양방향 조사가 가능하므로 주목되는 바도 많다.

〈러브 라이브!〉의 무대가 된 간다묘진에도 작품과 관련된 일러스트가 그려진 이타에마가 다수 봉납되어 있다. 하지만 전혀 관계 없는 작품 캐릭터의 에마도 그와 비슷하거나 혹은 그 이상으로 많은 것이 간다묘진만의 특징이라 할 수 있다.

원래 간다묘진에서는 2009년 무렵부터 이타에마 봉납이 보이며, 그 중심은 만화가나 동인작가에 의한 자기 그림이나 작품의 성공 기원이었다. 2010년 이후 에마의 수는 계속 증가하여, 2013년에는 정월 1~3일 동안 봉납된 수가 100장을 넘었다.[4] 작가 자신에 의한 에마 외에 자기가 응원하고 싶은 작품의 에마를 봉납하는 경우도 보이기 시작했다. 또한 일본을 찾은 외국인이 봉납한 것으로 보이는 일본어 이외의 에마도 눈에 띈다.

그리고 2013년 1월부터 〈러브 라이브!〉 방송이 시작되었고, 이후 9명의 주인공이 그려진 에마도 빈출하게 된다.

현재의 이타에마 봉납수는 신사 관계자에 따르면 '연간 1만 장을 넘는다'고 하며, 그 정확한 수는 신사에서도 다 파악하지는 못했다.

---

4 아키바총연(アキバ総研) 블로그 2013년 1월 3일 「2009년에는 겨우 8장이던 "간다묘진의 이타에마"가 2013년 마침내 번뇌의 숫자를 넘다」(http://blog.livedoor.jp/geek/archives/51377292.html)

'순례자'가 에마에 그린 작품이 제각각이라는 간다묘진 특유의 사정도 신사의 콜라보 작품이 하나로 속박되지 않는 요인이라고 할 수 있다.

▌'성지'가 덮어쓰기 될 가능성

2015년 5월 9일과 10일에 이루어진 〈간다마쓰리(神田祭り)〉에서 간다 공식 포스터에 〈러브 라이브!〉의 캐릭터가 기용되었다. 1616년에 현재의 위치로 옮겨진 후 400년을 맞는 기념으로 'μ's' 아홉 명이 장식한 모양새다. 이틀만에 30만 명 이상이 방문하는 등 상품 판매대에 선 줄은 아침부터 장사진을 이루었다.

왜 간다묘진은 왜 이렇게나 콘텐츠를 적극적으로 받아들인 것일까? 이것은 오로지 '전통은 지키는 것이 아니라 만드는 것'이라는 사고방식이 뿌리 깊기 때문이라고 할 수 있다. 콘텐츠와의 콜라보 역사를 펼쳐보더라도, 예를 들어 메이지 시기에는 가부키(歌舞伎) 인기 배우와 〈간다마쓰리〉를 콜라보한 우키요에(浮世絵)가 만들어지는 것 외에도, 쇼와(昭和)시대인 1970년에는 드라마 〈제니가타 헤이지(銭形平次)〉[5]가 대히트를 하여 경내에 '제니가타 헤이지 비석'이 건립되었다.

이처럼 신사 자체에 성스러움과 속됨 양면을 인정하는 관용이 역사적으로 있었다는 사실. 그리고 출판사와 애니메이션 상품 기업을 우지코로 삼을 수 있는 입지라는 두 요인이 겹쳐서, 〈러브 라이브!〉

---

5 [역] 1966년 5월 4일부터 1984년 4월 4일까지 방영되었던 연속텔레비전 시대극으로 노무라 고토(野村胡堂, 1882~1963)의 소설을 원작으로 한 드라마이다. 일본 드라마 사상 최장으로 도합 888화까지 방송되어 기네스북에 인정되었으며, 흑백에서 컬러로 변환될 당시 최고 시청률은 35.5%에 이르렀고, 1970년대에도 줄곧 20% 이상을 유지했다.

를 비롯한 수많은 애니메이션 작품과의 콜라보를 실현해 왔다고 할 수 있다.

　그러나 이는 바꿔 말하면 간다묘진이라는 호스트 측에서도 콘텐츠를 소비 대상으로 간주하는 것이기도 하다. 이것이 다른 지역과 대조적인 점이다. 2년 후인 2017년 〈간다마쓰리〉에서는 〈주문은 토끼입니까?(ご注文はうさぎですか？)〉와 〈소드 아트 온라인(ソードアートオンライン)〉 두 작품과 콜라보한 포스터가 제작되었으며, 더 이상 〈러브 라이브!〉의 모습은 잘 보이지 않는다. 이렇게 되면 장래에 간다묘진을 무대로 한 별도의 작품이 히트치면, 그 작품에 의해 '성지'가 덮어쓰기 될 가능성도 있을 수 있다.

　게스트든 호스트든 콘텐츠를 계속 소비하는, 파워 스폿과 같은 일대 소비공간이 여기에서 확장된다고 할 수 있다.

가와시마 다로(河嶌太郎)

52 〈울려라! 유포니엄(響け! ユーフォニアム)〉
── 다채로운 팬 활동으로 보는 '이야기 관광'

▌〈울려라! 유포니엄〉과 지역 응원활동

　〈울려라! 유포니엄〉은 교토부(京都府) 우지시(宇治市)에 있는 기타우지고등학교(北宇治高校, 가공의 학교)의 별 볼 일 없는 취주악부가, 새로운 고문이 착임한 것을 계기로 전국대회를 꿈꾸게 되는 작품이다. 원작은 우지시 출신의 작가 다케다 아야노(武田綾乃)의 소설이며, 2018년 9월까지 애니메이션 텔레비전 방영 2기, 극장판 애니메이션 3작이 발표되었다. 애니메이션을 제작한 주식회사 교토애니메이션이 지역 우지시의 풍경을 작품에 그림으로써 방영 직후부터 무대가 된 우지바시(宇治橋) 다리나 우지가와(宇治川) 강 주변에 많은 팬들이 찾아오게 되었다.

　이러한 움직임에 호응하여 우지시와 우지시 관광협회는 곧바로 팬들 교류 노트를 우지시 관광센터 안에 설치하고, 그 후에도 작품 캐릭터의 등신대 패널, 탐방 맵 등을 만들었다. 작품에 빈번히 등장하는 게이한전철(京阪電鉄)도 기념승차권 발매, 등신대 패널 전시, 랩핑 전차의 운전이나 작품에 관계되는 중고 취주악부의 합동 콘서트 등, 적극적으로 팬과 지역을 잇는 활동을 계속하고 있다. 또한 이 지역 교토분쿄대학(京都文京大学)도 학교 내에 〈울려라! 신나게 응원 프로젝트(울려라 PJ)〉를 조직하여 캐릭터 생일 모임 등의 교류 이벤트를 열고 있다.

▌플랫폼의 부재와 다채로운 팬 활동

이러한 우지의 성지순례 현상에는 두 가지 특징이 있다.

첫 번째는 통상 성지에 조직되는 경우가 많은 '~응원위원회' 등의 플랫폼이 조직되지 않은 점이다. 앞에서 열거한 행정이나 게이한전 차, 교토분쿄대학과 같은 지역 단체는, 특별히 플랫폼을 짜지 않고 각각의 생각에 기초하여 활동을 하고 있다. 이는 일견 각 단체 간에 조정이 이루어지지 않는 것처럼 보이기도 하지만, 실태로서는 각각 의 단체가 각각의 개최 행사를 공동주최하거나 협력함으로써 가세하 고 있으며, 관계자들 간에 내밀히 연락이 이루어지는 것을 알 수 있 다. 오히려 플랫폼을 짜지 않음으로써 각 단체가 각자의 페이스대로 무리 없이 활동을 지속할 수 있다는 장점을 존중한다고도 볼 수 있다.

두 번째는 다채로운 팬 활동이다. 구체적으로는 동인지 출판, 일러 스트나 이타에마, 상품 등의 제작, 코스프레, 이타차 등이며, 우지에 서는 2018년에 이러한 것들을 종합적 팬 이벤트로서 팬이 프로듀스 하는 활동(이벤트 프로듀스라는 팬 활동)까지 볼 수 있게 되었다. 그러나 이 가운데에서도 우지에서 특필할 만한 활동은 팬들에 의한 취주악 부 설립일 것이다.

'기타우지고등학교 OB취주악단'(이하, 기타우지 OB)은 작품이 방영 된 2015년에 기획되어 2016년에 결성된 팬에 의한 취주악단이다. 단 원은 약 60명이고 10대부터 50대의 남녀로 구성되었으며 취주악 미 경험자도 포함되어 있다. 주된 활동으로서는 2016년부터 작품의 무 대이기도 한 우지시 문화센터에서 콘서트를 개최하고, 2018년에는

630명의 관객을 모았다. 입장자들 중에는 지역의 가족 단위나 고령자, 중고등학생 등의 모습도 많이 보여서 우지 시민들로부터 지지를 받고 있었다. 또한 최근에는 우지시 상공회의소 청년부나 우지바시 거리의 상점가, 울려라 PJ의 이벤트 등 지역 이벤트로의 객원 출연도 증가하고 있어서 지역에서의 존재감을 더하고 있다.

▌작품을 중층적으로 즐기는 '이야기 관광'

가타야마(片山, 2016)에 따르면, 오늘날의 콘텐츠 투어리스트들은 '관광 가치'를 제3자로부터 제공받은 채로 소비할뿐 아니라, 스스로가 행하는 창작활동 등을 통해 가치 창조하게 되었다고 한다. 기타우지 OB를 비롯한 우지의 다채로운 팬 활동은 실제 스스로 관광 목적을 창조하는 활동이라고 할 수 있을 것이다. 바꾸어 말하면 그들은 〈울려라! 유포니엄〉이라는 작품을 존중하면서도, 거기에 창작을 가미하며 놀고, 작품을 중층적으로 즐기고 있다는 것이다. 이렇게 콘텐츠를 즐기는 방식을 '이야기 관광'이라고 부른다면, 우지는 실로 '이야기 관광'이 첨예하게 드러난 도시라고 할 수 있다.

약 천 년 전 스가와라노 다카스에(菅原孝標)의 딸은 『겐지 이야기(源氏物語)』[1]를 심히 연모하여 우지를 찾아가서 와카(和歌)를 읊었다. 그리고 그러한 에피소드를 이용하여 『사라시나 일기(更級日記)』[2]라는 작품을 창작했다. 천 년 전과 마찬가지로 그 지역에 '이야기 관광'이

---

1 [역] 약 1000년 경 무라사키 시키부(紫式部)에 의해 쓰였다고 일컬어지는 일본 최고이자 최대의 고전 이야기로, 주인공 히카루 겐지(光源氏)와 다양한 개성의 여성들 간의 사랑과 교류를 그렸다.

2 [역] 1060년 무렵에 성립되었다고 일컬어지는 스가와라노 다카스에의 딸(菅原孝標女, 1008~?)의 일기문학으로 생애를 회상적으로 썼다.

첨예하게 드러난 것은, 우지라는 문맥의 구심력이 이루어낸 업적이 아닐까? 에비스(夷, 2018)가 말하는 것처럼 우지는 실로 '천 년을 사랑한 성지'일지 모른다.

가타야마 아키히사(片山明久)

참고문헌

가타야마 아키히사(2016), 「콘텐츠 투어리즘에 대한 관광학적 고찰 ── 여행자에 의한 '이야기'의 창조」〔片山明久(2016), 「コンテンツツーリズムに対する観光学的考察 ── 旅行者による「ものがたり」の創造」, 『同志社政策科学研究』 20周年記念特集号, pp.19~26〕.

에비스(2018), 『우지를 수놓다』〔夷(2018), 『宇治を織る』〕.

53 〈유우키 유우나는 용사다(結城友奈は勇者である)〉
── 지역과 팬의 내밀한 교류

〈유우키 유우나는 용사다〉(통칭 〈유유유〉)는 가가와현(香川県) 간온지시(観音寺市)를 무대로 2014년 가을에 시즌1이 방영된 오리지널 애니메이션이다. 방영 후 찾아오는 팬들도 서서히 증가했지만, 지역 진흥의 움직임은 2016년 이후에 본격화했다.

▌ 동인지 즉매회 '용사부 만개'

콘텐츠 투어리즘을 강하게 의식하면서 애니메이션 성지에서 동인지 즉매회를 개최하는 단체 'SDF'[1]는 2016년 2월에 동인지 즉매회 '용사부 만개'를 개최했다. 시내의 '길의 역 도요하마' 같은 데에서 지역 특산품 노점상을 초빙하여 미각에 호소함으로써 참가자들을 즐겁게 했다. 시내 상점의 협력도 얻어서 거리를 회유시키는 스탬프 랠리도 아울러 개최했다. 전국 각지에서 300명 가까운 사람들이 직접 움직였다.

---

1 특히 교토부 마이즈루시(舞鶴市), 아오모리현(青森県) 무쓰시(むつ市) 오미나토(大湊)에서 있었던 함대 컬렉션 동인지 즉매회 '포뇌 격전! 좋~아!'가 성과를 올리고 그 노하우가 간온지에서 활용되었다.

▌간온지시의 〈유유유〉 지방 창생

아베 정권이 장려하는 '지방 창생' 정책에 호응하여 간온지시는 '애니메이션 콘텐츠 활용 지역 활성화 사업'을 지방 창생 정책에 앉혔다. 2016년 3월에는 '지방 창생 가속화 교부금' 약 2,200만 엔을 나라에서 교부받기로 결정되었다. 이를 재원으로 간온지시는 〈유유유〉를 살린 도시 진흥에 착수하기 시작한다.

그해 4월부터 시 관계자를 섞어서 '애니메이션으로 지역 활성화 프로젝트 회의'가 개최되고 그 안에서 시책 내용이 꼼꼼히 논의되었다.

앞에서 말한 '용사부 만개'의 회장에서 뜻있는 팬들과 시 직원 간의 협력하에 실시된, 팬을 대상으로 한 도시 진흥 앙케트 결과도 참고로 했다. 의견 교환회도 개최하여 팬의 요구를 흡수하였다.

1년을 들여 충분히 준비사항을 갖추고 2017년 1월에는 시에서 도시 진흥 시책이 발표되었다. 같은 해 2월에는 출연 성우를 초빙한 팬 이벤트 〈산슈중학(讚州中學) 문화제 in 간온지시〉가 개최되어 약 1,400명 팬들이 이곳을 방문했다.

그 앞뒤로 관광지와 캐릭터의 콜라보 포스터 도입, 등신대 캐릭터 패널 설치, 순례 맵 배포, 시내 스탬프 랠리 개최, 작품과 콜라보한 지장 특산품 상품 개발 등이 이루어졌다.

▌지역과 팬의 친밀한 교류

마을 진흥의 시책은 시가 주도했지만, 지역이나 팬의 자발적 움직임에도 주목하고자 한다.

시내의 여관 '와카마쓰야(ワカマツヤ)'는 '용사부 만개' 이후에 팬 한 명 한 명을 소중히 하는 친밀한 교류에 마음을 썼다. 프론트에는 비공

식 등신대 캐릭터 패널도 설치되었고, 숙박하는지 아닌지에 상관없이 많은 팬들이 찾아오고 있다.

앞에서 말한 '길의 역 도요하마'도 2017년 실시한 스탬프 랠리의 랠리 포인트로 지정되었지만, 많은 팬들이 찾아오는 것에 자극을 받고 팬과의 교류 기회를 창출했다. 캐릭터 생일 모임도 개최하고 특제 케이크를 준비하는 등, 팬에게 서프라이즈를 제공하도록 마음을 쓰고 있다. 2018년 3월에는 음료회사의 협력을 얻어 〈유유유〉 자판기를 도입, 시장까지 참석한 자리에서 '제막식'도 거행했다.

가가와대학(香川大学)에서는 지역 연계사업 '세토나이(瀬戸内) 지역 활성화 프로젝트'의 일환으로 학생들에 의한 시내 지역 활동이 이루어지고 있다. 2016년 이후 '리얼 용사부'라고 명명하여, 무대이기도 한 시내의 바닷가 '아리아케하마(有明浜) 해변'에서 쓰레기줍기 자원봉사 활동을 개시했다. 이 활동을 통해 지역주민, 팬 양방향 교류를 목적으로 하고 있다.

시내 다른 상점에도 많은 팬들이 마을을 찾아준다는 것에 자극을 받아서인지, 팬을 의식한 움직임을 엿볼 수 있었다.

2017년 봄~여름에 걸쳐 극장판이 공개, 나아가 같은 해 가을부터 애니메이션 시즌2가 방영되면서 인기도 상승했다. 지역 텔레비전 방송국에서 방영도 시작되었고 작품을 접하는 지역민도 증가했다. 지금 마을을 걸어다니면 상점가에는 〈유유유〉의 깃발도 장식되어 있고, 시내를 다니면 작품의 오프닝 테마가 흘러나오는 경우도 있다. 마을에 작품이 녹아들어 팬과 지역주민과의 교류도 활발한 이곳은 앞으로도 주목할 만한 존재라고 할 수 있을 것이다.

무네카타 히로유키(宗像宏之)

참고문헌

하나라(2017), 『콘텐츠 투어리즘 실행사례집 4』〔花羅(2017), 『コンテンツツーリズム
    取組事例集 4』, STRIKE HOLE〕.

54 〈너의 이름은.(君の名は。)〉
── 지역의 궁리와 그 효과

〈너의 이름은.〉은 2016년 8월 26일에 공개된 신카이 마코토(新海誠) 감독의 장편 애니메이션 영화이다. 도쿄 도내에 사는 소년 다치바나 타키(立花瀧)와 히다(飛驒) 지역에 사는 소녀 미야미즈 미츠하(宮水三葉), 두 캐릭터에게 일어나는 '신체 뒤바뀜' 현상을 발단으로 하여 지구에 대한 공전주기 1,200년이라는 티아마스 혜성을 둘러싼 사건과 소년 소녀의 심정을 그린 내용이다. 신카이 마코토 감독의 작품으로서는 처음으로 제작위원회 방식을 채용하여 도호(東宝)가 배급을 담당하고 일본 전국의 영화관 약 300관에서 상영될 만큼 대규모 흥행이었다.[1] 〈너의 이름은.〉의 흥행수입은 역대 4위인 250.3억 엔[2]을 기록했다. 작품 히트와 더불어 무대지로 가는 '성지순례'도 화제가 되었으며 '2016 유캔 신어·유행어 대상' Top10에도 들었다.

---

1   상세하게는 동양경제 온라인의 「〈너의 이름은.〉이 1분조차도 지루하지 않게 만드는 비밀─신예 애니메이션 감독 신카이 마코토가 말하는 작품의 반응」을 참조.
2   영화업계지 『일간 흥행통신』이나 영화관 동원수와 매출을 매일 전국 9대 주요 도시에서 조사하여 데이터베이스화하는 유한회사 흥행통신사의 조사 결과(2018년 11월 11일 현재)에서 인용했다. (http://www.kogyotsushin.com/archives/alltime/) (2018년 11월 16일 열람)

▌ 〈너의 이름은.〉은 히다시에서 어떻게 받아들여졌는가

히다시는 히다 후루카와(古川)의 마을 모습이나 흰벽의 토장(土藏) 등으로 잘 알려진 관광지인데, 작품과의 관계는 언제부터 시작되었고, 어떠한 사건이나 지역의 활발한 움직임이 있었던 것일까? 본 장에서는 필자가 2018년 9월에 실시한 히다시 상공관광부 주사인 요코야마 리에(橫山理惠) 씨의 인터뷰 내용이나 제공받은 자료를 근거로 그 경과와 효과를 기술한다.

2018년 3월 7일 요코야마 씨는 〈너의 이름은.〉이 히다시를 무대로 하고 있는 듯하다는 첫 소식을 듣고 판권을 가지고 있는 도호주식회사와 관계 만들기, 정보 수집을 시행했으며, 7월 7일 일본 전국 일제 시사회에 초대를 받아 〈너의 이름은.〉을 감상했다. 히다시에서 나고 자란 요코야마 씨는 자기 지역이 그려진 장면이 어느 장소인지 금방 알았고, 다음 8일에는 포스터 제작 기획을 입안했다. 또한 요코야마 씨는 판권을 가진 측과 권리 교섭이나 제작물 체크 등을 면밀히 하여, 영화와 같은 장면을 재현할 수 있도록 준비를 해나갔다. 히다시는 포스터에서 '기후현 히다시는 〈너의 이름은.〉을 응원합니다'라고 썼지만 '히다시는 성지다'라는 단정은 하지 않았고 '팬 자신이 직접 무대지나 장소를 성지로서 찾아내고, 그곳에서 사진 촬영을 한다'는 사실을 리스펙트하는 의미에서 굳이 단정하지 않고 '응원한다'고 했다.

2016년 8월 26일 영화 공개 후에 히다시 도서관에서는 게재문을 내걸고, 촬영시 매너를 환기하는 주의사항을 기재했으며 '도서관 방문 및 히다 후루카와에 온 감사·환영', '도서관의 트위터나 페이스북 팔로우 촉구'와 같은 팬에 대한 이해 및 환영의 뜻을 보이며 팬들이 기뻐할 만한 장치를 만들었다.

2016년 9월 27일 히다 시장인 쓰즈쿠 준야(都竹淳也) 씨가 "극중에 나오는 시영 버스의 버스정류소 표지를 설치했습니다"라고 자신의 페이스북에서 발표했다. 버스 노선을 손질함으로써 오치아이(落合) 버스정류소 표지는 철거되었지만, 영화와 같은 씬을 촬영하고 싶은 팬들을 위해, 그리고 현행 버스 노선에는 영향이 미치지 않도록 한 상태에서 창고에 놓아 둔 버스정류장 표지를 재설치한 것이다. 히다 시에서는 버스정류소 표지를 재설치하는 것 외에도 〈너의 이름은.〉의 응원 포스터를 게시하고, 성지순례 노트[3]를 두는 등 법령 준수 또한 예산을 들이지 않고 가능한 것부터 해나갔다.

2016년 11월 10일에는 포토 랠리가 시작되어 공식 콜라보 상품이 완성되었다. '지금만! 여기만! 당신만!'을 콘셉트로 히다시에 오지 않으면 입수할 수 없는 콜라보 클리어 파일을 선물하는 것이었다. 1,000명으로 한정했지만 인기가 너무 많아서 그 수가 부족했기 때문에 판권원과 교섭한 결과 3,000명으로 증가시킬 수 있었다. 그때 했던 앙케트에 따르면 방문자수 남녀 비율은 남성 65%, 여성 35%, 연대별 방문자의 비율은 10대 14%, 20대 43%, 30대 19%, 40대 14%, 50대 이상 10%였다. 지역별 국내 방문자수는 홋카이도(北海道) 17명, 도호쿠(東北) 19명, 간토(関東) 674명, 주부(中部) 1096명, 긴키(近畿) 461명, 주고쿠(中国) 26명, 시코쿠(四国) 10명, 규슈(九州)·오키나와(沖縄) 42명, 해외 604명, 불명 26명이다. 알게 된 계기는 지인의 소개가 147명, 라디오가 529명, SNS가 1214명, 잡지가 254명, 텔레비전이 950명이다. 히다 방문의 감상(복수 회답 있음)은 '대단히 만족했다'가

---

3 노트에 감상을 적은 첫 번째 사람은 '둘이서 같이 왔다'고 하였으며 날짜가 있는 것은 2016년 9월 10일에 '오사카에서 왔다'고 적힌 것이다. 이 이후 이 지역 기후현 사람, 홋카이도나 간사이의 대학생, 베트남이나 말레이시아에서 온 사람도 있고, 기후현 내외나 일본 국내외로부터 팬들이 찾아왔다.

2,349명, '다소 만족했다'가 550명, '보통'이 53명, '다소 불만족'이 3명, '불만족'이 3명이다.

2016년 11월 6일과 12월 11일, 히다시 시민홀에서 〈너의 이름은.〉 상영회가 개최되었다. 관객은 아이부터 시니어까지 폭넓었으며 총동원수는 4,200명 이상이었다. 히다시에는 영화관이 없어서 〈너의 이름은.〉을 감상하지 못한 시민들에게서 해당 지역에서 상영을 희망하는 목소리가 많이 나왔다. 영화 상영 기간 중에는 공개관 이외의 곳에서는 상영되지 않는 것이 보통이지만, 히다시가 그 목소리를 반영시킬 수 있도록 판권원과 교섭한 결과 상영할 수 있게 되었다.

2017년 1월 7일에는 '〈너의 이름은.〉전'이 시작되었다. 겨울의 히다시는 눈이 많이 내리고 관광은 한산기로 접어든다. 그러나 전람회 개최로 관광객 유입수를 확보하여 입장자는 10,170명(그중 시외에서 찾아온 입장자는 8,150명)이었다. 또한 2017년 1월 24일에는 애니메이션 투어리즘 모니터 투어를 개시했다. 일반사단법인 애니메이션 투어리즘 협회와 연계하여 해외 인플루언서(20명)에 의한 실증 프로젝트의 모니터 투어를 실시하고, 팔로워수[4]는 4,516만 명에 달했다. 그 결과 각국에 따라 정보 발신의 수법은 다르지만, 인플루언서의 발신력이 대단히 높아서 사람들이 SNS를 보고 관광을 하는 현상에서도, SNS의 정보 발신이 유효하다는 것이 확인되었다. 2017년 4월 11일과 4월 17일에는 애니메이션 투어리즘 일반 모니터 투어가 개최되고, 일반 모니터를 정원 60명으로 모집했더니, 각국에서 〈너의 이름은.〉

---

4 이것은 일반사단법인 애니메이션 투어리즘 협회가 내각부(지적재산전략 추진사무소)가 추진하는 '쿨재팬 거점 연계 실증 프로젝트' 모집에 응모하여 채택된 '애니메이션 이미지가 된 지역을 핵으로 한 거점 간 연계에 의한 일본 매력의 일체적, 효과적 발신'을 트위터에서 실시하고, 그 팔로워수를 제시한 것이다.

이 공개되기도 하여 전 세계로부터 52,088명의 응모가 있었다. 일본어가 통하지 않는 중에도 영화에 나온 매듭끈을 만드는 체험을 하는 프랑스인 그룹 등이 있었다.

2017년 3월 히다 후루카와역 1,2번 선에 열차가 정차하는 장면을 촬영할 수 있는 철로 위 구름다리와 촬영 스폿에서는 사진촬영을 하기 쉽도록 창문의 책을 군데 군데 떼고, 발받침이나 벤치를 설치함으로써 팬들의 촬영 서포트나 휴식이 가능하도록 했다. 나아가 역 구내에서는 '9:57~1분 동안만 2번 선에 열차가 머무른답니다! ※보통열차'라는 말풍선 메시지와 시각표가 게재된 상태로 코팅한 종이가 붙여졌다. 〈너의 이름은.〉의 내용을 알고 있는 사람이라면 아는 정보라서, 정보를 강요하지 않고 작품의 세계관을 망가뜨리지 않으면서 팬들 시선으로 정보를 제공하고 있었다.

▌〈너의 이름은.〉은 히다시에서 어떠한 효과와 일들을 초래했는가

우선 히다시의 광고효과를 말할 수 있다. 히다시에서는 2016년도 사이에 4대 매스미디어(텔레비전, 라디오, 신문, 잡지)가 히다시를 〈너의 이름은.〉으로 다루어 보도를 한 횟수와 그 광고효과를 공표했다. '텔레비전은 50회 이상, 신문은 130회 이상, 잡지는 20회 이상, 라디오·웹은 30회 이상'으로 '〈너의 이름은.〉 공개 후 1년 동안 10만 명 이상의 팬이 성지순례로 찾아오고 있다'[5]고 했다. 그 보도 내용은 히다시의 PR이 되었고, 거기에 광고 효과가 생겼으므로 금액으로 환산

5　히다시 상공관광부 주사인 요코야마 에리 씨가 작성한 자료 「애니메이션 팬이 히다시 팬으로!? 공개후 1년 만에 10만 명!! 성지순례자가 찾아오는 마을」에서 발췌했다.

하면 2억 엔을 넘는다고 추정된다.

다음으로 히다시로 유입된 관광객수의 증가가 이 광고 효과에 의해 초래되었다. 히다시의 〈너의 이름은.〉에 의한 유입 관광객수는 히다시 도서관 방문자수를 근거로 누적 계산하여, 국내외 총수 약 13만 명을 기록했다. 공개 후의 유입 관광객 수는 공표 수치로 2015년에는 149만 5541명, 2016년은 114만 51명, 2017년은 113만 981명이고, 증감은 있지만 이 3년 동안에는 외국인 숙박자가 증가 추세였다.

그리고 히다시 시민이나 점포는 〈너의 이름은.〉 팬이 먼 곳에서 와주는 현상을 감안하여, 히다 시민들이 '손님을 대접하는' 정신이나 '붙임성 있는' 성격 등을 살린 환대를 하였다. 예를 들어 히다시 미야카와초(宮河町) 오치아이의 버스정류장에서는 지역 사람들이 눈이 내린 날 오는 팬들을 대비하여 눈쓸기를 하거나, 지역민들이 손수 그린 맵을 작성·게시하였으며, 이 지역의 입욕 시설이나 선물 가게에 관하여 한마디 코멘트를 덧붙여 소개하기도 했다. 또 히다 후루카와역에 가까운 '맛집 후루카와(味処古川)'에서는 2018년 9월 현재까지도 〈너의 이름은.〉 팬이 여기에서 식사를 하면 할인 서비스를 해주었다. 고헤이모치(五平餅) 떡[6]을 주문하면 작중에 나온 고헤이모치를 먹는 장면의 장소(가게 옥외의 스페이스)에서 기념촬영을 할 수 있고, 혼자 온 손님의 경우는 점원이 촬영해 준다. 이러한 지속되는 대접은 지역의 장점과 인정을 전달하는 '지역의 환대'라고 할만한 것이며, 지역활성화의 열쇠가 된다.

---

6   [역] 이 지역 향토음식으로 경단을 꼬치에 꿰어 된장이나 간장을 발라 불을 쏘인 떡.

▮ 히다시에서 사례로 얻게 된 견해

2016년 2월 히다시는 콘텐츠에 의한 지역 활성화 등으로 모범이 되는 지역이나 기업을 선택하여 표창하는 〈제1회 로케 투어리즘 어워드〉에서 최우수상을 수상했다.

히다시 활동은 〈너의 이름은.〉의 팬 시점에서 콘텐츠 투어리즘에 관한 환대를 하고, 팬들이 기뻐해 줄 수 있는 적절한 장치를 만들었다. 나아가 판권원과 권리 처리를 하고, 정보의 수신 발신을 강화하며, 계속된 프로모션으로 화제를 모았으며 오랫동안 주목받는 사업을 지속했다. 또한 히다시 사람들이나 점포는 팬들에 대해 자신들에게 부담이 되지 않는 범위에서 환대를 하였다. 팬이 찾아와준 것만 반가워하고 아무것도 하지 않는 것은 아까운 일이며, 뜻있는 시민들과 함께 지역을 활발하게 만드는 실행이 필요하다.

마스모토 다카시(増本貴士)

55 〈러브 라이브! 선샤인!!(ラブライブ! サンシャイン!!)〉
─ 콘텐츠 투어리즘과 팬 투어리즘의 교착

▌〈러브 라이브!〉 시리즈 제2탄은 누마즈(沼津)가 주요 무대

〈러브 라이브!〉 시리즈의 제2탄인 〈러브 라이브! 선샤인!!〉은 시즈오카현(静岡県) 누마즈시(沼津市)가 주요 무대로 설정되어 있다. 여고생 그룹이 스쿨 아이돌로서 전국 제패를 목표로 한다는 기본 콘셉트를 계승하면서, 모교에 대한 애정과 더불어 지역애가 전면적으로 드러나고 있다. 텔레비전 애니메이션은 2016년 7월부터 9월에 걸쳐 시즌1이, 2017년 10월부터 12월에 걸쳐 시즌2가 방송되었고, 2019년 1월에는 극장판 영화가 공개되는 전개를 밟고 있다.

작품 안에서는 누마즈시 남부의 우치우라만(内浦湾) 주변을 중심으로 누마즈항 주변, 누마즈역 남쪽 출구의 상점가를 중심으로 하는 지역 등 다수의 스폿이 배경으로 등장한다.

〈러브 라이브! 선샤인!!〉은 기획 초기 단계부터 지역 기업과 대형 사철 계열 기업과 연계한 콜라보레이션이 실현된 것이 특색이며,[1] 텔레비전 애니메이션 방영 후에도 계속 증가하고 있다. 지역에서 개최되는 여름 마쓰리나 불꽃놀이 대회에는 등장인물들의 목소리를 담당

---

[1] 예를 들면 이가라시(五十嵐)는 지역기업이나 상점주를 대상으로 한 인터뷰를 정력적으로 하고, 원만한 관계를 구축할 수 있는 환경 하에서 대성공을 거두고 있는 실태를 분명히 하고 있다(五十嵐 2016:82).

한 성우가 직접 달려오는 등[2] 제작자와 지역이 손잡은 이벤트도 정력
적으로 이루어지고, 점점 더 호평을 받고 있다. 제작자·행정·지역의
연계가 원활하게 진행되면서 경제효과는 시리즈 전체에 걸쳐 439억
엔에 달한다고 추산되며,[3] 대성공을 거둔 사례의 하나로 손꼽힌다.

▌열성적 팬이 지역 활성화를 견인

누마즈에는 어떠한 팬들이 찾아오는 것일까? 2017년 12월에 실시
한 앙케트 조사에 따르면[4] 다음과 같은 경향이 떠오른다.

팬들은 전국에서 찾아오지만 수도권에서 오는 사람들이 4할 이상을
차지한다. 나고야(名古屋)권이나 오사카(大阪)권에서도 접근이 쉽고,
대도시권에서 오기에 '딱 좋은 거리감'은 현지 방문의 문턱을 낮추는
데에 도움이 된다. 두 번 이상 방문하는 팬들이 7할에 달하며, 3번
이상 방문한 재방문자들의 평균 방문횟수는 10.7회로 아주 높다. 성별
은 남성이 약 8할, 여성이 2할이 좀 넘으므로 남성이 다수를 차지하지만,
일정 수의 여성 팬들도 있다는 것을 알 수 있다. 연령별로는 30세
이하가 8할 조금 못 미치므로 젊은 세대가 압도적으로 많다. 작품과
직접적인 상관은 없는 누마즈 특산품에 대한 관심도 높았다. 다른
조사에서도 팬들이 누마즈를 잘 즐기는 경향이 드러났으며,[5] 팬들의

---

2 2017년 8월 2일부 니혼케이자이신문 기사에 따르면 2017년 7월에 개최된 '누마즈
    마쓰리'에는 성우도 달려왔다. 마쓰리 입장객수도 약 34만 5천 명을 헤아리고 작년
    보다 2만 명 증가했다고 한다.
3 하쿠호도(博報堂)의 「콘텐츠 팬 소비행동 조사」 2016년판 참조. http://news.myna
    vi.jp/article/20160912-a378/
4 2017년 2월부터 1월에 걸쳐 누마즈를 방문한 팬 대상, 지역 상점주 대상, 고등학생
    대상의 앙케트 조사를 실시했다. 상세는 모리(毛利 외, 2017)를 참조. http://
    ccc.sakura.ne.jp/ls2017/

방문이 누마즈 지역 경제의 활성화에 기여하는 것을 엿볼 수 있다.

무엇보다 일부에서는 문제행동을 일으키는 팬이 있지만, 대부분의 팬들은 선량하며 매너도 준수하다. 지역 관계자와 활발하게 교류를 하는 팬들도 많고, 전반적으로 양호한 관계성이 구축되어 있다고 해도 좋을 것이다.[6]

▌지역 상점주의 의식이 바뀌고 지역에도 좋은 영향을 미치다

팬들의 존재는 지역 상점주에게도 대부분 호의적으로 받아들여졌다. 상점가의 상점주를 대상으로 한 앙케트 결과에 따르면 〈러브 라이브! 선샤인!!〉에 관해서 무언가 관련 행동을 하는 상점주는 30% 정도였는데, 그런 가게에는 〈러브 라이브! 선샤인!!〉 팬들이 자주 찾아오며, 매출 증가에 공헌한다. 아무것도 하지 않는 가게의 40% 정도에도 팬으로 보이는 사람들이 찾아온다고 한다. 팬을 환대하려는 차원에서 지금까지 교류가 없던 각 점포, 각 상점가 조합들끼리 연계함으로써 기회가 생기고, 지역을 활성화시키려는 의식이 자극되었다는 긍정적인 효과도 인정할 수 있다.

▌지역 고등학생 '시선'은 신랄하지만 노력에는 이해를 보인다

다만 지역 고등학생들의 '시선'은 반드시 우호적이라고는 할 수 없

---

5 사토(2016)가 한 조사에서도 특히 재방문자 쪽이 성지 이외의 장소를 많이 찾는
   경향이 있다는 것이 밝혀져 있다.
6 예를 들어 누마즈 아게쓰시 상점가의 '쓰지 사진관'은 점포 일부가 팬 대상으로
   개방되어 팬의 휴게 장소가 되었다. 팬과 상점주의 우호적 관계는 누마즈 시내의
   곳곳에서 볼 수 있다.

다. 고등학생들에게 한 앙케트 결과를 보면, 누마즈가 〈러브 라이브! 선샤인!!〉의 무대라는 것을 9할의 학생들이 알고 있었고, 팬 같아 보이는 사람을 본 적이 있다는 비율도 8할에 이르렀다. 팬들이 찾아오는 플러스 영향은 7할 이상이라고 생각하고 있었으며, 주된 경제효과가 있다고 느꼈다. 그 한편으로는 마이너스 영향도 4할에 가까웠으며, 마을 분위기가 오타쿠스러워진다고 느꼈다. 팬들에 대한 인상에 관해서는 '열의가 대단하다', '애정이 있다', '액티브하다' 등의 호의적인 의견도 있지만, '오타쿠', '기분이 나쁘다', '공포스러운 복장'과 같이 부정적 인상이 다수를 차지했다. 이렇게 플러스, 마이너스 양면의 영향을 느끼는 일면은 있지만, 팬을 환대하는 행위에 관해서는 긍정적인 의견이 많아서 일정한 이해가 형성되어 있다.

▌콘텐츠 투어리즘과 팬 투어리즘의 교차

그런데 최근에는 미디어 믹스 전략이 진전하면서 콘텐츠 투어리즘에도 새로운 경향이 생겼다. 팬 투어리즘과 교차하는 상황이 출현한 것이다. 팬 투어리즘이란 배우나 아이돌, 성우 등의 인물을 뒤쫓는 형태로 이루어지는 관광(투어리즘)이며, '"대체성이 없는 매력을 가진 팬 대상자"인 "사람이나 그룹"을 응원, 애호하는 팬 즉 "사람"을 주어로 한 관광행동'[7]이라고 정의된다. 아이돌이나 성우 팬이 전국에서 개최되는 콘서트 투어에 '참전'(참가)하기 위해 이동하는 현상이 그 전형적 예이다.

미디어 믹스 작품인 〈러브 라이브! 선샤인!!〉은 작중의 유닛 '아쿠

---

7 팬 투어리즘의 기본적 구조에 관해서는 다이(臺 외, 2018)에 상세하다.

아(Aqours)'를 연기하는 성우의 인기 또한 높다. 그리고 성우의 라이브 투어는 전국 각지에서 개최되므로, 팬은 좋아하는 성우를 쫓아다니는 형태로 콘서트 회장을 돌아다닌다. '작품의 팬과 성우의 팬이 교차하는 상황'이 출현하는 것이다.[8] 누마즈라는 '장소'를 찾는 행위는 콘텐츠 투어리즘인데, 성우라는 '인물'을 뒤쫓는 행위는 팬 투어리즘적이다. 양자는 서로 배타적인 것이 아니라 동시에 애호할 수 있는 것이라 생각할 수 있다. 콘텐츠 투어리즘과 팬 투어리즘은 [표 55-1]과 같은 형태로 대비할 수 있다. 이러한 예는 앞으로도 증가해갈 것으로 예상되며 연구 틀의 재검토도 요청될 것이다.

▌'작품과 성우 팬'은 온갖 점에서 적극적!

'작품의 팬'으로 콘텐츠 투어리즘만을 실천하는 팬과 '작품과 성우 팬'으로 팬 투어리즘도 실천하는 팬 사이에는 행동의 실태나 의식 면에서 어떠한 차이를 볼 수 있을까? 여기에서 앞에서 말한 팬을 대상으로 한 앙케트를 재분석했더니 놀랄 만한 경향이 나타났다.[9]

[표 55-1]

	애호대상	여행의 형태	주된 목적지	연구방법
콘텐츠 투어리즘	작품 (콘텐츠)	마음에 드는 작품에 관련이 있는 지역 (장소)를 여행한다	작품의 로케이션지, 모델지, 작품을 다룬 시설 등	지역을 주어로 한 연구
팬 투어리즘	인물 (퍼스널리티)	동경하는 인물이나 그룹을 쫓는 형태로 여행한다	동경하는 인물이나 그룹이 출연하는 콘서트장 등	사람을 주어로 한 연구

---

8 시리즈 제1탄의 유닛 '뮤즈(μ's)'에서 이 경향을 볼 수 있는데, 제2탄은 무대가 누마즈가 되어 있어서 더 현저한 경향으로 나타났다.
9 '작품 팬'과 '작품과 성우 팬'의 대비에 관해서는 모리(毛利, 2018)를 참조할 것.

'작품과 성우 팬'은 '작품 팬'과 비교해서 거의 모든 질문 항목에서 적극적이고 능동적 경향을 발견할 수 있었다. '작품과 성우의 팬'은 〈러브 라이브! 선샤인!!〉이 가장 좋아하는 작품이라고 대답한 비율이 높았는데, '작품의 팬'은 마음에 드는 작품 중 하나에 불과하다는 대답이 다수를 차지했다. 누마즈 방문 횟수는 '작품과 성우의 팬' 쪽이 많고 누마즈에 대한 애착도에서도 누마즈를 제2의 고향처럼 느끼는 비율이 높았다. '작품과 성우의 팬'은 작품, 성우, 누마즈 마을까지 아주 좋아하는 행동파였다. 나아가 다른 작품의 무대를 찾는 것에도 탐욕스러우며 인터넷 상으로 정보를 발신하고 보다 적극적으로 그리고 습관적으로 지속했다.

이 분석 결과는 '작품의 팬'과 '성우의 팬'이 양립한다면 콘텐츠 투어리즘과 팬 투어리즘의 양립도 또한 가능하다는 것을 드러낸다. 그리고 쌍방을 실천하는 팬 쪽이 온갖 측면에서 적극적인 까닭에 지역애도 더 깊어진다는 경향까지 발견할 수 있었다. 이 경향이 다른 작품이나 다른 장르에서도 들어맞을지 아닐지 향후의 연구 진전이 기대된다.

모리 야스히데(毛利康秀)

참고문헌

이가라시 다이고(2016), 「시즈오카현 누마즈시 〈러브 라이브! 선샤인!!〉으로 생각하는 애니메이션 무대와 지역 사회 — 타이업 관점에서 파악하는 모에 진흥·성지순례 연구에 대한 시좌 제안」〔五十嵐大悟(2016), 「静岡県沼津市『ラブライブ!サンシャイン!!』から考えるアニメ舞台と地域社会 —— タイアップの観点から捉える、萌えおこし·聖地巡礼研究への視座の提案」,『コンテンツツーリズム論叢』10, pp.68〜69〕.

사토 다카시(2016), 「미디어와 리얼 월드의 융합에 의한 콘텐츠 투어리즘 효과의
조사」 2016년도 교육장려기금 「학습·연구장려금」 중간보고서〔佐藤孝史(2016),
「メディアとリアルワールドの融合によるコンテンツ·ツーリズム効果の調査」2016年
度教育奨励基金「学習·研究奨励金」中間報告書(http://ccc.sakura.ne.jp/ct3/
2016report_13.pdf)〕.

다이 준코·고다 마리코·최금민(2018), 「팬 투어리즘의 기본적 구조 ── 아이돌 팬에
대한 청취 조사로부터」〔臺純子·幸田麻里子·崔錦珍(2018), 「ファンツーリズムの
基本的構造 ── アイドルファンへの聞き取り調査から」, 『立教大学観光学部紀要』
20, pp.123~131〕.

모리 야스히데 외(2017), 「애니메이션 무대가 된 지역의 파급효과와 과제」〔毛利康秀
ほか(2017), 「アニメの舞台となった地域への波及効果と課題」, ふじのくに地域·
大学コンソーシアム2017年度ゼミ学生等地域貢献推進事業報告書(https://
www.fujinokuni~consortium.or.jp/wp~content/uploads/2016/09/6abc6203
76624c87c24cff59ca02744c.pdf)〕.

모리 야스히데(2018), 「콘텐츠 투어리즘 속 팬 투어리즘 ── 시즈오카현 누마즈시를
방문하는 〈러브 라이브! 선샤인!!〉의 팬을 사례로」〔毛利康秀(2018), 「コンテンツ
ツーリズムの中のファンツーリズム ── 静岡県沼津市を訪問する「ラブライブ!サ
ンシャイン!!」のファンを事例として」, 『日本観光研究学会全国大会学術論文集』
33, pp.133~136〕.

56 스포츠·콘텐츠와 투어리즘
― 피겨 스케이트와 성지순례

올림픽이나 축구 월드컵이 미디어에서 이벤트화하여 사람들의 관심을 모으고, 텔레비전 중계는 높은 시청률을 기록하기도 한다. 서클 활동 및 경기 생활을 그린 만화, 애니메이션이 다수 존재하는데 〈테니스의 왕자(テニスの王子様)〉, 〈겁쟁이 페달(弱虫ペダル)〉, 〈하이큐!!(ハイキュー!!)〉 등은 그 뮤지컬판(2.5차원 뮤지컬)[1]이 만들어져 인기를 끌기도 하는 등 요즘의 스포츠는 3차원(현실)/2차원(허구) 쌍방향 미디어 콘텐츠로서 수용되고 있다.

특히 피겨 스케이트는 2006년 토리노올림픽 이후 남녀 싱글경기에서 일본 선수의 현저한 활약으로 주목을 끌었고, 시합 모습이나 선수 동향이 미디어에서 빈번히 다루어졌는데, 2016년에는 관련 애니메이션 〈유리!!! 온 아이스〉가 방송되어 일본뿐 아니라 해외에서의 열광적인 팬 모습이 확인되었다. 그래서 본 장에서는 이러한 스포츠 콘텐츠 중에서도 피겨 스케이트 관련의 콘텐츠와 투어리즘의 관련에 관하여 현실 공간과 허구 공간 두 관점에서 착목했다.

---

1 2.5차원 뮤지컬에 관해서는 일반 사단법인 일본2.5차원 뮤지컬(http://www.j25musical.jp/), 2.5차원 문화에 관해서는 스가와 아키코(須川亜紀子)의 「WEB 푸른 활(青い弓)」의 연재기사(https://yomimono.seikyusha.co.jp/category/jigenbukaron)나 『유리이카(ユリイカ) 4월 임시증간호』의 「총특집 2.5차원―2차원에서 일어서는 새로운 엔터테인먼트」(青土社, 2015)가 상세하다.

▌피겨 스케이트 관련 장소로 순례를 가시화

2018년 2월에 개최된 동계 올림픽 평창대회에서는 남자 싱글 하뉴 유즈루(羽生結弦) 선수가 2014년 소치 대회부터 두 대회 연속으로 금 메달을 획득했다. '66년 만의 연패', '일본인 선수로는 최초', '우노 쇼마(宇野昌磨) 선수와 원투'라는 쾌거에 일본 전체가 들끓었는데, 동 시에 대회 때 하뉴 선수의 팬들에 의한 투어리즘, 성스러운 장소로의 순례 붐이 일었다.

대회 전인 11월 하뉴 선수는 시합의 공식 연습 중에 다리에 부상을 당하고 올림픽 출장 자체가 위태로웠다. 이를 계기로 부상 회복, 올 림픽에서의 활약을 기원하며 하뉴 선수와 관련 있는 신사를 직접 찾 아가는 여성 팬들이 미디어에서 가시화되었다.

예를 들어 「신(神様) "유즈루"에게 금메달을 —— 효고(兵庫) 두 신사 에 에마가 속속 등장」(『고베신문(神戸新聞) NEXT』 2018년 2월 16일 6시 20분 공개)에서는, 하뉴 선슈의 이름과 이름이 닮은 고베시(神戸市) 히 가시나다구(東灘区) 유즈루하신사(弓弦羽神社)와 미나미아와지(南あわ じ市)의 유즈루하신사(諭鶴羽神社) 두 곳을 다루며, 신사에 참배하여 유즈루 선수에게 응원 메시지, 사진이나 일러스트를 더한 에마를 봉 납하는 팬들의 모습이 전해졌다. 또한 하뉴 선수의 FS(프리 스케이팅) 프로그램 〈SEIMEI〉(영화 〈음양사(陰陽師)〉의 음악을 사용)와 관련이 있 는 교토시 가미쿄구(上京区)의 세이메이신사(晴明神社)에는 팬과 더불 어 하뉴 선수 본인까지 방문하여, '피겨 성지'[2]로 소개되며 금메달 획 득 후에 '감사 참배'를 하는 팬들의 모습까지도 보도되었다(「하뉴, 메 드메데바가 에마 봉납 세이메이신사에 팬 "감사 참배"」『교토신문(京都新聞)』

---

2 하뉴 선수는 올림픽 시즌인 2017~2018, 2015~2016 두 번에 걸쳐 같은 프로그램을 사용하고 있으므로 팬들 사이에서는 잘 알려진 성지가 되었다.

2018년 2월 23일 18시 공개).

영화 스타나 가수, 작사가, 작곡가, '쟈니즈'를 비롯한 '아이돌' 등의 예능 관계자와 관련 있는 장소로 향하는 투어리즘에 관해서는 일정 논의가 이루어졌는데(콘텐츠 투어리즘 학회, 2014), 하뉴 선수의 사례처럼 스포츠 선수에게까지 이르는 보다 광범위한 미디어적 존재들을 대상으로 한 연구가 축적되어야 할 필요성이 제기된다.

▌〈유리!!! 온 아이스〉와 투어리즘

피겨 스케이트에 대한 팬들의 뜨거운 시선은 현실 공간에 머물지 않고 허구 공간에도 넘쳤다. 〈유리!!! 온 아이스〉(이하 〈유리〉)는 텔레비전 아사히 계열에서 2016년 10월부터 12월까지 방송된 남자 피겨스케이트를 제재로 한 텔레비전 애니메이션이다. 이야기 무대는 주인공인 피겨스케이트 남자 싱글 스케이터 가쓰키 유리(勝生勇利)의 고향 규슈(九州)의 하세쓰(長谷津)로 되어 있다. 실제로는 사가현(佐賀県) 가라쓰시(唐津市)가 모델이며 가라쓰시는 '사가!!! on ICE'라는 이름을 내세워 〈유리〉의 성지로서 다양한 실행을 적극적이고 계속적으로 실시함으로써, 지금까지 가라쓰시를 찾던 관광객 층과는 다른 많은 젊은층(20~40대)의 여성팬들이, 일본뿐 아니라 해외에서도 찾아오고 있다.[3]

가라쓰시 경제관광부 관광과의 담당자에 따르면,[4] 시의 담당자가

3　「애니메이션 투어리즘 협회 가라쓰시에 '성지'플레이트-순례자 6만 명 넘어 주인(朱印) 스탬프도」『서일본신문(西日本新聞)』 2018년 12월 6일 사가판(佐賀版)에 따르면 2016년 12월부터 약 2년 동안 〈유리〉의 성지순례로 가라쓰시를 찾는 사람들은 연인원 6만 명 이상이고, 그 중 약 1300명이 해외 40개국에서 찾아오고 있다고 한다.

4　2019년 2월 8일(금)에 가라쓰시에서 담당자에 대한 청취조사를 실시했다. 협력에

중핵을 맡으면서 애니메이션 방송 직후인 2017년 3월부터 2018년 8월까지 사이를 3단계로 나누어 〈유리〉와 시의 콜라보 사업을 실시했다. 각각의 단계마다 '성지와 작품의 유대', '성지 이미지의 양성·유지', '성지 이미지의 확립'으로 다른 달성 목표를 내걸고 그에 기초한 실행이 이루어졌다.

지역 측, 그중에서도 공적 기관(시[市]와 현[県]이 연계)이 솔선하여 콘텐츠에 의한 투어리즘을 계획적으로 유발·촉진하고 이벤트마다 앙케트를 실시하여 방문자의 속성이나 특성을 정확히 파악하면서 적극적으로 팬의 목소리를 반영함으로써, 실적 및 효과의 면밀한 측정과 피드백이 이루어지고, 이것이 팬들을 싫증나기 않게 하는 전개로 이어졌다. 더불어 앙케트에 답하면 성지순례 맵을 무료로 배포하는 등, 지역 측과 팬 쌍방향에서 메리트 있는 호혜적 관계성이 구축된 궁리를 볼 수 있다.

이상과 같은 이유로 '애니메이션 성지 88선'(일반사단법인 애니메이션 투어리즘협회)에 선정되고, 〈제8회 로케이션 재팬대상〉에서 특별상을 수상하는 등 외부의 평가를 받았다. 또한 〈유리〉를 통해 축적한 노하우를 살려서 2018년 10월부터 12월까지 방송되고 가라쓰시를 무대의 하나로 삼았던 텔레비전 애니메이션 〈좀비랜드 사가(ゾンビランドサガ)〉에서는 사가현 안에서 광역 로케이션이 이루어진 투어리즘을 통해 가라쓰시가 주도권을 잡기에 이르렀다.

▌해외의 〈유리〉 수용

이 작품은 스케이터로서 한계를 느끼던 유리가 러시아의 전설적

감사의 말씀을 드린다.

스케이터이자 유리가 동경하는 존재 빅토르 니키포로프, 마찬가지로 러시아의 젊은 스케이터이며 유리를 라이벌로 보는 유리 프리세츠키를 비롯해 하세쓰에서 사람들과 교류를 통해 스케이터로 다시 살아나고 인간으로서도 성장해가는 모습을 그리고 있다.

피겨 스케이트의 주요 국제대회의 하나인 그랑프리 시리즈(이하 GPS)의 방영권을 갖는 텔레비전 아사히에서 방송되었는데, 유리 자신도 GPS에 출장하여 GPS 성적 상위 6명에게만 출장권이 부여되는 파이널에서 우승을 목표로 함으로써 이야기 세계와 현실이 절묘하게 링크되었다. 또한 텔레비전 아사히에서 GPS 실황을 담당하는 아나운서나 혼다 다케시(本田武史), 오다 노부나리(織田信成) 씨 등 스케이트 관계자들이 작중에 등장하였고, 극중 프로그램의 안무를 안무가 미야모토 겐지(宮本賢二) 씨가 담당했는데, 이것이 애니메이션 팬뿐 아니라 국내외의 피겨 스케이터, 팬을 콘텐츠로 유인한 요소가 되었다.

특히 이 작품은 러시아 스케이터가 이야기의 주요 인물이기 때문에, 러시아 선수가 높은 관심을 드러낸 것이 특징이다. 예를 들어 여자 싱글에서 두 차례 세계 챔피언에 빛나고 평창올림픽에서도 개인전 은메달을 획득한 예브게니아 메드베데바 선수[5]는, 〈유리〉를 시청하고 수시로 감상 등을 자기 SNS에 올리거나, 원안자인 구보 미쓰로(久保ミツロウ) 씨를 팔로우하여 교류하는 등 '열성팬'의 모습이 인터넷상에서 화제가 되었다.[6] 또한 2018년 세계 주니어선수권 여자 싱글에

---

5 에브게니아 메드베데프 선수는 일본 애니메이션 〈미소녀 전사 세일러문〉의 팬이며, 세계선수권 2016에서 첫 우승을 했을 때 후지텔레비전 인터뷰에서 극중의 노래를 일본어로 부르는 모습이 비쳤고, 아이스 쇼 등에서도 세일러문으로 코스프레한 프로그램을 선보이고 있다.

6 「피겨 스케이트 세계여왕에 의한 〈유리!!! on ICE〉 레뷰가 텐션이 몹시 높아」(http://togetter.com/li/1036679 2018년 9월 12일 열람)

서 우승한 러시아의 알렉산드라 트루소바 선수는, 빅토르의 애견인
맥커친의 티슈 케이스를 애용하는 모습이 시합 때마다 비쳐 콘텐츠
에 대한 애착을 엿볼 수 있으며, 피겨 스케이트 팬도 그 모습을 호의
적으로 포착하고 있다.[7]

이상과 같이 〈유리〉는 허구 공간에서 만들어진 이야기를 수용하는
팬을 현실 공간의 성지로 유도하는 것과 더불어, 실재하는 피겨 스케
이터를 이야기의 세계 속에 들임으로써 현실/허구의 경계를 횡단하
는 콘텐츠 수용을 가능케 했다. 그리고 그때 중요한 역할을 한 것이
해외의 수용자, 즉 러시아 선수였다. 다만 이들 스케이터들은 〈유리〉
이전부터 일본의 만화, 애니메이션에 관심을 가지고 있었거나, 일본
의 피겨 스케이트 팬들이 평소 선수에 대한 깊은 경의나 성실한 시합
관전 태도를 보이는 까닭에 일본을 좋아하고 있었다. 〈유리〉에 대한
높은 관심의 요인이라면, 콘텐츠 그 자체에 대한 관심뿐 아니라 복합
적이라고 볼 수 있다. 앞으로 다른 스포츠 콘텐츠에도 눈길을 주며
비교·고찰을 심화해가고자 한다.

다지마 유키(田島悠来)

참고문헌

콘텐츠 투어리즘 학회(2014), 『콘텐츠 투어리즘 입문』〔コンテンツツーリズム学会
   (2014), 『コンテンツツーリズム入門』, 古今書院〕.

---

7   예를 들어 '트루소바 맥커친'을 키워드로 트위터에서 검색하면, '키스 앤 크라이
   때의 웃는 얼굴과 맥커친이 사랑스러움에 또 다시 기절', '맥커친 티슈 케이스를
   이번 시즌에도 사용해서 기뻐'라는 트윗을 볼 수 있다.

57 게임과 관광

— 현실에 의미를 부여하는 시스템

▌ 게임에 주목—시장 규모의 확대와 문화적 확장

『패미통 게임백서 2018(ファミ通ゲーム白書2018)』에 따르면 게임의 일본 국내 시장은 1조 5,686억 엔으로 과거 최고를 경신했다. 게임의 시장 규모가 계속 증가하는 배경에는 인터넷 이용자의 증대 및 스마트폰이나 태블릿 단말의 보급 등의 요인이 있다고 보인다.

또한 근년 비교적 고품질의 VR(Virtual Reality) 체험이 테마 파크나 게임 센터, 이벤트의 어트렉션으로써만이 아니라, 가정용 게임기에서 가능해졌다. CAPCOM에서 2017년 1월에 발매된 Playstation VR 대응 소프트 〈바이오 해저드7〉은 2018년 12월 31일 현재 610만 개가 판매되었고 이 회사의 랭킹에서 5위로 랭크인되었다.

또한 e스포츠를 둘러싼 움직임도 활발하다. '일반 사단법인 일본 e스포츠 연합 오피셜 사이트'를 보면 '"e스포츠(esports)"란 "일렉트로닉 스포츠"의 약칭으로 광의로는 전자기기를 이용하여 하는 오락, 경기, 스포츠 전반을 가리키는 말이며, 컴퓨터 게임, 비디오 게임을 사용한 대전을 스포츠 경기로 파악할 때의 명칭'이라 되어 있다. 스포츠 게임이나 격투 게임, 퍼즐 게임이나 대전형 슈팅 게임 등의 타이틀로 대회가 개최되어 있다.

디지털 게임뿐 아니라 보드게임이나 서바이벌 게임과 같은 현실

공간 상에서 이루어지는 게임이나 TRPG(Table Talk Role Playing Game)
라 불리는 대화형 게임 등이 인기를 끌고 있다. 각지에 보드게임을
플레이할 수 있는 카페가 생기고 도서관에서 보드게임 활용사례 같은
것도 보고되었다(이노우에[井上] 등, 2018).

　나아가 이들 게임 플레이의 모습을 촬영하고 동영상 송신 사이트
등에서 방송하는 '게임 실황' 동영상도 인기다. 그 영향력이 강한 덕
에 2018년 11월 29일부로 닌텐도가 가이드라인에 따른 상태에서 게
임 실황에 대하여 저작권 침해를 주장하지 않을 것을 표명했다.

　이렇게 게임은 현실 공간, 정보 공간, 허구 공간을 걸쳐 확장을 보
이고 있다. 연구적 관심도 높아지고 있어서 이번 장 말미에 소개하는
것처럼 게임에 관한 연구서가 잇따라 출판되고 있다.

▌관광과 게임의 관계성

　게임과 관광의 공통점은 모두 레저 활동에 해당하며, 체험에 '즐거
움'이 포함되는 것일 터이다. 게임이든 관광이든 그 주된 동기는 '다
른 무언가를 위해'라는 수단적인 것이라기보다, 그 자체를 즐기는 것
을 목적으로 한다. 물론 예외는 존재하며, e스포츠 선수나 게임의 테
스트 플레이어로서 생계를 유지하는 경우나, 연수 여행이나 수학 여
행 등은 이게 끝이 아니다.

　그렇다면 구체적으로 게임과 관광에 대체 어떠한 관계가 있는 것
일까? 필자는 관광과 게임의 다양한 관계를 표와 같이 정리했다(오카
모토[岡本], 2019, [표 57-1]).

　첫 번째는 '관광 장면에서 게임이 활용되는 케이스'이다.

　'관광 중에 게임이 플레이되는' 상황이란, 한창 이동하는 중에 트럼

[표 57-1] 게임과 관광의 관련

① 관광 장면에서 게임이 활용되는 케이스

1. 관광 중에 게임이 플레이된다
  2. 게임 자체가 관광자원이 된다
  3. 게임의 무대나 캐릭터 관련 장소를 여행한다

② 게임 제재로서 관광이 이용되는 케이스
1. 게임 내에서 관광이 그려진다   2. 관광 행동에 게임적 요소가 있다
③ 게임 체험 자체가 관광이 되는 케이스

프나 UNO와 같은 카드 게임이나 휴대게임기로 게임을 플레이할 경우, 배 여행 중에 빙고게임이 이루어지는 경우 등을 들 수 있다. 스탬프 랠리나 오리엔테일링, 퀴즈 랠리 등도 여기에 포함시켜도 될 것이다.

다음으로 '게임 그 자체가 관광 자원이 되는' 경우를 생각할 수 있다. 다시 말해 게임을 플레이하거나 그 모습을 관전하는 것을 목적으로 사람들이 그 장소에 모이는 것이다. 게임의 전시회나 전람회, 뮤지엄, e스포츠나 게임 경지회 등이 포함된다. 게임 센터나 보드게임 카페, 리얼탈출게임, 서바이벌 게임 등도 구조는 같다. 수수께끼를 푸는 것이 투어 상품의 중요한 콘텐츠가 되는 〈명탐정 코난〉을 모티프로 한 미스테리 투어 등도 있다. 이때 현실 공간 상에 사람들이 모이는 경우도 있지만, 게임 실황과 같이 정보 공간상에 모이는 경우도 있다.

그리고 '게임 무대나 캐릭터 관련 장소로 여행하는' 이른바 콘텐츠 투어리즘을 들 수 있다. 닌텐도 DS용 소프트 〈러브 플러스+〉에서는 게임 내에 등장하는 시즈오카현(静岡県) 아타미시(熱海市)와 콜라보레이션한 행사가 이루어지고, 브라우저 게임 〈함대 컬렉션(艦隊これくしょん)〉이나 〈도검난무(刀剣乱舞)-ONLINE-〉, 〈문호와 아르케미스트(文

豪とアルケミスト)〉에 등장하는 캐릭터의 모티프가 된 전함이나 도검에 관련된 장소나 뮤지엄이 관광 목적지가 되었다(오카모토[岡本], 2018).

두 번째는 '게임 내에서 관광이 그려지는' 것이다. 예를 들어 〈모모타로 전철(桃太郎電鉄)〉 시리즈가 여기 포함된다. 주사위의 눈이 나온 숫자만큼 철도나 페리, 항공기 등으로 이동하면서 그 지역 독자의 물건(物件)을 구입하고 자산을 증가시켜 가는 게임이다. 이 작품은 관광 가체가 게임이 되는 것과 동시에 개발자인 사쿠마 아키라(さくまあきら) 씨에 의한 실제 관광이 게임만들기에 활용된 점에서도 관광과 관련된다.

다음으로 '관광 행동에 게임적 요소가 있는' 경우다. 관광 행동 그 자체가 갖는 게임성이 콘텐츠에 활용된다. 예를 들어 텔레비전 프로그램 〈수요일 어떠신가요(水曜どうでしょう)〉나 〈로컬 노선버스 이어 타기 여행(ローカル路線バス乗り継ぎの旅)〉에서는 현실 공간의 이동 때 어떠한 룰을 마련하고 출연자가 그것을 클리어하려고 분투하는 모습이 그려진다.

세 번째는 '게임 체험 그 자체가 관광이 되는 케이스'이다. 예를 들어 VR 기술을 이용한 게임이나 어트랙션을 생각하면 이해하기 쉽다. VR 고글을 장착함으로써 물리적 신체가 존재하는 장소와는 다른 장소에 있는 듯 느끼게 된다. 콘텐츠의 퀄리티나 체험자 자신의 심리적 상태 등에 의해 느낄 수 있는 몰입감에는 차이가 있지만, '지금, 여기'가 아닌 공간에 있는 듯 느낄 수 있는 체험이다.

혹은 PlayStation4에서 플레이 가능한 〈어쌔신 크리드 오리진〉이나 〈스파이더맨(Marvel's Spider-Man)〉 등은 현실의 장소(전자는 고대 이집트, 후자는 뉴욕)가 게임 안에서 대단히 리얼하게 재현되고 있으며, 그 장소를 이동하면서 게임을 해나간다. 플레이어는 게임을 플레이하면서 마치 그 장소를 관광 여행하는 듯한 감각을 맛볼 수 있다.

잘 생각해 보면 이러한 기술에 의존하지 않더라도 게임 체험은 원래 허구 공간으로의 정신적 이동이라는 측면을 지닌다. 디지털 게임, 보드게임이나 카드 게임, TRPG 등의 각종 아날로그 게임, 또는 〈술래잡기〉나 〈무궁화꽃이 피었습니다〉, 〈가위바위보〉에 이르기까지 각가의 방식으로 게임의 공상적, 허구적 세계를 만들어올리고 플레이어는 그것을 즐겨왔다. 〈리얼 탈출 게임〉(SCRAP)이나 LARP(Live Action Role Playing) 등은 실로 그러한 '잡기 놀이'를 응용한 게임이다.

▌ 현실세계를 재구축하다

게임에 의한 관광, 지역 진흥의 사례도 많이 볼 수 있다. 예를 들어 보드게임인 〈인생 게임〉을 활용한 이벤트이다. 본작은 인생을 여행의 비유를 이용하여 표현한 것이며, 플레이어의 말을 자동차형의 말에 끼워서 플레이하는 '주사위'형 게임인데, 2015년부터 〈리얼 인생 게임〉이라는 것이 실시되고 있다. 이것은 현실 공간의 상점가 등을 이용한 관광지역 진흥 이벤트이며, 2018년에는 타카라토미사(タカラトミー社)가 입지한 도쿄도 가쓰시카구(葛飾区)에서도 개최되었다.

또한 〈Ingress〉, 〈Pokémon GO〉, 〈요괴워치 월드〉, 〈테크테크테크테크〉 등의 스마트폰용 위치정보 게임이 잇따라 릴리스했다. 이들은 현실 공간의 위치 정보 및 그에 얽혀 있는 다양한 정보와 플레이어의 위치 정보를 이용한 게임이다. 플레이어가 현실 공간 상을 이동함으로써 게임 내의 플레이어 배터도 그에 맞추어 이동하고, 허구 공간 상에서 다양한 이득을 얻을 수 있는 장치가 되어 있다. 위의 네 작품은 같은 장소에 대해 각각 다른 의미를 부여하고 있으며, 현실 공간

상에 허구 공간의 층(레이어)을 중첩시킨다고 생각할 수 있다.

　이상과 같이 현실 공간에 게임이라는 허구 공간이나 정보 공간의 룰을 중첩시킴으로써 '장소'나 '사물'의 의미 부여가 다시 이루어지며, 그때까지 돌아보지도 않았던 것이 '볼만한', '지향할 만한', '체험할 만한' 관광 자원이 된다. 그러한 의미에서 이들은 실로 콘텐츠 투어리즘인 것이다. 다양한 사례를 게임이 가지는 미디어적, 콘텐츠적 특징에 주목하면서 분석, 고찰해 갈 필요가 있다.

오카모토 다케시(岡本健)

참고문헌

이노우에 나치·다카쿠라 아키히로·히나타 요시카즈(2018), 「도서관과 게임 ── 이벤트에서 수집으로」[井上奈智·高倉暁大·日向良和(2018), 『図書館とゲーム ── イベントから収集へ』, 日本図書館協会].

간다 고지·엔도 히데키·마쓰모토 겐타로(편)(2018), 『포켓몬GO로 하는 질문 ── 확장되는 세계의 리얼리티』[神田孝治·遠藤英樹·松本健太郎(編)(2018), 『ポケモンGOからの問い ── 拡張される世界のリアリティ』, 新曜社].

오카모토 다케시(2018), 『순례 비즈니스 ── 팝 컬처가 관광자산이 되는 시대』[岡本健(2018), 『巡礼ビジネス ── ポップカルチャーが観光資産になる時代』, KADOKAWA].

오카모토 다케시(2019), 「게임과 관광의 관계」, 마쓰이 히로시·이구치 다카노리·오이시 마스미·하타 미카코(편), 『다원화하는 게임 문화와 사회』[岡本健(2019), 「ゲームと観光の関係」, 松井広志·井口貴紀·大石真澄·秦美香子(編), 『多元化するゲーム文化と社会』, ニューゲームズオーダー, pp.333~335].

Gz 브레인 마케팅 섹션(2018), 『패미통 게임백서 2018』[Gzブレインマーケティングセクション(2018), 『ファミコ通ゲーム白書2018』, Gzブレイン].

마쓰이 히로시·이구치 다카노리·오이시 마스미·하타 미카코(편)(2019), 『다원화하는 게임 문화와 사회』[松井広志·井口貴紀·大石真澄·秦美香子(編)(2019), 『多元化するゲーム文化と社会』, ニューゲームズオーダー].

마쓰나가 신지(2018), 『비디오 게임의 미학』〔松永伸司(2018), 『ビデオゲームの美学』, 慶應義塾大学出版会〕.

마쓰모토 겐타로(2019), 『디지털 기호론 —— '시각에 종속되는 감각'이 일으키는 리얼리티』〔松本健太郎(2019), 『デジタル記号論 ——「視覚に従属する触覚」がひきよせるリアリティ』, 新曜社〕.

58 「TOYAKO 만화·애니메이션 페스타」
— 관광과 서브컬처 이벤트

　이번 절에서 다루는 것은 제4부에서 지금까지 이야기한 사례와는 상당히 취향이 다른 것이다. 여기에서 다루는 사례는 지금까지 보아온 것처럼 하나의 애니메이션 작품과 그 무대가 된 지역의 콜라보레이션, 이른바 '애니메이션 성지순례'가 아니다. 애니메이션 콘텐츠를 중심으로 하여 전개되는 팬 컬처나 그 소비 양식으로서 오타쿠 문화 그 자체를 활용하여 하나의 지역 안에서 전개된 사례이다.

　현재 그러한 지역의 활동에는 캐릭터 비즈니스, 콘텐츠 비즈니스적 애니메이션 등과 지역 산업의 콜라보레이션이나 해당 지역에서 모에(萌え)[1] 캐릭터 만들기, 로컬 지역을 무대로 한 애니메이션 서브컬처 이벤트 등이 있다. 특히 여기에서는 투어리즘, 관광이라는 관점에서 지역의 애니메이션 이벤트의 일례로 홋카이도(北海道) 도야코초(洞爺湖町) 도야코 온천거리의 〈TOYAKO 만화·애니메이션 페스타〉의 사례를 다루어보자.

1　[역] 실재냐 허구냐에 상관없이 어떤 인물이나 사물에 대하여 깊이 마음에 품게 됨을 일컫는 말.

▌ 도야코 관광의 역사와 현상

도야코 호수는 홋카이도 남서부에 위치하고 아부타군(虻田郡) 도야코초와 우스군(有珠郡) 소베쓰초(壮瞥町)에 걸쳐 있으며, 일본에서 아홉 번째 면적을 자랑하는 호수이다. 도야코 온천은 이 도야코 남쪽 기슭에 위치하며 도야코초 측에 속해 있다. 호수에 유람선이 다니며 멀리 북쪽으로 요테이산(羊蹄山), 바로 남쪽에 우스산(有珠山), 쇼와신산(昭和新山) 등을 바라보는 홋카이도 굴지의 관광지이다. 홋카이도 내의 최대 도시 삿포로(札幌)에서 약 150km, 근교의 도시 무로란시(室蘭市)로부터도 50km 정도 떨어져 있다.

도야코 온천의 역사는 이 우스산과 떼어서 생각할 수가 없다. 도야코 온천가의 개발이 시작된 것은 지금으로부터 100년 이상 전, 1910년 우스산이 분화하면서 탄생했다고 보이는 온천수 용출이 계기가 되었고, 1920년대부터 30년대에 걸쳐 호반에는 여관, 호텔이 줄지어 들어서게 되었다. 전시 중이던 1944년에는 우스산 화산 활동에 따라 쇼와신산이 형성되고, 전쟁이 끝나자 관광자원이 됨과 동시에 1949년에는 요테이산이나 시코쓰코(支笏湖) 호수와 합해서 도야코 호수 일대가 시코쓰토야(支笏洞爺) 국립공원으로 지정되었다. 그 결과 온천가는 고도 경제 성장기에 더욱 크게 발전하여 대형 숙박시설이 줄지어서는 관광지로 성장했다. 그 후 1977년, 2002년 우스산 분화로 큰 피해를 입으면서, 그해에는 관광객이 격감한 일도 있었지만, 지역의 노력으로 그것을 극복했다.

그러나 앞에서 말한 것처럼 대형 숙박시설이 늘어선 매스 투어리즘형 관광지였던 도야코 온천은 대규모 단체여행에서 소규모 그룹, 혹은 개인여행으로 관광 형태 변화가 일어나자 고전을 면치 못하게 되었다. 관광객 수는 1993년에 435만 명을 헤아린 이후 서서히 감소하기 시작하여 2011년에는 피크 때인 1993년의 절반도 안 되는 202만 명까지 감소했다. 그 사이 G8홋카이도 도야코 정상회담의 개최(2008), 도야코 우스산 지오파크 인정(2008년 일본 지오파크 네트워크, 2010년 세계 지오파크 네트워크) 등의 이슈도 있었지만, 관광객 감소를 멈출 수는 없었다. 또한 2000년에 들어서는 만화, 애니메이션으로 인기가 높아진 〈은혼 (銀魂)〉의 주인공이 '도야코'라는 발굴된 목검을 지닌 것에서 목검이 선물로 인기를 끄는 등, 애니메이션 콘텐츠와의 관련도 있었지만, 이 것은 다양한 사정이 있어서 지역적으로 확장을 하지는 못했다. 이러한 상황 속에서 개최된 것이 TOYAKO 만화 애니메이션 페스타이다.

▌TOYAKO 만화 애니메이션 페스타의 개최

개최의 계기는 도야코초가 2010년에 맞이하는 도야코 온천 탄생 100년 기념사업을 주민들에게 일반공모로 실시한 것이었다. 여기에 젊은 사람들이 즐길 수 있게 하는 이벤트로 만화 애니메이션 이벤트 제안이 들어왔고, 전년도 10월에 이 기획이 채택되었다. 이후 관민의 틀을 초월한 지역 유지들의 협력에 의해 기획·준비되어, 2010년 6월 에 제1회째 〈TOYAKO 만화 애니메이션〉(동(同)페스타 사업추진위원회, 도야코 온천 관광협회 주최)이 온천가 안에 있는 도야코 문화센터를 중 심으로 도야코 온천가 전역을 무대로 하여 이틀간의 일정으로 개최 되었다.

처음 개최된 이 이벤트에서는 유명 성우에 의한 토크쇼, 만화 원화 전, 애니메이션, 만화의 캐릭터 등을 래핑한 '이타차(痛車)'[2] 전시, 코

---

2 애니메이션, 만화 등의 캐릭터로 래핑된 차.

스프레 댄스파티, 애니메이션을 활용한 관광마을 만들기에 관한 포럼, 키워드 랠리 등의 프로그램이 개최되었는데, 특히 메인이 된 것은 온천가 전역을 코스프레 이벤트 회장으로 만든 〈온천가 통째로 코스프레 회장〉이라는 행사였다. 이는 온천가나 호반 공원 등에서 자유롭게 코스프레하는 것을 허용한 것이었다. 또한 허가를 받은 많은 호텔, 여관이나 음식점, 선물가게에서는 코스프레한 상태 그대로 입점을 허락해 주었으며, 호텔 같은 데에서는 코스프레 상태로 방으로 돌아오거나, 이튿날 아침에는 방에서 코스프레를 하고 체크아웃하는 것도 가능했다.[3] 개최 때 주최자는 홋카이도 안에서 코스프레 이벤트를 개최하는 단체나 이타차 소유자에 의한 연합단체 등에 협력을 구하였고, 지역주민들에 대해서는 주민설명회를 하여 주지하도록 기획했으며, 더불어 참가자들에게도 상세한 룰을 사전에 고지하여 쌍방향으로 충분한 이해를 구했다.

▌이벤트 성과와 확산

이 결과 당초의 예상을 크게 웃도는, 이틀간 연인원 3,000명의 입장객 수를 기록했다. 당초 한 번만 할 예정이었던 이 이벤트는 이 성공으로 민간 주도로 계속해서 개최하게 되었고, 그 후 2011년 2회째에는 7,000명, 2012년에는 30,000명, 2013년 49,000명, 2014년 5회째에는 57,000명으로 회를 거듭할 때마다 입장객 수를 크게 늘려갔으며, 2018년에는 7만 명을 넘었다. 그 사이 위 프로그램은 보다 확대되어 온천가는 보행자 천국[4]이 되었고, 호수에 떠 있는 무인도나

3　일본 국내에서 개최되는 코스프레 이벤트는 기본적으로 회장 안에서 옷갈아입기를 의무화하고 있으며 의상을 입은 상태로 입장은 금지한다.

작은 섬, 쇼와신산 등으로 코스프레 가능 지역을 확대했다. 또한 연극을 좋아하는 마을 사람들이 중심이 되어 참가하던 코스플레이어나 마을 사람들이 중심이 되어 모집한 오리지널 코스프레 퍼포먼스, 연극을 제작하고, 마을 주민만의 독자적인 콘텐츠도 만들고 있다. 나아가 마을 안팎의 유지들이 무상으로 콘텐츠를 가지고 오게 되어 전문학교에 의한 일러스트 작품의 전시, 애니메이션 제작 워크숍 등이 온천가의 빈 점포에서 개최됨과 동시에 온천가 광장에 트럭 스테이지를 설치하여 희망자의 자유로운 퍼포먼스를 허용하는 등, 참가자 이벤트, 온천가 회유(回遊)에서 큰 역할을 하고 있다. 당초에는 코스프레 등의 '오타쿠 문화'에 당혹감을 보이던 마을 주민들도 회를 거듭할수록 스스로 코스프레를 준비하는 등 적극적으로 이벤트에 참가하고 있다. 또한 이벤트 운영에서도 마을 안팎에서 많은 자원봉사 스태프가 참가하게 되어, 운영의 커다란 힘이 되었다. 이상과 같은 상황은 도야코 호수 지역을 중심으로 한 사람들에 의해 오타쿠 문화를 축으로 한 문화제 같은 양상을 드러낸다.

　이러한 이벤트형 지역 활성화 수법 중에서 과제가 되는 것은 지역 자원과의 연계일 것이다. 서브컬처 콘텐츠만이 아니라 도야코 호수가 가진 독자적인 자원을 접하고, 도야코라는 지역의 팬이 되는 사람은 나타났을까? 그것을 생각하기에 상징적인 것이 폐회식 광경이다. 매년 이틀째 저녁에 이루어지는 폐회식은 주최자의 인사말 등이 위주였고 예년에는 200명 정도가 참가했다. 폐회식이 끝나면 폐회식 참가자 전원이 기념촬영을 하고, 각각의 참가자가 주최자인 지역 사람들에게 다가와 친밀하게 이야기를 나눈다. 원래 이어질 수 없는 지역 외 사람과

4　[역] 구역을 정하여 차가 통행하지 못하도록 막고 보행자들이 자유롭게 도로를 걸을 수 있게 한 것.

지역 사람들의 결부가 이벤트를 계기로 형성된 것이다.

한편으로 급격한 참가자 수의 확대는 주최자에게 당혹감과 피폐한 느낌을 불러일으킨다. 물론 그것은 대부분 도야코초 지역 주민들에 의한 사업추진위원회와 근린 지역에서 온 자원봉사 스태프 100명 정도로 운영된다는 직접적 이벤트 운영의 피로감도 있지만, 그와 더불어 이 급작스러운 확대가 주최자의 활동, 노력과 관계없이 확대된다는 실감을 주기 때문이다. 콘텐츠의 팬 활동, 그 발로의 장소로서 '이벤트'라는 측면과 지역에 의한 콘트롤이 서로 어긋난 것처럼 보인다.

'콘텐츠'라는 지역 외의 요소를 이용하는 가운데 지역 관광 매니지먼트를 해야 하는 것이 얼마나 곤란한가 하는 문제는, 콘텐츠 투어리즘을 생각할 때 중요한 일이다.

야리미즈 고타(鎗水孝太)

59 코스프레 투어리즘

▌ 코스플레이어들은 '이동'한다

코스프레란 코스튬 플레이의 약칭으로 '애니메이션, 만화, 게임 등의 캐릭터로 분장하는 것을 나타내는 말'(오카베[岡部], 2014:373)이다. 코스프레에 열광하는 사람들은 '코스플레이어'라고 불리며 일본에서는 '대부분 여성이고 대학생이나 20대 사회인 등 따로 본업을 가지고 있는 보통 사람들'(오카베[岡部], 2014:372)이 차지한다.

코스플레이어들은 코스프레를 즐길 때 어딘가로 '이동'할 때가 많다. 더구나 근처 공원 같은 데로 휙 나서는 것이 아니라, 사전에 어디에서 촬영하는지 계획하고 때로는 예비조사를 한 다음 그곳에 코스프레를 하러 가는 것이다.

▌ 코스프레를 하는 장소

그렇다면 코스플레이어들은 어떠한 장소에 이동하여 코스프레를 하는 것일까? 가이누마 아스카(貝沼明華)는 코스플레이어가 코스프레하는 장소를 ①코스프레가 가능한 서브컬처 이벤트, ②코스프레를 목적으로 한 이벤트, ③개인 촬영 혹은 소인원 그룹의 촬영회, 셋으로 분류했다(가이누마[貝沼], 2016). ①에서는 동인지 즉매회 등의 대형 오타쿠문화 이벤트나 지역 진흥 의미를 포함하는 서브컬처 이벤트[→

70]가, ②에서는 〈세계 코스프레 서미트〉 등 퍼포먼스를 목적으로 한 이벤트가 유원지 및 테마파크 등에서 개최되는 이벤트, ③에서는 자택에서의 촬영이나 코스프레 전용사진 스튜디오 등을 예로 들 수 있다. 다양한 장소로 코스플레이어들이 이동하며 코스프레를 즐기는 것이다. 최근 코스프레 문화의 트렌드로는 가이누마의 정리에 더하여, '마을 내부'도 하나의 카테고리로 추가해도 좋을 듯하다.

예를 들어 2014년부터 매년 할로윈 시기에 개최되는 〈이케부쿠로 (池袋) 할로윈 코스프레 페스티벌〉에서는 이케부쿠로역 동쪽 출구 지역을 중심으로 마을 전체를 코스프레 의상으로 몸을 휘감고 자유롭게 이동하며, 코스프레 촬영이나 다른 코스플레이어와의 교류를 즐길 수 있다. 이 시기나 할로윈이 아니더라도 일본 각지에서 여러 시기에 온 동네에서 코스프레를 할 수 있는 이벤트가 개최되고 있다. 이러한 이벤트의 호칭은 통일되지 않았지만, 필자는 '거리 코스프레'라는 이름이 가장 적절하다고 생각한다. 또 거리 코스프레라는 이름을 가진 이벤트에는 〈후쿠시마 거리 코스프레 in 파세오 거리〉, 〈거리 코스프레 @고엔지(高円寺) 페스티〉 등이 있다.

여기까지 가이누마가 정리한 내용이나 거리 코스프레를 소개했는데, 코스플레이어들이 어딘가로 이동하여 코스프레를 즐기는 것을 이번 장에서는 '코스프레 투어리즘'이라 부르고자 한다.

▌코스프레 투어리즘의 근간

필자와 시즈카 마사노리(志塚昌紀)는 과거에 사이타마현(埼玉県) 미야시로초(宮代町)에서 개최된 거리 코스프레 이벤트 〈러브 코스프레 미야시로 2016〉의 조사를 했다(기쿠치·시즈카[菊地·志塚], 2017). 그때 이벤트 안에서 촬영된 코스프레 사진도 분석했는데, 회장인 미야시로초가 무대지나 모델이 된 작품의 코스프레는 하나도 없었다. 코스플레이어들은 작품과는 무관계한 거리의 풍경이나 점포에 자기들이 재현하려는 애니메이션, 만화, 게임 등의 이야기 세계를 읽어들였다는 것이다.

그때 열쇠가 되는 것은 경관이 가지는 대체가능하고 보편적 분위기, 이미지일 것이다. 예를 들어 복수의 코스플레이어가 미야시로초 신사에서 코스프레 사진을 촬영하였는데, 그때는 신사가 가지는 보편적 신사적 경관, 즉 '신사다운 경관'이 코스플레이어들이 재현하고자 하는(미야시로초와는 무관계한) 각 작품의 이야기 세계에 등장하는 신사의 대체물로 바꿔 읽히기로 이용되었다고 생각할 수 있다.

국토교통성 등이 작성한 보고서에 등장하는 콘텐츠 투어리즘의 근간에 관한 기술[→17]에 근접시키는 형태로 위의 논의를 정리하면 다음과 같다.

'지역에 존재하는 "보편적 분위기, 이미지"를 가지는 경관에 대해, 코스플레이어들에게 콘텐츠를 매개한 "이야기성", "테마성"을 각자 부가하게 하여, 그 경관과 이야기성을 세트로 관광자원으로 활용하는 것.'

이것은 거리 코스프레에만 한정되는 이야기가 아니다. 이벤트 회장에서든 어뮤즈먼트 시설에서든 사진 스튜디오라고 하더라도, '보편적인 분위기, 이미지'를 가지는 경관이 거기에 있다면 코스플레이어들은 이동하고 코스프레 투어리즘이 생기는 것이다.

기쿠치 에이키(菊地映輝)

참고문헌

오카베 다이스케(2014), 「코스플레이어의 배움 —— 문화적 실천으로서의 코스프레는 어떻게 달성되는가」, 미야다이 신지(감수), 쓰지 이즈미·오카베 다이스케·이토 미즈코(편), 『오타쿠적 상상력의 한계 —— '역사·공간·교류'로 묻다』〔岡部大介 (2014), 「コスプレイヤーの学び —— 文化的実践としてのコスプレはいかに達成されるか」, 宮台真司(監修), 辻泉·岡部大介·伊藤瑞子(編), 『オタク的想像力のリミット —— 「歴史·空間·交流」から問う』, 筑摩書房, pp.371~404〕.

가이누마 아스카(2016), 「코스플레이어가 추구하는 비일상성 —— 코스프레 장의 의미」〔貝沼明華(2016), 「コスプレイヤーが求める非日常性 —— コスプレにおける場の意味」, 『コンテンツツーリズム学会論文集』 3, pp.49~56〕.

기쿠치 에이키·시즈카 마사노리(2017), 「콘텐츠 투어리즘으로서의 '거리 코스프레'」〔菊地映輝·志塚昌紀(2017), 「コンテンツツーリズムとしての「街コス」」, 『コンテンツツーリズム学会論文集』 4, pp.24~34〕.

제5부

콘텐츠 투어리즘
연구의 전개

콘텐츠 투어리즘 연구에서는
지금까지 어떠한 성과를 얻을 수 있었는가?
또 앞으로 어떠한 연구 성과가 생기게 되는가?
제5부에서는 콘텐츠 투어리즘 연구의 최신 성과와
향후 전망에 관하여 말한다.
콘텐츠 그 자체와 투어리즘의 관계를 다시 질문하는 것,
콘텐츠 투어리즘의 국제 전개나 정책 전개,
커뮤니케이션의 존재방식, 콘텐츠가 되는 정보의 다양성,
심리, 지역, 사회, 문화와의 관계성 등
다양한 방법과 다양한 시점으로 얻어진 연구 성과를 소개한다.

CONTENTS

TOURISM

60 콘텐츠를 투어리즘으로 읽다

▌콘텐츠 분석 시점으로서의 관광

콘텐츠 체험 그 자체가 관광적 요소를 포함한다고 생각할 수 있다는 것은 이미 제시한 대로다[→11]. 콘텐츠를 체험하는 것은 현실 공간에서 허구공간(비일상 공간)으로의 정신적 이동이라고 생각하면, 현실 공간상의 이동을 수반하는 관광과 유사한 구조를 갖는다는 것을 알아차릴 수 있다. 이 사고를 더욱 앞으로 진행시켜 가면 콘텐츠는 허구 공간의 캐릭터의 '관광'을 그린 것으로 파악할 수 있다. 즉 미디어 콘텐츠 안의 '관광'을 분석하는 시점을 생각할 수 있게 되는 것이다.

많은 콘텐츠 안에서 여행이나 관광이 그려진다. 예를 들어 〈여기는 잘나가는 파출소(こちら葛飾区亀有公園前派出所, 이하 〈여기 가메〉)〉[1]는 파출소에 근무하는 경찰관 료쓰 간키치(両津勘吉)가 주인공으로 경찰관들끼리 혹은 근처에 사는 사람들과의 일상을 그린 개그만화이다. 시사적인 소재도 자주 다루어진다. 파출소 주변에서 완결되는 이야기도 많지만 관광 여행을 나선 모습을 그리는 이야기도 있다. 〈여기 가메〉는 『주간 소년점프(週刊少年ジャンプ)』에서 1976년부터 2016년까지 연재되고, 단행본은 전 200권 발매된 인기 시리즈이며, 부정기적이기는 하지만 지속적으로 여행이나 관광에 관하여 다루고 있다. 이러한 장기

---

1   [역] 원래 제목은 〈여기는 가쓰시카구 가메아리공원 앞 파출소(こちら葛飾区亀有公園前派出所)〉.

연재 작품은 연구자료로서의 가치도 지니게 된다. 예를 들어 〈여기 가메〉에 그려진 여행행동이나 관광지로의 이미지를 분석함으로써 가이드북이나 여행잡지를 분석한 결과와는 다른 여행 동향의 변천을 밝힐 수 있는 가능성이 지적되고 있다(이시카와[石川], 2008). 이야기 대부분을 여행이 차지하는 〈반지의 제왕〉이나 〈드래곤 퀘스트(ドラゴンクエスト)〉 등의 작품도 있고, 일상을 그리는 것을 중심으로 한 〈러키☆스타〉나 〈케이온!〉에서도 수학여행 같은 것이 그려진다.

  콘텐츠 중에서 관광이 등장인물 입장에서 어떠한 의미를 지니는지를 분석함으로써 콘텐츠 분석의 새로운 시점을 제공할 수 있게 될 것이다. 관광의 정의는 다양한데, '사람이 일상 공간에서 비일상 공간으로 이동하고 일정 시간을 보냈다가 돌아오는 행동'으로 파악하면 콘텐츠 내의 캐릭터 관광에 주목하여 '공간 이동'이나 '시간 경과'와 그에 따르는 '인식 변화' 같은 것을 추적함으로써 콘텐츠를 관광적으로 분석할 수 있다(오카모토[岡本], 2012).

▌좀비 영화의 관광적 분석

  예를 들어 좀비 영화를 분석해 보자. 좀비 이동의 동기는 일반적으로 '사람을 잡아먹는' 것이 전부다. 좀비의 관광이 먹는 행위에 대한 동기에 지탱되는 것이라면 푸드 투어리즘의 일종이라 생각할 수 있다. 푸드 투어리즘의 선행연구 중에 '여행동기에서 차지하는 먹거리의 중요도'와 '투어리스트의 수'에 관하여 정리한 것이 있다(Hall, 2007). 이에 좀비의 여행을 적용시켜 생각해 보자([그림 60-1]). 좀비의 여행은 여행 동기의 대부분이 먹는 것에 대한 욕구다. 또한 그림에서는 먹는 것에 관한 관심이 높은 '고메 투어리즘'이나 '쿠이진 투어리즘'은 관광객

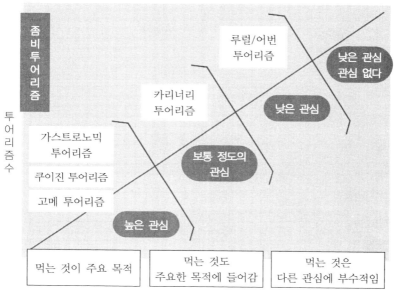

여행 동기로서 먹거리에 대한 특별한 관심의 중요도

[그림 60-1] 좀비의 푸드 투어리즘

수는 비교적 적은 것을 상정하고 있으나, 좀비의 경우는 좀비화 현상이 시작된 후 증가해가므로 특정하게 위치정립을 하기는 곤란하다. '좀비 투어리즘'은 먹는 것에 관하여 이상할 정도로까지 높은 관심을 보이면서 인원수는 소규모부터 증가해가는 특수한 위치를 차지하게 되는 것을 알 수 있다(오카모토[岡本], 2012). 좀비는 사람을 잡아먹기 위해 공간을 이동하지만 시간이 경과해도 인식은 기본적으로 바뀌지 않는다. 사람을 잡아먹는 것을 반성하지도 않으며 멈추지도 않는다. 인간의 관광은 그와는 다르다고 할 수 있을까? 관광 대상을 보고, 먹고, 사고, 인식을 바꾸는 일 없이 그저 오로지 새로운 '정보'를 찾아 먹어치우는 좀비 투어리스트도 있지는 않을까[오카모토(岡本), 2017]?

이처럼 관광이라는 분석 틀을 이용해서 콘텐츠를 분석, 고찰함으로써 새로운 콘텐츠 분석의 성과를 얻을 수 있다.

오카모토 다케시(岡本健)

참고문헌

이시카와 미스미(2008), 「만화 〈여기는 잘나가는 파출소〉에 그려지는 여행 동향에 관한 고찰(그 1) ─ 연구 수법 확립을 향한 예비 조사」[石川美澄(2008), 「マンガ「こちら葛飾区亀有公園前派出所」に描かれる旅行動向に関する考察(その1) ─ 研究手法確立に向けた予備調査」, 『北海道大学文化資源マネジメント論集』 4, pp.1~7].

오카모토 다케시(2012), 「투어 오브 더 리빙 데드 ─ 좀비 여행 커뮤니케이션 분석시론」[岡本健(2012), 「ツアー・オブ・ザ・リビングデッド ─ ゾンビの旅行コミュニケーション分析試論」, 『コンテンツツーリズム論叢』 1, pp.14~65].

오카모토 다케시(2017), 『좀비학』[岡本健(2017), 『ゾンビ学』, 人文書院].

Hall, C.M.(2007), "The consumption of experiences or the experience of consumption? An introduction to the tourism of taste," *Food Tourism-Around The World*, Routledge, p.11.

61 지산지소(地産地消)의 콘텐츠 투어리즘

▌관광사업으로서의 콘텐츠 투어리즘

2005년『영상 등 콘텐츠 제작·활용에 의한 지역 진흥 방식에 관한 조사』가 발표되었다(국토교통성[国土交通省] 등, 2005). 보고서에서는 지역을 소재로 한 매력적 콘텐츠에 의한 집객교류산업의 진흥, 지역 경제 발전을 지향하는 목적이 기술되었고, 콘텐츠 중 하나로 애니메이션이 열거되었다. 이러한 국가전략을 받아 최근 애니메이션을 활용한 관광 사업에 나서는 자치체가 증가하고 있다.

애니메이션을 활용한 관광사업의 모델 케이스로 주목할 만한 것은 도야마현(富山県) 난토시(南砺市)의 '사랑 여행 Nanto 프로젝트'이다. 사업의 특징은 ①콘텐츠 송신에 따른 관광객 유치, ②이벤트 개최에 의한 관광객 회유, ③상품 등 판매에 의한 관광객 구매를 각각 촉진하는 시스템을 실시한 점이다([그림 61-1]). 이 실행은 야마무라(山村)가 제창하는 '애니메이션 투어리즘의 흐름' 모델에 기초한다고 추측된다 (야마무라[山村], 2011).

▌지역 고유의 매력적 콘텐츠 만들기

난토시는 난토시 오리지널 쇼트 애니메이션 〈사랑 여행(恋旅)~True Tours Nanto~〉(이하 〈사랑 여행〉)을 제작했다. 애니메이션은 ①난토시

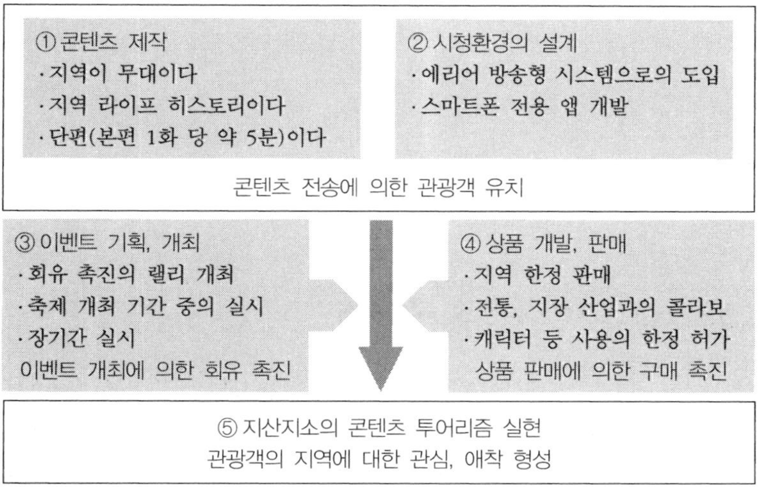

[그림 61-1] 지산지소의 콘텐츠 투어리즘 모델 (작성: 집필자)

가 무대이다, ②난토시와 관련된 사람들(관광객, 전통공예 계승자, 노동자)이 캐릭터인 이야기이다, ③전·후 각 본편 약 5분×3화(전 6화)의 단편 작품이라는 특징을 갖는다.

또 하나의 특징은 지역방송형 시스템 도입 및 스마트폰 전용 앱 개발에 의해 난토시 한정의 방송, 전송을 하고 있다는 점이다. 이에 따라 여행자의 행동에 변화가 생겼다. 종래에는 애니메이션 시청을 계기로 하여 지역을 찾는 여행 행동이 대부분이었다. 그러나 〈사랑 여행〉의 경우 애니메이션 시청을 목적으로 난토시를 구경하며 돌아다니는 여행 행동으로 바뀌었다. 〈사랑 여행〉은 각 이야기 별로 시청 대응 지역이 다르다. 여행자가 전체이야기를 시청하려면 난토시 각 시청 지역을 돌아다닐 필요가 있다.

▌ 지역을 도는 이벤트와 지역이 육성하는 콘텐츠 상품

난토시에서는 〈사랑 여행〉을 활용한 이벤트도 이루어진다. 예를 들어 '〈사랑 여행〉 포트러리', 캐릭터에 따른 관광 시설, 축제의 음성 가이드, 버스 투어 등이다. 공공교통기관이 축소된 난토시에서는 여행자들의 회유를 촉진하는 데에 도움을 주는 수단으로, 관광버스나 관광택시를 운행하는 등 이동 수단의 정비에도 힘쓰고 있다.

〈사랑 여행〉을 활용한 상품도 생겼다. 〈사랑 여행〉 상품은 ①난토시내에서 한정 판매된다, ②난토시의 전통공예나 본고장 산업과 콜라보레이션한 상품이다, ③난토시 거주자, 주 사업소 등을 보유한 사람들이 개발한다는 특징을 지니며, 지금까지 난토시내의 전통 공예 기술을 살린 이나미(井波) 조각[1]의 스트랩이나 고카야마(五箇山)의 일본 전통종이로 만든 우편엽서 등이 개발되었다. 〈사랑 여행〉의 캐릭터나 로고 등은 난토시 거주자, 주사업소 등 보유자 한정으로 사용이 허가되어 있으며, 활용의 용도나 형태는 다양하다. 이벤트 선전용 포스터나 전달, 수동 흡연 방지 응원 스티커, 스키장의 곤돌라나 자동판매기의 랩핑 등에 사용되고 있다.

이렇게 콘텐츠 발신, 이벤트 개최, 상품 판매 각각에서 지역성을 추구함으로써 지산지소의 콘텐츠 투어리즘 사업을 실현하고, 타지역과의 차별화를 실현할 것이 기대된다.

하나부사 마리코(花房眞理子)

1　[역] 난토시의 이나미 지역의 고찰 즈이센지(瑞泉寺) 절의 역사와 더불어 250년 이상을 이어지는 목조 기술로 일본 유산으로 인정되어 지역 활성화에도 이바지하고 있다.

참고문헌

국토교통성·경제산업성·문화청(2005), 「2004년도 국토시책 창발조사 『영화 등 콘
    텐츠의 제작, 활용에 따른 지역 진흥 방식에 관한 조사』」〔国土交通省·経済産業
    省·文化庁(2005), 「平成16年度国土施策創発調査『映像等コンテンツの製作·活用
    による地域振興の在り方に関する調査』」, pp.49~51〕, 국토교통성 웹사이트 https:
    //www.mlit.go.jp/kokudokeikaku/souhatu/h16seika/12eizou/12eizou.htm
    2023년 6월 15일 열람 가능.
야마무라 다카요시(2011), 『애니메이션·만화로 지역 진흥 —— 도시의 팬을 낳는 콘텐
    츠 투어리즘 개발법』(전자판: 야마무라 다카요시(2018), 『〈보급판〉애니메이션
    ·만화로 지역 진흥 —— 도시의 팬을 낳는 콘텐츠 투어리즘 개발법』)〔山村高淑
    (2011), 『アニメ·マンガで地域振興 —— まちのファンを生むコンテンツツーリズム
    開発法』, 東京法令出版(電子版: 山村(2018), 『〈普及版〉アニメ·マンガで地域振
    興 —— まちのファンを生むコンテンツツーリズム開発法』, PARUBOOKS)〕.

62 지역 커뮤니티의 콘텐츠 수용 태세

— 〈요코가와(横川) 좀비 나이트〉

2000년대 이후, 좀비를 테마로 한 영화나 에니메이션, 만화, 소설 등의 미디어 콘텐츠가 증가하고 있다(오카모토[岡本], 2017). 이 좀비를 마을 진흥에 담아내어 주목받는 곳이 히로시마시(広島市) 니시구(西区)의 요코가와(横川) 상점가를 중심으로 한 지역이다. 요코가와 상점가는 히로시마 시내 중심부(카미야초[神谷町]~원폭돔)에서 북서쪽으로 2km 정도 떨어진 위치에 있으며, 분위기 있는 음식점 등도 많고 독자적인 매력을 갖는다. 또한, 여자 축구팀이나 영화관 운영 등 다채로운 활동에도 나서고 있다.

〈요코가와 좀비 나이트〉는 할로윈에 요코가와 상점가 주변에서 개최되는 이벤트이다. 첫 회인 2015년 10월 30일(금), 31일(토)에는 이틀 간 개최자의 예상을 웃도는 약 17,000명의 사람들이 찾았다(다니구치[谷口], 2016). 이후 규모를 확대하면서 매년 개최되어 2018년에는 〈요코가와 좀비 나이트4〉가 개최되었다.

▌'들고 참가하기'형 이벤트—사람이 사람을 데려온다

요코가와 좀비 나이트에서는 JR요코가와역 주변이나 호수신사, 요코가와 소엔(갤러리) 등에서 다양한 장르의 크리에이터들이 좀비를 테마로 한 영상이나 프로젝션 매핑, VR, 인터렉티브 작품 등을 발표한다. 또한, 영화관이나 홀에서 좀비 영화의 상영이나 코스프레 대회, 식자들에 의한 강연이 개최된다. 또한, 명소에서 지역 아이돌이나 거리에서 선보이는 기예, 플래시몹이나 댄스 등 다양한 행사가 개최된다. 상점가의 음식점에서는 특별 메뉴도 제공된다.

이 이벤트는 특정 좀비 콘텐츠 작품이 아니라 이미지로서의 좀비가 테마이다. 참가자들은 개별 작품을 상세히 알지 못해도 상관없다. 정형의 캐릭터도 존재하지 않으므로 일반 참가자들은 각자 생각한 대로 메이크업이나 의상을 통해 좀비로 분장할 수 있다. 또한, 운영자도 자유로운 발상으로 좀비 관련 상품이나 특제 드링크, 음식을 준비할 수 있다. 그런 의미에서는 매우 진입 장벽이 낮은 이벤트이다.

이벤트의 운영은 실행 위원회 형식에 따라 다르다. 상점가 관계자를 비롯하여 NPO관계자나 이벤트 주최자 크리에이터나 학교 관계자, 매스컴, 행정 등으로 이루어진 40명 이상의 다채로운 멤버가 모여서, 각자 잘하는 분야를 '들고 참가하는' 회합이 진행되면서 멤버들이 새로운 멤버를 데리고 온다. 멤버들끼리의 자유로운 발상이 서로 부딪치면서 아이디어가 탄생한다. 준비 단계로부터 이벤트 당일에 이르기까지 말 그대로 '사람이 사람을 데려오는' 순환이 생긴다. 그렇게 해서 모인 많은 개성을 요코가와 상점가의 스태프들이 확실하게 받아들여서 더 가속화시킨다.

▌관용성을 지탱하는 커뮤니티의 부드러운 강함

방문객들이 좀비 메이크업을 하고 거리를 배회한다. 기획 단계 초기에는 '좀비'가 방문객이나 지역주민에 의해 받아들여질지가 논의되었다. 그러나, 상점가 관계자의 허락에 따라 이 계획이 실현되었고 결과적으로 대성공을 거둔 것이었다.

요코가와 좀비 나이트의 성공의 열쇠는 지역 커뮤니티의 지지이다. 지역 여러 단체, 마을 내의 모임이나 공민관, 학구(學區)의 관계자 등 지역 사회의 수많은 지지가 배경에 있었다. 이러한 지역의 토양이 신규=신기 이벤트를 받아들이는 관용성을 지탱하고 있다. 지역의 상점가와 그것을 지탱하는 지역 커뮤니티의 축이 확실해야 비로소 외부로부터 가지고 들어온 새로운 아이디어가 살 수 있다. 요코가와 좀비 나이트는 지역 이벤트의 본질을 잘 보여주는 사례라고 볼 수 있다.

현재 요코가와에서는 계절마다 메인 이벤트에 더하여 소규모 이벤트도 끊임없이 실시되고 있다. 각각의 이벤트에는 좀비 나이트의 실행위원회 멤버들이 깊이 관여하고 있다. 2018년 4월에는 새로이 '요코가와 건배 왕국'이라는 조직을 만들어서 새로운 지역 브랜드 구축을 향한 전개도 시작하고 있어 계속해서 주목할 필요가 있다.

다니구치 시게노리(谷口重德)

참고문헌

오카모토 다케시(2017), 『좀비학』〔岡本健(2017), 『ゾンビ学』, 人文書院〕.
다니구치 시게노리(2016), 「서브컬처 마을 진흥을 지탱하는 지역 커뮤니티의 강력함
　　──〈요코가와 좀비 나이트〉사례로부터」〔谷口重德(2016), 「サブカル町おこしを
　　支える地域コミュニティの足腰の強さ：「横川ゾンビナイト」の事例から」, 『ワイ
　　エムビジネスレポート』 2016年3月, pp.1~3〕.

63 세계로 확대되는 콘텐츠, 일본에서 심화되는 콘텐츠

▋ 콘텐츠 세계로의 파급

이번 장에서는 하나의 콘텐츠가 어떻게 모습을 바꾸어 세계로 전개되어 가는지, 또한 어떻게 지역으로 파급해 가는지, 이른바 콘텐츠 그 자체의 '여행'의 양상에 주목한다. 현재 우리는 인터넷이나 텔레비전, DVD 등을 통해 세계의 여러 작품을 시청할 수가 있다. 그중에서 '리메이크 작품'이라는 말을 종종 듣게 될 경우가 있을 것이다. 어떤 콘텐츠가 어떻게든 모습을 바꾸어 현지에서 수용되는 것은 빈번히 있는 일이다. 이번 장에서는 리메이크 판도 포함하여 세계 100개국 이상에서 수용하고 있는 일본의 특촬 프로그램 '슈퍼전대 시리즈'를 예로 작품이 확대되는 모습을 살펴보자.

다이라·장(平·張, 2015)은 슈퍼전대 시리즈가 일본에서 한국으로 건너간 과정을 조사하고 작품의 개변을 다음 세 가지 형식으로 분류했다. 첫째는 더빙이나 자막의 삽입 등 원래의 작품의 언어만을 변경한 것, 둘째는 작품의 포맷은 그대로 두고 개개의 이야기나 설정 등을 현지 문화나 여론에 따른 형태로 변경한 것, 셋째는 작품 포맷만을 이용하여 현지의 독자적인 설정이나 이야기를 처음부터 다시 만들어 내는 것이다. 여기서 말하는 포맷이란, 프로그램을 구성하는 골격(콘셉트나 노하우)을 보이는 것이며(Moran, 2014), 슈퍼전대 시리즈로 말하자면 색채 선명한 변신 수트를 입은 전사들이 주역이라는 점, 그 팀에 여성 전사가 포함되어 있다는 점, 거대 로봇으로 싸우는 전투 장면이 있다는 점 등을 열거할 수 있을 것이다. 한국 이외의 사례에서는, 미국에서 등장인물을 성격이나 에피소드를 변경하여 다시 찍은 〈파워레인저〉시리즈가 방송되고 있으며, 프랑스에서는 자주 제작 영화로서 〈총사전대 프랑스 파이브〉라는 새로운 전대가 만들어졌다.

▌콘텐츠를 이용한 새로운 전개

한편, 일본에서 이 시리즈는 1975년의 〈비밀전대 고레인저(秘密戰隊ゴレンジャー)〉에서 현재까지 방송을 지속하고 있으며 이미 그 포맷은 어느 정도 정착되어 있다. 약 40년의 역사 속에서, 히어로의 위치나 악역의 설정에 변화를 볼 수 있기는 하지만(平, 2012), 포맷만은 완고하게 지켜져 왔다. 그 때문에, 포맷을 전략적으로 이용한 영화나 텔레비전 드라마가 제작되어 있다. 또한, '궤도성대 시고세인저(軌道星隊シゴセンジャー)'(효고현[兵庫県] 아카시시[明石市] 천문과학관)나 '관광전대 이세시맨(観光戰隊イセシマン)'(미에현[三重県] 이세시[伊勢市]) 등 지역의 전대형 히어로도 많이 탄생했다. 해당 지역 히어로는 전대 시리즈라는 널리 알려진 콘텐츠의 포맷 부분을 이용함으로써 '그들은 히어로이며 힘을 합해 무언가와 싸운다'는 기본적 설정을 보는 사람들에게 처음부터 이해시킨다. 제작 측은, 처음부터 캐릭터를 만들 필요가 없으며 '관광 진흥' 등의 메시지 전달에 특화된 활동을 할 수 있다.

전대형 해당 지역 히어로는 이미 포맷이 확립해 있는 슈퍼전대 시리즈를 추종하는 형태로, 즉 오리지널에 대한 일종의 패러디로서 태어났다. 한편, 데라오카(寺岡)는 해당 지역 유루캬라(ゆるキャラ)[1]를 제재로

'콘텍스트 미디어'라는 개념을 제시한다(데라오카, 2014). 데라오카는
아무도 모르고 묻혀있던 지역 캐릭터들이, 2002년경 '유루캬라'라는
콘텍스트가 생성됨에 따라 그 일종으로 위치하게 되고 사람들에게
관심을 받게 된 경위에 주목하고 있다. 전대 시리즈에서는 오리지널의
포맷에서 갖가지 파생 작품이 생기고 있는 한편, '유루캬라'의 경우
기존 포맷은 존재하지 않으며 새롭게 콘텍스트가 생성됨으로써 각각
의 캐릭터가 한 덩어리로 정리된다. 전대 시리즈처럼 하나의 콘텐츠가
기존 포맷을 이용하여 어떻게 전개해갈 것인가 하는 논점 외에, 어떠
한 경위로 혹은 어떠한 사회적 일들이 바탕이 되어 콘텐츠가 존재하는
가 하는 시점도 그 파급을 고찰할 때 중요하다.

본 장에서는 콘텐츠가 전개될 때 이루어지는 '개변'의 방식과 포맷
을 전략적으로 이용한 예로서 해당 지역 히어로를 소개했다. 콘텐츠
가 어떻게 모습을 바꾸면서 파급해 나가는가를 생각함으로써 새로운
관점에서 콘텐츠를 파악할 수 있을 것이다.

다이라 유코(平侑子)

참고문헌

다이라 유코(2012), 「슈퍼전대 시리즈의 '정의'와 '악'의 변천」〔平侑子(2012), 「ス―
　　パ―戦隊シリ―ズにおける「正義」と「悪」の変遷」, 『Sauvage: 北海道大学大学院
　　国際広報メディア・観光学院院生論集』 8, pp.71~81〕.

1　[역] 느슨하다는 느낌의 '유루이(ゆるい)'나 '유루유루(ゆるゆる)'의 '유루'와 캐릭터
　　(캬라쿠타)의 앞글자 '캬라'를 붙여서 일러스트레이터 미우라 준(みうらじゅん,
　　1958~)이 만든 말로, 지방 이벤트의 이미지 캐릭터로 탄생한 것이며, 그 수는
　　1,000개 이상을 헤아린다.

다이라 유코·장경재(2015), 「'금지'와 '개변' ── 한국의 슈퍼전대 시리즈의 월경으로부터」, 현무암(편), 『월경하는 미디어와 동아시아 ── 리조널 방송의 구축을 향하여』〔平侑子·張慶在(2015), 「「禁止」と「改変」 ── 韓国におけるスーパー戦隊シリーズの越境から」, 玄武岩(編), 『越境するメディアと東アジア ── リージョナル放送の構築に向けて』, 勉誠出版, pp.69~101〕.

데라오카 신고(2014), 「"현지"는 어디에 있는 것인가 ── 유루캬라와 B급 맛집의 콘텍스트」, 엔도 히데키·데라오카 신고·호리노 마사토(편), 『관광 미디어론』〔寺岡伸悟(2014), 「『ご当地』はどこにあるのか ── ゆるキャラとB級グルメのコンテクスト」, 遠藤英樹·寺岡伸悟·堀野正人(編), 『観光メディア論』, ナカニシヤ出版, pp.185~204〕.

Moran, A.(2005), "Configuration of the New Television Landscape," J. Wasko(ed.), *A companion to television*, Wiley-Blackwell.

64 타이완·홍콩을 중심으로 본 콘텐츠 투어리즘의 흐름

바야흐로 일본에서 가장 유명한 고양이라고 해도 과언이 아닌, 와카야마철도(和歌山鉄道) 기시역(貴志駅)의 '타마역장(たま駅長)'. 최근에는 해외에서도 지명도가 올랐다. 2013년에는 2만 명을 넘는 외국인 여행자가 이 고양이를 보기 위해 와카야마의 로컬선의 작은 역을 방문하고 있으며, 그 압도적 다수를 차지하는 사람들은 타이완, 홍콩에서 온 여행자들이다. 대체 왜 타이완, 홍콩에서 이렇게나 많은 사람들이 '타마역장'에 이끌려 일부러 이 역까지 찾아오는 것일까? 이 소론에서는 동시대의 타이완, 홍콩의 사회적 배경을 돌아보며 그것이 의미하는 바를 독해해보자.

우선 강조해둘 것은 동시대의 타이완, 홍콩이 일본과 마찬가지로 경제적으로 '풍요로운 사회'(고도소비 사회)이며, 고도의 근대화를 이룩한 사회라는 점이다. 물론 언어나 관습, 사회제도, 지정학적 조건의 차이는 있지만 기본적으로 사회의 대부분을 차지하는 것은 일본에서든 타이완, 홍콩에서든 중간층이며 비슷한 라이프 스타일, 소비 행동을 볼 수 있게 되었다.

다음으로 강조해둘 것은, 동시대의 타이완, 홍콩이 일본의 다종다양한 팝 컬처(J-POP, 애니메이션, 만화, 게임, 텔레비전 드라마, 영화, 패스트푸드, 패션, 화장품, 코스프레, 캐릭터 상품 등)의 일대 소비지라는 점이다. 지금 타이완, 홍콩의 중간층의 소비 행동에서 일본의 팝 컬처는 깊이 침투해 있으며 최근 정보통신기술의 현저한 발전에 따라 그 전파 속도가 대폭으로 증가했다(센노[千野], 2012).

투어리즘에 관련된 소비행동에 특화하여 보자면, 동시대의 타이완, 홍콩의 중간층에서 해외여행 수요가 대단히 높다. 그중에서 일본은 가장 인기가 있는 여행지 중 하나이며, 최근 세계적인 일식 붐도 거들어서 그 인기는 점차 높아지고 있다. 이 점에 관하여 강조하고 싶은 것은 타이완, 홍콩의 중간층, 특히 젊은 층에게 투어리즘을 둘러싼 소비 욕구가 '큰 관광'에서 '작은 관광'으로 변환하고 있다는 사실이다. 여기에서 말하는 '큰 관광'이란 매스 투어리즘, '모두와 똑같은 관광', 메이저한 관광지를 지향하는 관광, 여행회사가 전체를 결정하는 관광, 한 번에 끝나는 방문(원스톱) 등의 특징을 갖는 것에 비해, '작은 관광'이란 스페셜 인터레스트 투어리즘, '자신만의 관광', 굳이 마이너한 관광지를 지향하는 관광, 여행자가 스스로 결정하는 관광, 마음에 들면 하나의 지역을 몇 번이나 방문한다(재방문)는 특징을 갖는다. 이러한 '작은 관광' 소비 수요가 높아지는 가운데, 일본 국내의 로컬(세계적으로 보면 마이너)한 관광지로 향하는 관심이 크게 높아지고 있다. '타마역장'도 실로 이러한 흐름 속에서 관광소비의 대상이 되었다.

그렇다면 타이완, 홍콩의 사람들은 대체 어떻게 하여 '다마역장'과 같은 일본의 로컬한 관광 정보를 입수하게 된 것일까? 정보원으로서는 텔레비전의 여행 프로그램이나 관광 정보지와 같은 매스미디어와 더불어, 인터넷이 대단히 중요한 역할을 하였으며 '다마역장'(중국어로는 샤오위 잔장[小玉站長])을 중국어 검색 엔진에서 정보를 검색하면, 그 이야기나 해당 지역까지의 액세스 방법에 관한 상세한 정보를 열람할 수 있고, SNS에 접속하면 실시간 정보를 대량으로 얻을 수도 있다. 다마역장은 2015년 6월 22일에 사망했으며 28일에는 다카시역에서 회사장례식이 있었고 이 장례식에 국내외로부터 3천 명이 찾아왔다. 타이완에서는 사망 및 회사장례식 직후에 인터넷 뉴스를 포함하여 각종 미디어에서 다루어졌다.

이상의 '다마역장'의 케이스에서 볼 수 있는 것은 일본의 콘텐츠 투어리즘이 타이완, 홍콩을 비롯한 동시대 아시아의 '풍요로운 사회'의 국제 투어리즘 시장에서 커다란 구심력을 가지며 앞으로도 일본의 팝컬처 콘텐츠에 매료되어 그것과 관련된 장소를 방문하는 개인 여행자가 증가해갈 것이라는 사실이다. 이 잠재적 시장은 향후의 일본 인바운드 관광에서 대단히 커다란 가능성을 가지고 있는 것임이 틀림없다. 그와 더불어 향후 동시대 아시아의 '풍요로운 사회'에서도 현지의 콘텐츠 투어리즘을 둘러싼 산·관·학의 협력이 진행되고, 그 안에서 아시아의 콘텐츠 투어리즘을 둘러싼 국제 교류가 활성화될 것이 기대된다.

가와구치 미쓰오(河口充勇)

참고문헌

센노 다쿠마사(편)(2012), 『동아시아 서브컬처와 젊은이의 마음』〔千野拓政(編)(2012), 『東アジアのサブカルチャーと若者のこころ』, 勉誠出版〕.

65 영국 크리에이티브 산업을 둘러싼 정책

영국의 크리에이티브 산업을 둘러싼 정책은 일본에도 몇 가지 측면에 영향을 주었다. 쿨재팬 전략의 배경에는, '쿨 브리태니아'라는 말이 있으며 경제산업성이 포함한 크리에이티브 산업이라는 틀 역시도 영국의 정책에 의해 세계적으로 보급된 경위가 있다.

그러나 정책의 내용은 거의 다르다. 영국의 크리에이티브 산업 정책에서 특히 주목해야 할 점은, 이 정책이 현재는 과학기술 정책과 서로 보완하며 협동하고, 정보사회형 이노베이션 정책으로서 기능하게 됐다는 점이다. 일본에도 각각의 정책이나 그에 관련된 정책은 있지만 그 사이의 연계가 잘 이루어졌다고는 하기 어렵다. 이노베이션의 실현이라는 공통의 목표 하에 관계 성과 부처 간의 횡단적으로 정책과제의 통합, 연계를 도모하는 영국의 움직임은 일본의 관광 정책이나 문화 정책에도 커다란 시사점을 준다.

크리에이티브 산업이란 영국의 경우 '개인의 창조성, 기능, 재능을 원천으로 하는, 지적 재산의 생성이나 활용을 통해 부나 고용을 창출하는 잠재력을 지닌 산업'(ICTF, 2001:5)이며, 디자인이나 광고, 영화나 음악 등이 포함되었다. 크리에이티브 산업을 구성하는 분야에는 지금까지도 몇 번인가 변경이 있어 왔다. 하지만 그 정의는 일관되어 있다.

영국의 크리에이티브 산업 정책은 문화·미디어·스포츠성(DCMS:

1997년 설립)에 의해 개시된 정책이다. 브라운 정권기까지는 비즈니스 이노베이션 기능성(BIS: 2009년 설립)도 함께 그 중심적 역할을 담당했다. 그렇다기보다 후자의 전신 조직인 이노베이션 대학 기능성(DIUS: 2007년 설립), 나아가 그 전신 조직인 무역 산업성(DTI)이 크리에이티브 산업 정책의 진전에 기여한 영향은 크다.

이번 장에서는 특히 블레어 정권기와 브라운 정권기 13년 동안의 노동당 정권기에 초점을 맞추어 영국의 크리에이티브 산업 정책이 이노베이션 정책으로 진전해가는 과정을 밟아보고자 한다. 1997년 블레어 정권 발족으로부터 2005년, 2005년부터 2007년, 2007년부터 2010년의 세 시기로 나눌 수 있다. 각각은 ①블레어 정권의 제1기와 제2기, ②제3기, ③브라운 정권기에 해당한다.

▌크리에이티브 산업 정책의 초창기(1997~2005)

블레어 정권은 1997년 총선거에서 압도적 승리를 거두며 발족했다. 이해에 문화 미디어 스포츠성이 탄생하고, 성 내에는 크리에이티브 산업 테스크 포스가 조직되었다. 그 초대 대신이 된 크리스 스미스 대신의 크리에이티브 산업을 둘러싼 구상은 1998년에 출판된 『크리에이티브 브리튼』에 적혀있다. 그 구상이란 과학과 아트, 테크놀로지와 예술, 경제와 문화 사이의 벽을 허문다는 장대한 것이며 그것이 '예술이나 미디어 등 중핵적인 영역만이 아니라 디자인이나 과학, 의료, 엔지니어링으로까지 확대하려는 목표를 지녔다는 것은 분명했다'(Nesta, 2013).

그러나, 그 구상이 금방 실현되었다고는 보기 어렵다. 왜냐하면 이 정책은 당초에 아트나 예술, 문화를 위한 정책인 것처럼 '새로운 영국'을 강조한 블레어 정권의 핵심 정책인 듯한 인상을 주었기 때문이다. 결국 이후의 크리에이티브 산업 정책의 전개를 따라가다 보면이 정책이 실시된 최대의 의의는 크리에이티브 제 분야의 경제적인가치가 명시되기 시작했다는 점에 있다.

크리에이티브 산업 테스크 포스는 1998년에 크리에이티브 산업의실태를 보여주는 보고서를 분야별로 발표하고, 각 분야의 수익원과시장 규모, 무역 수지, 고용, 산업 구조, 국제적인 평가, 2차적 경제효과, 성장 가능성, 문제점(과제) 등을 정리했다. 3년 후의 개정판에서는 2차적 효과, 국제적 평가, 지역의 전개, e커머스나 인터넷, 테크놀로지의 영향 등도 명백해졌다. 이때는 크리에이티브 산업이 ①대략 1,125억 파운드의 수익을 올리고, ②130만 명을 고용하며, ③무역수지에는 약 103억 파운드를 공헌하고, ④GDP의 5%를 차지하는 현상을 알 수 있었다(CITF, 2001).

그리고 이처럼 경제적 가치가 분명해진 것이, 정책 진전에 커다란역할을 수행한 셈이 된다.

▌크리에이티브 산업의 전환기(2005~2007)

크리에이티브 산업의 전환기는 DCMS라기보다는 오히려 2005년이후 당시 재무 대신이었던 고든 브라운이나 DTI에 선도되는 형태로일어났다. DCMS도 이후에는 크리에이티브 산업과 타 산업과의 공통점을 강조하고 있다. 그 공통점이란 창조성과 '표현의 가치(Expression Value)'(Work Foundation, 2007)이며, 후자는 문화 경제학자 데이비드슬로스비의 '문화적 가치'를 원용한 사고방식이다.

우선, 2005년에 DTI가 「창조성, 디자인, 사업 업적」이라는 이코노

믹 페이퍼를 발표했고 동시에 당시 디자인 카운슬의 의장이었던 콕
스 씨가 대장성에 제언서를 집필했다. 그 뒤에 DCMS는 '크리에이티
브 이코노미 프로그램'을 게시하여 크리에이티브 산업의 이노베이
션, 성장, 생산성을 지원하는 최적의 프레임 워크를 작성했다.

　이렇게 디자인 섹터를 중심으로 두 산업 간의 협동이 촉진되기 시
작하였고, 그 상승 효과에 대한 기대도 높아졌다. 이 시기 크리에이
티브 산업 정책은 과학 기술 정책과 서로 보완하며 협동하는 이노베
이션 정책으로 전진했다. 이러한 움직임은 크리에이티브 산업의 경
제적 가치를 보여줌으로써 널리 경제 전체의 창조성이나 크리에이티
브 산업의 중요성이 인식된 것에 기인한다.

　영화를 예로 들면, 그 경제효과 중 하나에 필름 투어리즘이 있으며
이 관광 현상에 관한 통계가 정비되고, 경제적 가치가 가시화되었다.
영화나 콘텐츠, 문화산업이나 예술은 그 경제적 가치를 측정하기가
어렵지만 그 특성은 실질적으로 다른 산업에도 들어맞는다. 영국은
모든 산업의 공통점으로서 이 경제적 가치가 측정하기 어려운 부분
을 드러낸다는 것의 중요성을 밝혔다.

　영화를 대표로 하는 콘텐츠 투어리즘은 영화의 2차적 경제효과로
서 크리에이티브 산업의 진전에도 널리 공헌했다.

▌크리에이티브 산업 정책의 진전기(2007~2010)

　크리에이티브 산업 정책의 진전기란 브라운 정권기이다. 이 정책은
겨우 3년 안에 이노베이션을 추진하는 정책의 하나로서 크게 진전되었
고, 그 사이에는 창조성이나 크리에이티브 산업의 역할을 높이는 사회
적 기반도 정비되기 시작했다. 스미스 대신의 구상은 10년의 시간을

지나 브라운 정권기에서 마침내 시작되었고, 크리에이티브 산업 정책은 대학을 중심으로 하는 교육, 연구의 현장에도 침투하였다.

그 중심적인 전략이 된 것이 DCMS가 2008년 2월에 DIUS 등과 더불어 발표한 『크리에이티브 산업에 관한 종합적 전략(Creative Britain: New Talents for New Economy)』이다. 우선 주목하고 싶은 것은 그 제목인데, 전 스미스 대신이 딱 10년 전에 출판한 크리에이티브 산업 정책의 구상이라고 할 만한 저서와 똑같았다.

또한, 그 목적 '문화적 활동이나 스포츠를 통해 모든 사람들의 생활의 질을 개선하고 미덕의 추구를 지탱하며 관광, 크리에이티브 산업, 레저 산업을 옹호한다'도 주목할 만하다. 고든 브라운 수상은 그 서문에서 '최근 몇 년간 크리에이티브 산업은 우리 국가적 번영을 위해서만이 아니라 우리의 국민 생활 중심에 놓인 능력을 위해 중요한 역할을 담당하게 될 것이다'라고 말했다.

13년 동안의 노동당 정권기는 영화와 같이 그때까지 경제적 가치가 애매했던 분야의 정책을 추진하기 위한 유력한 증거를 제시했다는 점에 의의가 있다. 필름 투어리즘은 그 경제효과로서 주목할 만한 현상이었다. HAll & Allan(2008)는 영국의 이노베이션 정책 및 관련된 보고서와 백서에는 관광에 관한 기술이 없지만, 서비스 이노베이션에 관한 언급은 많다는 것을 지적하고, 관광 촉진에서도 이노베이션이라는 목표의 중요성을 시사하고 있다. 최소한 지금까지도 관광은 크리에이티브 산업에 의한 경제효과를 드러낼 수 있는 역할을 수행하고 있다.

기무라 메구미(木村めぐみ)

참고문헌

Cos, George(2005), "The Cox Review of Creativity in Business"(Independent reviews), HM Treasury.

Creative Industries Task Force(1998), "Creative Industries Mapping Document 1998," *Department for Culture, Media and Sport*, London.

Creative Industries Task Force(2001), "Creative Industries Mapping Document 2001," *Department for Culture, Media and Sport*, London.

Department for Culture, Media and Sport(2008), "Creative Britain: New Talents for New Economy," DCMS.

Department for Universities, Innovation and Skills(2008), "Innovation Nation," DIUS.

Department of Trade and Industries(2005), "Creativity, Design and Business Performance," *DTI ECONOMICS PAPER* NO.15, DTI.

Hall, C.M & Williams, A.M.(2008), *Tourism and Innovation*, Routledge.

Nesta(2013), "A manifesto for the creative economy," Nesta.

Smith, C.(1998), *Creative Britain*, Faber & Faber, London.

Throsby, D.(2001), *Economics and cultures*, Cambridge University Press, Cambridge(나카타니 다케오·고토 가즈코(역)(2002), 『문화경제학 입문——창조성 탐구로부터 도시 재생까지』[中谷武雄·後藤和子(訳)(2002), 『文化経済学入門——創造性の探求から都市再生まで』, 日本經濟新聞出版社]).

Work Foundation(2007), "Staying Ahead: The Economic Performance of UK's Creative Industries," Department for Culture, Media and Sport.

66 지역의 관광·문화정책에서 여행자의 역할

▌변용하는 여행자와 지역의 이해

최근 사회의 정보화 진전이 현저하다. 정보통신 환경의 변화를 보면 인터넷 이용자 수는 2001년 대비 1.7배가 되었으며, 2000년대 이후 일본에서는 누구나 쉽게 인터넷을 사용할 수 있게 된 것을 알 수 있다. 이러한 변화는 동시에 정보 그 자체의 흐름 변화이기도 하다. 종래에는 보내는 사람과 받는 사람이 고정되어 있던 정보의 유통이 쌍방향으로 정보를 발신할 수 있는 유동적인 것으로 변화하고 있다.

그에 따라 여행자들에게서도 종래 소비활동과는 다른 행동이 보이게 되었다. 이 점에 관하여 야마무라(山村, 2011)는 최근 들어 '여행자 측에서 활발하게 관광 목적이 발굴, 창출되게 되었다'는 것을 지적하고 있다. 그것은 오늘날의 여행자들에게는 지역과의 관계에서 소비자 이외의 다양한 역할을 맡을 수 있는 가능성이 있다는 것을 의미한다.

한편 근년 들어 지역의 콘텐츠 투어리즘 진흥의 움직임이 활발하다. 대표적인 예로서, 도쿠시마시(德島市)의 〈마치★아소비(マチ★アソビ)〉, 니가타시(新潟市)의 〈니가타 애니메이션, 만화 페스티벌〉, 교토시의 〈KYOTO CMEX〉, 〈교토 국제 만화, 애니메이션 페어〉 등을 들 수 있을 것이다. 이들 지역에서 공통적으로 느낄 수 있는 것은, 자기들 지역을 만화, 애니메이션 문화의 발신원으로 삼고자 하는 강한 의욕이다. 그리고 그 목적에는 지역이 발신원이 됨으로써 높은 브랜

364 제5부 _ 콘텐츠 투어리즘 연구의 전개

드 가치를 창출하고, 보다 많은 여행자를 획득함과 동시에 마을의
생기나 주민의 활기 향상도 실현하려는 노림수를 읽을 수 있다.

그러나, 이러한 의도 하에서는 가치 창출의 주체는 어디까지나 지
역 측과 제작자이며, 여행자는 여전히 소비자로서 위치 정립되는 데
에 불과하다. 즉, 정보 사회의 선구적인 관광 현상이라고 생각할 수
있는 콘텐츠 투어리즘에 있어서조차 여행자는 여전히 소비자 역할에
고정돼있는 것이다. 이것은 오늘날 여행자의 특성 즉, 창조형 관광의
여행자 특성과 명백히 모순되어 있다고 하지 않을 수 없다.

▌지역의 콘텐츠 투어리즘 여행자

그러면 다음으로 지역의 콘텐츠 투어리즘 여행자 실정을 보자. 콘텐
츠 투어리즘에 대한 학제적 연구는 야마무라(2008)로부터 시작했다고
생각할 수 있는데, 야마무라는 그중에서 사이타마현 구키시 와시노미
야, 나가노현(長野県) 오마치시(大町市) 기자키코(木崎湖)에서, 팬이 해
당 지역을 애니메이션 성지로서 반복하여 방문하는 것을 소개한 다음
그들이 지역에 도움이 되고자 하는 의사를 가지고 그것을 행동으로
옮긴 것, 그리고 지역주민도 그들을 따뜻하게 받아들이고 그 과정에서
큰 신뢰 관계가 생긴 것을 밝혔다[→39, 41].

이 야마무라의 연구는 지금까지 일반적인 관광 범주에는 들지 않
았던 현상이 발생한다는 것을 보여준 것이었다. 그것은 첫째로, 여행
자가 방문처에 도움을 주고 싶다는 의지와 행동을 드러냈다는 점이
고 둘째는, 지역주민이 그들의 의사를 받아들여 그들을 신뢰하게 되
었다는 점이다. 일반적으로 여행자는 방문한 지역에서 오로지 소비
활동을 한다. 해당 지역을 위해 여행 중의 시간을 소비한다는 것은

드문 일일 것이다. 즉, 이들 팬(여행자)의 행동은 그들이 관광에서 소비가 아니라, 지역과 지역민의 도움이 되는 것(=이타성)에 가치를 발견했음을 나타낸다. 한편, 지역주민들도 평소에는 여행자를 일시적인 방문자, 소비자로 인식하고 깊은 신뢰 관계를 맺는 일은 없었을 것이다. 그들(팬)의 행동이 지역주민의 태도를 변화시켰다고 생각할 수 있다. 이 두 가지 점은 지금까지의 관광 현상에서는 존재하지 않던 현상이었다.

또한 오늘날에는 위에서 말한 두 가지 지역 뿐 아니라 다른 지역에서도 마찬가지의 예를 들 수 있다. 도야마현 난토시 조하나에서는 애니메이션 〈true tears〉의 팬 일부가 모임을 결성하여 해당 지역의 전통 문화를 발신하는 활동을 하고 있다[→42]. 그들은 지금까지 활동을 위해 시의 마을 만들기 공모 사업의 채택도 받았으며 지역 시민이나 행정이 그들과 깊은 신뢰 관계를 구축하는 것을 알 수 있다. 나아가 조하나에서는 마을 안의 애니메이션 회사(제작자)도 해당 지역의 교육 활동이나 전통 문화 계승에 공헌하는 활동을 하고 있으며, 삼자에 의한 신뢰 관계가 구축되어있다(가타야마[片山], 2014a). 또한, 그 이외에도 사이타마현 지치부시(가타야마[片山], 2014b)를 비롯하여 나가노현 고모로시, 기후현 다카야마시 등 많은 지역에서 팬과 지역주민의 신뢰 관계가 생긴 사례를 볼 수 있다. 이렇게 지역의 콘텐츠 투어리즘 여행자는 지금까지의 소비적 관광이 아니라, 그들이 해당 지역 방문 가치를 창조하고 그것을 해당 지역주민들과 공유해가는 새로운 관광을 낳고 있다고 할 수 있을 것이다.

▌지역 관광 및 문화 정책에서 여행자의 역할

앞에서 말한 조하나 사례에서는 팬, 제작자, 지역의 삼자가 양호한 협력 관계를 구축했다. 야마무라(山村, 2011)는 와시노미야를 사례로 똑같이 이 삼자의 관계를 '애니메이션 투어리즘을 위한 트라이앵글 모델'로 제시하였다. 이에 따르면, 삼자로부터 중심 콘텐츠에 대해 경애의 마음이 표현되면 삼자 간의 '상대의 장점에 충분한 배려를 한다'는 관계가 서로에게 생긴다고 한다. 앞에서 말한 조하나에서 삼자의 상호 관계가 양호해진 것은 실로 이 구도가 실현된 것이라고 볼 수 있다. 또한, 그 관계에서 볼 수 있는 이타성에도 주목할 필요가 있을 것이다. 앞에서 지적한 것처럼 팬들의 행동에는 지역에 대한 강한 이타성이 있다. 그렇다면 왜 이러한 이타성이 생기는 것일까? 사실은 이 점에 바로 콘텐츠 투어리즘의 근간이 되는 구도가 내포되어 있다고 생각할 수 있다. 그것은 콘텐츠에 대한 자기 가치관이 긍정되었다는 것에 대한 만족감에 따르는 것이다. 그리고 그 가치관을 긍정해준 타자와의 공유감에 따르는 것이다. 이러한 감정을 맛볼 수 있기 때문에 비로소 팬(여행자)들은 빈번히, 몇 번이고 현지를 찾는다. 콘텐츠 투어리즘의 여행자 행동이 일반적인 소비형 여행자와 결정적으로 다른 것은 바로 이 점에 있다. 그리고 그들은 이 지역과 더 알아가고 싶다, 지역에 참가하고 싶다는 의욕을 갖게 된다. 이타성은 그 만족감, 공유감이 필연적으로 이끌어내는 성격이라고 생각할 수 있다.

이렇게 콘텐츠 투어리즘의 여행자는 지역 입장에서 유효한 액터 중 하나라고 할 수 있다. 그렇다면 다음으로 그들은 지역에서 어떠한 역할을 담당할 수 있을까에 관하여 생각해 보고자 한다.

첫째로, 지역 문화의 충실화와 문화 정책 실행자로서의 역할이다. 말할 것도 없이, 지역 문화는 지역의 상재성이 결실을 본 것이며, 그

의미에서도 지역에 대한 참가 의욕이 높은 여행자가 지역 문화의 지원을 지향하는 것은 지극히 자연스럽다. 앞에서 본 조하나의 〈히키야마 마쓰리〉, 〈무기야 마쓰리〉, 지치부시의 〈류세이 마쓰리〉, 와시노미야의 〈하지사이〉 등 팬들이 지역의 상재 문화를 보존, 계승하는데 주체적으로 협력하는 사례는 여러 가지가 존재한다[→41, 42, 45]. 또한, 이 역할은 소자화, 고령화에 따른 지역 문화의 담당자 부족이라는 문제에 있어서도 크게 기대되는 것이다.

둘째로는 지역의 관광 진흥이나 관광 정책 실행자로서의 역할이다. 위에서 본 조하나의 사례에서는 뜻있는 팬들의 그룹이 볼만한 마쓰리 투어의 실시, 휴게소 설치, 무료 수하물 맡아두기 등 일반 관광객들에 대한 서비스를 제공하고 있다. 또한, 지치부에서는 매주 현지를 찾는 팬이 다른 부나 현에서 찾아온 팬들에 대해 순례 장소 이외의 지치부 관광 명소를 안내하는 활동도 한다. 몇 번이나 해당 지역을 찾은 팬 입장에서는 지역의 관광안내소 등을 찾는 행위는 자기 경험을 살리는 활동임과 동시에 그것에 의해 자기가 좋아하는 지역에 활기가 초래되는 것은 그들에게 커다란 기쁨과 높은 참가 의욕을 가져다 준다.

이상과 같이 오늘날의 여행자는 지역의 관광 정책, 문화 정책에서 그 실행자로서의 역할을 담당할 수 있다고 할 수 있다.

▌정책 과학과의 역설성

이번 장에서는 콘텐츠 투어리즘의 여행자가 지역의 관광 정책, 문화정책에 대해서 유효한 존재라는 것을 지적했다. 이것은 지역 정책 연구 입장에서 보자면, 콘텐츠 투어리즘 여행자와 협동하여 지역 활

동을 하는 것이 가능한지 불가능한지, 즉 그들에 대한 정책 유도가
가능한지 불가능한지라는 논의와 이어진다. 그러나, 이것은 패러독
스(역설)를 포함하는 논의가 되지 않을 수 없다. 왜냐하면 앞에서 지
적한 것처럼 콘텐츠 투어리즘의 여행자가 창조형 관광 여행자인 한,
관광의 가치나 목적을 타자에게 유도받는 것은 받아들이기 어려운
일이라고 보이기 때문이다. 바꿔 말하면, 지역 공헌에 대한 의욕과
정책 유도가 낳는 '약삭빠름'과의 대결이다. 거기에는 콘텐츠 투어리
즘과 정책 과학을 접합하는 데 있어서 근본적인 어려움이 존재한다.
그러나 콘텐츠 투어리즘이 탁상공론이 아니라 현실에서 일어나는 사
회 현상인 한, 그것은 현실적으로 지역 정책과 접촉해 있으며, 그 관
계와 가능성을 밝힐 필요가 있다. 이 문제는 아직 논의의 시작 단계일
뿐이다. 필자도 포함하여 향후 연구자들의 더 많은 논의가 필요하다.

가타야마 아키히사(片山明久)

참고문헌

가타야마 아키히사(2013), 「정보사회의 여행자가 문화정책에 기여하는 역할 연구
   ── 콘텐츠 투어리즘을 사례로」〔片山明久(2013), 「情報社会の旅行者が文化政
   策に果たす役割の研究 ── コンテンツツーリズムを事例に」, 『文化政策研究』 7,
   pp.9~26〕.
가타야마 아키히사(2014), 「지치부신사×그날 본 꽃의 이름을 우리는 아직 모른다」,
   오카모토 다케시(감수), 『신사순례 ── 만화·애니메이션으로 인기 '성지'를 돌다』
   〔片山明久(2014), 「秩父神社×あの日見た花の名前を僕達はまだ知らない」, 岡本
   健(監修), 『神社巡礼 ── マンガ・アニメで人気の「聖地」をめぐる』, エクスナレッ
   ジ, pp.132~137〕.
야마무라 다카요시(2008), 「관광 정보 혁명 시대의 투어리즘(그 1) ── 관광정보혁명론
   (서)」〔山村高淑(2008), 「観光情報革命時代のツーリズム(その1) ── 観光情報革命

論(序)」, 『北海道大学文化資源マネジメント論集』1, pp.1~10].

야마무라 다카요시(2011), 『애니메이션·만화로 지역 진흥 ── 도시의 팬을 낳는 콘텐츠 투어리즘 개발법』(전자판: 야마무라 다카요시(2018), 『〈보급판〉애니메이션·만화로 지역 진흥 ── 도시의 팬을 낳는 콘텐츠 투어리즘 개발법』)[山村高淑(2011), 『アニメ·マンガで地域振興 ── まちのファンを生むコンテンツツーリズム開発法』, 東京法令出版(電子版: 山村(2018), 『〈普及版〉アニメ·マンガで地域振興 ── まちのファンを生むコンテンツツーリズム開発法』, PARUBOOKS)].

67 콘텐츠 투어리즘을 둘러싼 인터넷 담론

사회 정보화가 진행되고 인터넷을 통한 개인의 관광 정보 발신이 일반화되고 있다(오카모토[岡本], 2018). 그중에서도 콘텐츠 투어리즘의 정보 유통에 관해서는 그 과정에 관광 목적지로 가지 않고 정보의 편집이나 발신을 하는 '관광 목적지와 관련이 없는 타자'가 존재한다(오카모토[岡本], 2011). 관광 목적지에 관하여 인터넷 상에서 어떠한 담론이 발신되며 정보가 구축되고 있는 것일까?

▌애니메이션 성지에서 일어난 사건과 SNS 글쓰기

시가현 이누가미군 도요사토초에 있는 도요사토소학교 옛 교사 건물들에서는 애니메이션 〈케이온!〉의 무대라는 것이 팬들에게 인지되고 애니메이션 성지순례가 이루어졌다[→43]. 2010년 11월 17일 새벽, 도요사토소학교 옛 교사 건물들 유리창이 깨지고 전시되어 있던 악기나 캐릭터 상품 등 25점과 현금이 든 금고가 도난당하는 사건이 발생했다. 또한, 이 사건에 관한 뉴스는 사건이 발생한 당일 정오쯤에는 신문사의 뉴스 사이트를 통해 보도되고 애니메이션 팬을 중심으로 인터넷 상의 게시판이나 커뮤니티 사이트에서 다양한 논의가 전개되어 갔다. 가마이시·오카모토(釜石·岡本, 2012)에서는 이러한 인터넷 상의 담론 중 SNS 유저들의 글쓰기[→30]를 다루어 분석하고 발신자의 입장과 발신 내용을 분석했다.

글쓰기 내용을 크게 분류하면 사건에 대한 슬픔과 분노를 표현하는 코멘트가 가장 많았지만, 그 뒤를 이어 범인상을 예측하는 것이 많았다. 이들 의견을 보면 '오타쿠 이외의 인물', '애니메이션 오타쿠', '케이온추(廚)'라는 삼자를 범인상으로 거론했다.

▌글쓰기로부터 입장이나 태도를 읽어내다

각각의 글쓰기가 예상하는 범인상에서 코멘트를 발신하는 자의 입장을 추측할 수 있다. 예를 들어, '오타쿠 이외의 인물이 범인이다'라고 한 코멘트의 대다수는 '범인은 오타쿠가 아니라 텐바이어(영리 목적으로 전매를 하는 사람)이다'라고 말하고 있으며, 그저 '오타쿠에 의한 범행'을 부정할 뿐 아니라 애니메이션 문화나 오타쿠 문화에 관한 지식에 기초한 내용이다. 즉, 이러한 코멘트를 발신하는 사람을 애니메이션 팬, 혹은 〈케이온!〉의 팬이라고 추측할 수 있다. 거꾸로, '애니메이션 무대에서 일어난 사건이므로 범인은 애니메이션 오타쿠다'라고 발신하는 사람에 관해서는, 애니메이션 팬을 싸잡아 취급하고 있으며 애니메이션 문화나 오타쿠 문화에 대한 지식이 부족한 인물로 보인다. 나아가 '범인은 케이온추(ケイオン廚)다'라고 예상하는 글쓰기에서는 애니메이션에 관한 지식은 있지만 〈케이온!〉이라는 작품이나 그 팬을 적대시하는 것으로 보인다. 케이온추의 '추(廚)'란 특정 분야를 맹목적으로 좋아하는 사람을 혐오하는 의미로 사용하는 경멸의 호칭이며, 케이온추라는 호칭은 〈케이온!〉 팬을 혐오하는 의미로 사용하고 있다.

이렇게 도요사토초에서 일어난 도난 사건에 대하여 코멘트를 하는 사람들 중에는 적어도 '〈케이온!〉 팬', '애니메이션 팬이지만 〈케이온!〉 팬이 아닌 사람', '애니메이션 팬이 아닌 사람'이라는 삼자의 입장이 존재하는 것을 추측할 수 있다. 그리고 이 삼자 중에 〈케이온!〉 팬 중에는 도요사토초에 찾아온 사람도 포함되겠지만, 대부분은 도요사토초에 실제로 방문한 적 없는 '관광 목적지와 관련이 없는 타자'라고 생각할 수 있다. 즉, '관광 목적지와 관련이 없는 타자' 중에도 적어도 이하의 세 가지 입장이 있다고 할 수 있을 것이다. 첫째는 도요사토초에 찾아온 적이 없는 〈케이온!〉 팬의 입장, 두 번째는 애니메이션 팬이지만 〈케이온!〉은 좋아하지 않는 입장, 세 번째는 애니메이션 문화나 오타쿠 문화에 대하여 관심이 없는 입장이다.

이상에서 본 것처럼 실제로 현지를 찾은 적이 없는 사람도 의견이나 태도를 표명하는 것을 알 수 있다. 정보 공간에서는 다양한 입장의 의견이 기록됨으로써 관광 목적지에 관한 개인 평가가 축적된다. 한편으로 어떤 사건이 생기면 그것을 계기로 평소에 해당 문화나 그 담당자에 대해 느끼던 생각이 분출하는 측면도 있다. 정보사회에 있어서는 이러한 다양한 입장이나 태도가 서로 얽혀 관광 목적지의 평가가 구축되고 널리 확산되어 간다.

가마이시 나오히로(釜石直裕)·오카모토 다케시(岡本健)

참고문헌

오카모토 다케시(2011), 「콘텐츠 투어리즘에서 지역으로부터의 정보 발신과 그 유통 —〈러키☆스타〉성지 '와시노미야'와 〈케이온!〉성지 '도요사토'의 비교로부터」 〔岡本健(2011), 「コンテンツツーリズムにおける地域からの情報発信とその流通――『らき☆すた』聖地「鷲宮」と『けいおん!』聖地「豊郷」の比較から」, 『観光·余暇関

係諸学会共同大会学術論文集』3, pp.37~44〕.

오카모토 다케시(2018), 「다양한 '공간'을 둘러싼 다채로운 '이동' — 포스트 정보관광
　　론으로 가는 길」, 오카모토 다케시·마쓰이 히로시(편), 『포스트 정보 미디어론』〔岡
　　本健(2018), 「多様な『空間』をめぐる多彩な『移動』 — ポスト情報観光論への旅」,
　　岡本健·松井広志(編), 『ポスト情報メディア論』, ナカニシヤ出版, pp.209~228〕.

가마이시 나오히로·오카모토 다케시(2012), 「콘텐츠 투어리즘의 관광지 평가의 구축
　　프로세스로 보는 다른 입장들의 힘겨루기 — 애니메이션〈케이온!〉성지 '도요사
　　토'에서 일어난 '악기도난 사건'에 대한 SNS의 코멘트 분석에서」〔釜石直裕·岡本健
　　(2012), 「コンテンツツーリズムにおける観光地評価の構築プロセスに見る異なる立
　　場のせめぎあい — アニメ『けいおん!』聖地「豊郷」で起きた「楽器盗難事件」に対す
　　るSNSのコメント分析から」, 『観光·余暇関係諸学会共同大会学術論文集』4, pp.17
　　~24〕.

68 성우 팬과 콘텐츠 투어리즘

▌성우를 둘러싼 커뮤니케이션

이 책의 제4부에서 많은 사례가 이야기된 것처럼 애니메이션은 최근 콘텐츠 투어리즘에 대한 주목을 주로 지탱하는 콘텐츠라고 해도 과언이 아닐 것이다.

애니메이션이라는 콘텐츠가 만화나 드라마 등과 다른 점 중 하나로 성우라는 존재가 있다. 성우란 주지하는 바와 같이 애니메이션에 맞게 목소리를 맞추는 직업이며, 팬들 사이에서는 '속 사람'이라 불린다. 그리고 이처럼 성우나 성우계에 열성적 팬들이 일정 정도 존재한다는 사실은, 애니메이션 문화를 어느 정도 좋아한다는 것을 알 수 있다(참고로 인터넷 상에서 과도하게 열심인 팬은 다소 모멸적인 함의를 수반하여 '고에부타(声豚, 목소리돼지)'라 불린다). '성우 팬'이 애니메이션 투어리즘의 '여행자'와 중첩되는 것은 충분히 이해할 수 있다(단, 당연하지만 애니메이션 작품 팬이 모두 출연 성우에 관심이 있는 것은 아니다.). 이 점에서도 콘텐츠 투어리즘의 현장의 성우 및 성우 팬이라는 존재의 기능과 의미는 학술, 정책, 실천적 연구의 보다 한층 축적이 기대되는 테마라 할 것이다. 본 장에서는 화제를 좁혀 성우 팬의 문화에 익숙하지 않은 사람이 콘텐츠 투어리즘과의 관련에서 그것을 이해할 때의 단서를 소개하고자 한다.

우선 성우가 퍼스널리티를 떠맡는 라디오 프로그램에서는 팬들이 소식(메일) 투고를 통해 성우와 소통하는 모습을 알 수 있다. 최근에는 웹에서 공개되는 프로그램(인터넷 라디오)도 있다. 또한 니코니코 생방송 등의 영상 제공 서비스에서 애니메이션 작품의 선전을 겸한 프로그램이 만들어지는 경우가 있으며 그때는 라디오 프로그램 같은 소식만이 아니라 코멘트 표시 기능으로 출연자가 실시간으로 시청자의 반응을 보고 프로그램을 진행하는 경우가 있다. 그리고 최근에는 성우 개인이 SNS에서 일상적으로 정보를 발신하는 경우도 적지 않다(사무소 명의의 선전을 포함한다). 예를 들면, 성우의 트위터의 각 트윗을 열어보면 팬들이 어떠한 반응(댓글, 멘션)을 하고 있는지를 엿볼 수 있다. 이 트위터가 앞에서 말한 라디오 프로그램이나 영상 송출 중에도 소식이나 코멘트 표시와 병행하여 사용되는 경우가 있다. 더불어, 각종 프로그램에서 라디오 네임과 트위터의 계정 이름이 동일한 팬도 있으며 앞에서 말한 각종 미디어를 조합하여 추적해보면 일정 수의 유력한 팬들의 존재 및 모습이 보인다.

　그런데 이러한 각종 미디어의 성우 팬들의 모습이 이 장을 읽는 독자들에게도 관찰이 가능한 것처럼, 팬들끼리도 서로의 모습을 파악할 수가 있으며 그러한 상태로 팬 활동을 하는 경우가 있다. 이번 테마에서 중요한 것은 성우가 애니메이션의 무대를 언급하거나 이벤트 등에 참여할 때, 팬 및 팬들끼리의 반응일 것이다. 예를 들어 성우가 출연하는 이벤트 앞뒤로(작품이나 규모에 따라 다르지만), SNS 상에서 라이브를 할 때의 안무나 공동으로 하는 꽃다발 증정을 위한 협의가 미리 이루어지는 경우가 있다. 앞에서 말한 각종 미디어에 더하여, Eventernote[1] 등 각 이벤트 참가자를 파악할 수 있는 서비스도

1　http://eventernote.com/

있고, 팬들끼리 서로의 활동을 파악하면서 자기 활동을 할 수 있는 환경이 이전보다 훨씬 충실해졌다. 참고로, 이러한 연결이 팬덤(쓰지[辻], 2010:480)이 될 수 있는 데에, 성우나 작품 관계자가 팬에게 적절한 거리감으로 관여하는 것이 열쇠가 되는 경우가 있으며 이 점도 주목할 만하다.[2]

그리고 성우가 애니메이션 무대나 관련지에 출연하는 이벤트가 있는데, 그것이 성우가 일상적으로 활동하는 지역 외에서 개최될 경우에는 많은 팬이나 팬덤도 함께 원정을 가게 된다. 성우가 트위터에서 이벤트 앞뒤의 여행 모습(관광이나 요리)을 언급하면 그 자리에서 투어리즘의 대상이 된다. 응원하는 성우와 같은 체험을 하는 것은 이벤트 이외의 즐거움이기도 하다. 팬덤이라는 점에서는 원정 비용 문제로 도쿄 내의 이벤트에는 참가하기 어려운 지방 팬을 포함한 오프라인 모임 개최나, 교통편이 좋지 않기 때문에 장시간 또는 거리가 가까운 모임이 발생할 경우가 있다.[3]

마지막으로 덧붙이자면, 성우는 복수의 작품에 출연하기 때문에 엄밀하게 말하자면 그 성우를 전매할 수 있는 지역은 없다. 그러나 거꾸로 말하면 성우의 팬덤에는(개개의 작품 무대를 잇는) 〈작품 무대-지역〉 단위를 넘는 투어리즘 가능성이 숨겨져 있다는 사실도 성우팬에 주목하는 포인트 중 하나이다.

데라치 미키토(寺地幹人)

---

2 예를 들어 애니메이션 〈유루유리〉는 주연 성우 4명과 함께 공식 선전 담당이 팬과의 친밀한 관계를 구축하고, 그것이 어느 정도의 집합으로서 팬 존재를 느끼게 하는 하나의 원인이 된 사례이다.

3 예를 들어 2014년 9월 7일에 도야마에서 개최된 〈유루유리〉의 이벤트 전날에는, 작품에 등장한 산속 여관에 많은 팬들이 숙박하였고 여관 전체가 팬덤의 공간이 된 모습이 트위터 검색 결과에서 엿보인다.

참고문헌

쓰지 이즈미(2010), 「팬 컬처」, 일본사회학회 사회학사전 간행위원회(편), 『사회학사
전』[辻泉(2010), 「ファンカルチャー」, 日本社会学会社会学事典刊行委員会(編),
『社会学事典』, 丸善出版, pp.480~481].

69 아이돌과 투어리즘

아이돌은 애니메이션 문화와 더불어 일본 팝 컬처를 대표하는 콘텐츠의 하나이며, 로컬 아이돌로 대표되는 것처럼 콘텐츠와 지역을 결부할 만한 활동도 각지에서 볼 수 있다. 또한 아이돌 콘텐츠를 둘러싼 여행 행동도 많이 볼 수 있는데, 여행지에서 콘텐츠를 즐기는 방식은 다른 콘텐츠 투어리즘과 비교하면 특징적이다.

▌아이돌의 '성지'와 '현장'

그 특징 중 하나가 아이돌 콘텐츠의 '성지'가 존재하는 방식이다. 애니메이션 콘텐츠의 '성지'는 주로 애니메이션 작품에서 이야기 무대가 되는 장소의 기초가 된 로케이션지를 가리키지만, 아이돌 콘텐츠의 '성지'는 프로모션 비디오나 텔레비전 프로그램, 또는 잡지 그라비아 등의 로케이션지뿐 아니라, 아이돌 가족이 경영하는 점포나 블로그 사진에 찍힌 사적으로 놀러간 장소까지도 포함된다. 이는 팬들 입장에서 아이돌의 존재 그 자체가 콘텐츠인 것을 보여주며, 그 때문에 로케이션지 등 작품 무대가 된 장소만이 아니라, 보다 사적으로 가까운 장소도 성지화되는 것이다.

성지화된 장소 중에는 스폰서에 대한 배려나 프라이버시 보호 등의 관계로 지명이 명기되지 않는 경우도 많다. 그러한 성지에 관해서는 영상이나 아이돌 블로그 등의 발언, 나아가 SNS 등 인터넷 상에서의 글쓰기에서 장소를 특정한다. 이 행동은 오카모토(岡本, 2013)가 지적한 '개척적 애니메이션 성지순례자'의 행동과 일치한다. 또한 블로그 등에서 기재된 정보를 기초로 순례하는 '추수형 애니메이션 성지순례자'와 같은 순례 행동이나, 그라비아의 로케이션지에서 아이돌과 같은 포즈를 취하고 사진을 촬영하거나, 신사라는 성지화된 장소에서 아이돌을 응원하는 메시지를 쓴 에마를 봉납하는 등 성지에서의 행동에도 공통점이 보인다.

이상에서 아이돌 콘텐츠의 성지순례에서는 그 성지의 존재양식이 아이돌이라는 콘텐츠의 성질상 애니메이션 성지와는 다르지만, 행동에는 공통되는 점도 많이 있다는 것을 알 수 있었다.

또한 콘텐츠 성질에 기인하는 또 하나의 특징이 있다. 그것은 이벤트와 공연에 참가하는 것이다. 아이돌의 존재 그 자체가 콘텐츠인 이상, 그 콘텐츠를 가장 강하게 느낄 수 있는 것이 이벤트나 공연이다. 그것은 팬들 사이에서 '현장'이라 불리며 현장으로의 참가율이 아이돌 팬 입장에서 일종의 스테이터스로 간주되는 경우도 있다.

이는 실시간 커뮤니케이션에 가치가 놓인 것을 의미한다. SNS 등을 통한 정보 공간상에서 취하는 커뮤니케이션은 팬들끼리는 물론, 아이돌과 팬이라는 관계에서도 가능해졌다. 한편 가상으로는 느낄 수 없는 현장에서의 라이브감이나 분위기처럼 그 자리에 없으면 받을 수 없는 정보야말로 중요하다는 가치관이 생겼다. 또 아이돌이 텔레비전에서 현장으로 활동장소를 옮기고, '라이브 아이돌'이 다수를 차지하게 된 것도 현장의 가치관을 높이게 되었다.

그렇다고는 하지만 정보 공간 상에서의 커뮤니케이션이 전혀 무가치해진 것은 아니며, 현장에서 일어난 일이나 감상을 SNS 등에서 보고하거나, 인터넷으로 안 정보를 현장에서 활용하며 현실공간의 커뮤니케이션과 정보 공간의 커뮤니케이션을 상호 작용시키면서 교류를 즐기는 것이다. 또한 무라키(村木)는 라이브 아이돌의 증가가 로컬 아이돌 증가의 한 원인이라고 지적하며, 로컬 아이돌이 존재함으로써 새로운 교류가 지역에 생기는 것이나 로컬 아이돌을 매체로 한 지역 정보의 발신 등이 가능해지는 것 등이 지역 활성화를 촉진할 가능성을 말한다.

이상과 같이 '현장'이란 즉 '지금, 여기에서 전개되는 이야기'이며, 그것을 체감하기 위한 행동도 콘텐츠 투어리즘이라 할 수 있다.

이렇게 아이돌 콘텐츠 투어리즘이란 성지화에 의해 '그 장소에 부여된 이야기'와 공연이나 이벤트 등에 의해 '지금, 여기에서 전개되는 이야기'라는 두 이야기를 체감하는 여행 행동이라고 하겠다.

무라키 이오리(村木伊織)

참고문헌

오카모토 다케시(2013), 『n차 창작 관광── 애니메이션 성지순례/콘텐츠 투어리즘/관광사회학의 가능성』〔岡本健(2013), 『n次創作観光── アニメ聖地巡礼/コンテンツツーリズム/観光社会学の可能性』, 北海道冒険芸術出版〕.
무라키 이오리(2013), 「로컬 아이돌이 지역 활성화에서 맡은 역할에 관한 연구」〔村木伊織(2013), 「ローカルアイドルが地域の活性化に果たす役割に関する研究」, 『コンテンツツーリズム論叢』 4, pp.6~71〕.

70 서브컬처 이벤트와 지역 진흥

최근 몇 년 애니메이션의 무대가 되거나 그 모델이 된 지역을 둘러싼 관광 행동이 '애니메이션 성지순례'라 불리며 새로운 지역 진흥의 형태로서 주목, 각광을 받고 있다. 그 한편으로 현재는 그러한 애니메이션, 만화 작품과 직접적으로 관련을 갖지 않는 지역에서도 애니메이션, 만화 등을 활용한 지역 진흥이 도모되고 있다. 그 한 형태로서 애니메이션 만화 페스티벌, 팝 컬처 페스티벌과 같은 이벤트형 지역 진흥이 일본 전국, 다양한 지역에서 개최되게 되었다. 이 책에서는 주로 '애니메이션 성지순례'를 중심으로 콘텐츠 투어리즘 연구에 관한 논의가 이루어졌지만, 이번 절에서는 그러한 논의를 조금 떠나, 애니메이션 등의 서브컬처 팝 컬처 이벤트와 콘텐츠 투어리즘, 서브컬처 이벤트와 지역 진흥에 관하여 생각해 보자.

▌ 지역의 서브컬처 이벤트

필자는 지금까지 〈TOYAKO 만화·애니메이션 페스타〉(홋카이도[北海道] 도야코초[洞爺湖町]), 〈도마코마이 코스프레 페스타〉(홋카이도 도마코마이시[苫小牧市]), 〈후쿠시마 애니마가 페스타!〉(후쿠시마현[福島県] 후쿠시마시[福島市]), 〈애니타마 마쓰리 : 사이타마현 애니메이션·만화 제전〉(사이타마현[埼玉県] 사이타마시(さいたま市)), 〈가타페스〉(니가타현

[新潟県] 니가타시[新潟市]), 〈도야마 코스프레 페스타〉(도야마현[富山県] 도야마시[富山市]), 〈후지산 코스프레 세계대회〉(시즈오카현[静岡県] 시즈오카시[静岡市]), 〈가리야 애니메이션 collection〉(아이치현[愛知県] 가리야시[刈谷市]), 〈KOBE 팝 컬처 페스티벌〉(효고현[兵庫県] 고베시[神戸市]), 〈나라 애니메이션 미디어제〉(나라현[奈良県] 나라시[奈良市]), 〈슈난 모에 서미트〉(야마구치현[山口県] 슈난시[周南市]), 〈마치★아소비〉(도쿠시마현[德島県] 도쿠시마시[德島市]), 〈쿠로☆누마〉(후쿠오카현[福岡県] 기타큐슈시[北九州市]), 〈구마 페스 : 만화·애니메이션과 팝 컬처의 제전 in 구마모토〉(구마모토현[熊本県] 구마모토시[熊本市]) 등의 이벤트에서 필드워크를 했다.

이러한 이벤트 내용으로는 우선 성우나 애니메이션 송을 부른 가수, 애니메이션 감독 등의 제작 측 인물의 라이브나 토크쇼, 애니메이션 공식 상품의 판매, 애니메이션·만화의 원화나 공식 일러스트의 전시 등을 들 수 있다. 이들은 주로 1차 창작자 측의 개최라고 할 수 있다. 여기에서는 이 지역 출신자를 부르거나 출신자 작품을 전시함으로써 지역성을 획득하는 것도 있지만, 그렇지 않은 경우도 많다. 또 한편으로 많은 이벤트에서 이루어지는 일이지만, '코스프레' 개방 즉, 이벤트가 이루어지는 시가지, 상점가나 신사, 공관, 공장 등 건축물 내부 등의 영역에서 자유롭게 '코스프레'를 가능하게 하는 것이나 '이타차(痛車)' 전시 등이다. 이는 2차 창작적 팬 컬처 측의 것이다.

이러한 이벤트의 기본적 구조는 이러한 장소를 준비하는 지역(호스트)과 그리로 오는 참가자 즉, 스테이지 등의 관람자―그것은 때로는 '오타 예(オタ芸)'[1]라는 독자적 관람 양식을 갖는다―나 코스플레이어,

---

1 [역] 오타쿠+예능이 합해진 약어로, 아이돌이나 성우의 콘서트나 라이브에서 팬들이 전개하는 독특한 움직임을 수반하는 춤이나 구령을 말하며, 대상에 대한 응원의

이타차 소지자와 같은 이른바 '오타쿠'로서 이벤트를 향수하는 1차적
게스트, 그리고 평소에는 그러한 '오타쿠'적 활동을 볼 기회가 없지
만, 이벤트라는 공간 속에서 이러한 1차 게스트가 체현하는 오타쿠
문화를 '견학'하는 일반 참가자라는 2차적 게스트로 이루어진다.

　이상과 같이 이들 이벤트는 무언가 하나의 콘텐츠에 의존하는 것
이 아니다. 일반적인 콘텐츠의 정의로서는 데구치(出口, 2009:4)와 같
은 만화나 소설, 음악이나 드라마, 애니메이션이나 게임 등의 다채로
운 영역의 '작품'을 묶는 용어로 삼는 것이다. 이러한 정의로 생각했
을 때 위와 같이 구체적인 '작품'=콘텐츠와 직접 연결을 갖지 않는
지역의 서브컬처 이벤트는 콘텐츠 투어리즘이라고 할 수 있을까?

▌지역의 서브컬처 이벤트와 콘텐츠 투어리즘

　콘텐츠 투어리즘에서 가장 기본적으로 이용되는 정의이자, 애초
효시가 된 정의가 이루어진 것은 2005년 국토교통성, 경제산업성,
문화청에 의해 정리된『영상 등 콘텐츠 제작·활용에 의한 지역 진흥
의 존재방식에 관한 조사보고서』에서이다. 여기에서는 '지역에 관련
된 콘텐츠(영화, 텔레비전 드라마, 소설, 만화, 게임 등)을 활용하여 관광
과 관련 산업의 진흥을 도모하는 것을 의도한 투어리즘', '근간은 지
역에 "콘텐츠를 통해 양성된 지역 고유의 분위기·이미지"로서의 "이
야기성", "테마성"을 부가하고, 그 이야기성을 관광자원으로 활용하
는 것'으로 정의되어 있다.

　또한 야마무라(山村, 2011)는 특히 애니메이션 만화에 의한 투어리

퍼포먼스이자 응원 방식이다.

즘을 '애니메이션 투어리즘'이라 부르고 '애니메이션이나 만화 등이
지역에 콘텐츠를 부여하는 것―이러한 작품과 지역이 공유하는 것―
으로 창출되는 관광'이라 정의한다(야마무라[山村], 2011:5). 또한 여기
에서의 '콘텐츠'란 애니메이션, 만화 등의 '작품' 그 자체가 아니라
관광 콘텐츠로서의 '그 지역에 부여되는 이야기성'을 말한다(야마무라
[山村], 2011:1). 즉 애니메이션과 지역, 장소가 콘텐츠를 공유하고 있
는 것이다.

그러나 이러한 이벤트에서는 만화가, 작가의 출신지라는 콘텍스트
에 의해 지역과 애니메이션, 만화를 연결시키지만, 기본적으로는 애
니메이션, 만화의 정보 내용으로서의 콘텐츠가 그 지역, 장소와 공유
되는 것이 아니다. 즉 콘텐츠 투어리즘, 애니메이션 투어리즘의 정의
안에서 서술되는 것 같은 '콘텐츠를 통해 양성된 지역 고유의 분위기,
이미지', '지역에 부여되어 있는 이야기성'과 같은 것이 존재하지 않
는 것이다.

▮ 서브컬처 이벤트와 지역 문화

한편 오카모토(岡本, 2013)는 콘텐츠 및 콘텐츠 투어리즘 연구의 틀
을 더욱 넓혀 콘텐츠를 '정보가 어떠한 형태로 창조, 편집된 것이며,
그 자체를 소비함으로써 즐거움을 얻을 수 있는 정보 내용', '사람이
그것을 체험함으로써 거기에서 즐거움을 이끌어낼 수 있는 유형, 무
형의 정보 전체'라고 보고, '콘텐츠를 둘러싸고 사람들이 관광하고
놀며 창조한다', '이러한 놀이 속에서 재창조된 콘텐츠는 또 다른 사
람을 즐겁게 한다'는 총체적 상황을 콘텐츠 투어리즘이라고 했다. 또
오카모토(岡本, 2014)는 '애니메이션이나 그에 관련된 행동 양식'을

'콘텐츠 문화'라 부른다. 이러한 의미에서는 코스프레, 이타차와 같은 서브컬처 이벤트 안에서 전개되는 행동은 콘텐츠 문화이며, 작품으로서의 콘텐츠가 편집된 콘텐츠라고 할 수 있다.

그러나 오카모토(岡本, 2014)는 또한 애니메이션 성지순례 현장에서는 '콘텐츠 문화와 지역 문화가 다양한 관계성으로 뒤섞이고, 그것이 여행자뿐 아니라 지역주민도 볼 수 있고 즐길 수 있는 관광 문화가 되었다'는 것을 지적하고 있는데, 서브컬처 이벤트 현장에서는 위와 같이 거기에서 전개되는 콘텐츠 문화를 일반 관광객들이 보고, 자기가 이벤트의 콘텐츠가 된다는 의미에서 현상 보여주기식 관광 문화는 되지만, 지역 문화와 뒤섞여 새로운 관광 문화를 창출하는 단계에는 이르지 못한 듯하다.

그러나 또 한편으로 야마무라(山村, 2011:172~173)는 위에서 말한 애니메이션 투어리즘 논의를 더 발전시켜서 콘텐츠 투어리즘을 '지역이나 어떤 장소가 미디어가 되고 거기에 부여된 콘텐츠(이야기성)를 사람들이 현지에서 오감을 통해 느끼는 것. 그리고 사람과 사람 사이, 사람과 어떤 대상 사이에서 콘텐츠를 공유함으로써 감정적 연결을 낳는 것'이라 정의하고 있는데, 앞에서 말한 오카모토의 콘텐츠의 이해와 합해서 생각하면 서브컬처 이벤트 안에서도 콘텐츠 문화를 공유, 함께 놀고 즐기는 가운데 새로운 연결이 생길 수 있다. 58장에서도 말한 것처럼 서브컬처 이벤트의 이 관광 미디어성의 맹아를 발견할 수 있다.

야리미즈 고타(鑓水孝太)

참고문헌

오카모토 다케시(2013), 『n차 창작 관광 ── 애니메이션 성지순례/콘텐츠 투어리즘/
　관광사회학의 가능성』〔岡本健(2013), 『n次創作観光 ── アニメ聖地巡礼/コンテ
　ンツツーリズム/観光社会学の可能性』, 北海道冒険芸術出版〕.
오카모토 다케시(2014), 「미디어·콘텐츠·관광 ── 애니메이션 성지순례와 콘텐츠
　투어리즘」, 엔도 히데키·데라오카 신고·호리노 마사토(편), 『관광 미디어론』〔岡
　本健(2014), 「メディア·コンテンツ·観光 ── アニメ聖地巡礼とコンテンツツーリ
　ズム」, 遠藤英樹·寺岡伸悟·堀野正人(編), 『観光メディア論』, ナカニシヤ出版〕.
데구치 히로시(2009), 「콘텐츠 산업의 플랫폼 구조와 초다양성 시장」, 데구치 히로시
　·다나카 히데유키·고야마 유스케(편), 『콘텐츠 산업론 ── 혼효와 전파의 일본형
　모델』〔出口弘(2009), 「コンテンツ産業のプラットフォーム構造と超多様性市場」,
　出口弘·田中秀幸·小山友介(編)(2009), 『コンテンツ産業論 ── 混淆と伝播の日本
　型モデル』, 東京大学出版会, pp.3~39〕.
야마무라 다카요시(2011), 『애니메이션·만화로 지역 진흥 ── 도시의 팬을 낳는 콘텐
　츠 투어리즘 개발법』(전자판: 야마무라 다카요시(2018), 『〈보급판〉애니메이션
　·만화로 지역 진흥 ── 도시의 팬을 낳는 콘텐츠 투어리즘 개발법』)〔山村高淑
　(2011), 『アニメ·マンガで地域振興 ── まちのファンを生むコンテンツツーリズム
　開発法』, 東京法令出版(電子版: 山村(2018), 『〈普及版〉アニメ·マンガで地域振
　興 ── まちのファンを生むコンテンツツーリズム開発法』, PARUBOOKS)〕.

71 타자의 다른 가치관을 이해하는 것의 메커니즘

▌공존 공영의 경제 및 사회를 실현시키기 위한 뇌과학적 연구

콘텐츠 투어리즘에서는 지역측 사람들이 외지인들인 투어리스트를 환영할 수 있는지 없는지가 중요하다. 다른 가치관을 가진 타자를 받아들이고 함께 콘텐츠를 즐김으로써 호스트와 게스트의 이항대립[→08]이 해소되기 때문이다. 여기에서는 콘텐츠 투어리즘을 직접 다룬 것은 아니지만 콘텐츠 투어리즘 연구 및 실천에도 응용가능한 실험 결과를 소개하고자 한다.

마키·나카고미(牧·中込, 2013)는 광토포그래피(光topography, 근적외광 뇌기능계측 장치)를 이용한 실험을 했다. 이 실험에서 초점을 맞춘 것은 전두엽이다. 전두엽은 이성과 감정의 조정이나 의사결정, 사회적 문맥의 판단(사회뇌의 일부)을 담당한다고 여겨진다(히라키·하세가와[開·長谷川], 2009).

우선 다음 상황을 이미지로 떠올리기 바란다. '당신은 학외의 세미나에 참가하고 있으며 우연히 옆자리 사람이 같은 대학의 학생이었다고 합시다. 그 사람에게 말을 걸지 말지 생각해 주세요'(통제군)라는 것이다. 실험군①은 통제군 상황이 다른 대학의 학생이라는 문맥으로 변경되어 있다. 또한 모럴에 호소하는 요인을 실험군①에 추가한 실험군②도 있다(실험 내에 타자와 가치관이 다른 것은 당연하다는 문맥을 추가했다).

분석 데이터 채취는 타자에게 말을 걸지 말지를 생각하게 하는 부분이

[그림 71-1] 작업 간 뇌 혈류(옥시헤모글로빈)의 전형적인 변화
(피험자 6명의 계측 데이터를 가산한 것)

다. 실험에는 남녀 세 명 씩(오른손잡이, 평균 20.6세)에게서 협력을 받았다.

이 실험에서는 피실험자가 눈앞의 타자에게 말을 걸지 말지 검토할 때의 옥시헤모글로빈 데이터를 채취한다. 뇌가 활성화하면 혈액 안의 옥시헤모글로빈이 증가하기 때문에 이 옥시헤모글로빈의 농도장의 변화로 뇌 활성도의 차이를 논의할 수 있기 때문이다.

▌가치관의 차이를 '의식화'하는 것의 중요성

실험 결과는 통제군이 가장 전두엽이 활성화되고(검게 될수록 활성화되어 있지만, 실험군①②의 아래측 검은 부분은 불활성을 드러낸다), 실험군①은 '다른 대학의 학생'이라는 문맥의 변화만으로 전두엽 활성도가 현저하게 저하되었다([그림 71-1]). 더욱이 가치관의 차이를 의식시킴으로써 실험군②는 통제군과 실험군①의 중간 정도의 활성도가 된 것도 확인할 수 있다. 즉 통제군에서는 적극적으로 타자를 이미지화하고 실험군①에서는 그다지 타자를 생각하지 않은 가능성이 시사된다.

또한 피험자들 대부분은 실험 후에 통제군의 타자를 동료라고 이미지화하고, 실험군①의 타자를 적(다른 가치관을 가지는 타자)으로 상상했다고 대답했다. 그러나 실험군②는 타자의 이미지를 동료는 아니지만 적극적으로 말을 걸려고 생각하게 할만한 존재로 변화시켰다는 것이다. 여기에서 타자 이해의 가능성이 내포되어 있다.

타자 이해는 콘텐츠 투어리즘, 나아가 경제활동 전체에서 중요한 의미를 갖는다[→04]. 그러나 다른 가치관을 가지는 타자의 존재는 때로 우리에게 타자를 피하는 듯한 태도를 무의식적으로 취하게 만들 가능성이 지적되고 있다(웨던텀, 2011). 이 문제를 해결하는 방법은, 먼저의 실험결과에서 이끌어낼 수 있다. 실험군②가 드러내듯 자기와 타자의 가치관 차이를 의식만 한다면 되는 것이다.

타자의 가치관을 받아들임으로써 자기 가치관이 다듬어지고, 때로는 자기 인생관을 크게 바꾸는 경우도 있다. 애니메이션이나 콘텐츠 팬과 같은 시점에 서서 서로 양호한 관계가 이어지는 지역에서는, 이 뇌과학적 실험 결과가 이미 실행되고 있다고 생각된다. 다른 가치관을 가지는 타자를 받아들일 수 있느냐 아니냐가, 콘텐츠 투어리즘 성공의 첫걸음이며, 지극히 중요하기 때문이다.

마키 가즈오(牧和生)

참고문헌

히라키 가즈오·하세가와 도시카즈(편)(2009), 『소셜 브레인즈 ─ 자기와 타자를 인지하는 뇌』〔開一夫·長谷川寿一(編)(2009), 「ソーシャルブレインズ ─ 自己と他者を認知する脳」, 東京大学出版会〕.

마키 가즈오·나카고메 마사키(2013), 「동료의식의 뉴로 에코노믹스」〔牧和生·中込正樹(2013), 「仲間意識のニューロ·エコノミクス」, 『青山経済論集』65(2), pp.73~83〕.

샹커 베단텀(저), 와타라이 게이코(역)(2011), 『히든 브레인 ─ 취향, 도덕, 시장, 집단을 조종하는 무의식의 과학』〔シャンカール·ヴェダンタム(著), 渡会圭子(訳)(2011), 『隠れた脳 ─ 好み、道徳、市場、集団を操る無意識の科学』, インターシフト〕.

72 심령 스폿과 투어리즘

콘텐츠 투어리즘의 대상이 되는 것은 '이야기가 부여된 장소'인데, 심령 스폿은 '공포, 두려움의 이야기가 부여된 장소'라고 할 수 있다. 심령 스폿에는 영혼에 기인하는 공포스러운 에피소드가 있다. 그 공포 에피소드를 근거로 실제 그 장소에 가서 일상과는 다른 공기를 체험하러 간다는 여행의 형태는 실로 콘텐츠 투어리즘이다. 심령 스폿을 테마로 한 콘텐츠 투어리즘 연구에는 기무라(木村, 2011, 2013)의 연구가 있다.

▌공포 에피소드와 이계적 비일상

심령 스폿의 공포 에피소드는 애니메이션이나 소설 등과 같은 작품과 달리 개인 체험담이다. 심령사진이나 심령영상과 같은 기록이 남아 있는 경우도 있지만, 그 대부분은 아는 사람 등 제삼자의 체험담이거나, 발신원이 불분명한 소문이다. 특히 소문의 경우는 비슷한 에피소드라도 몇 가지 버전이 존재하는 경우가 많다. 또 유명한 심령 스폿의 경우, 같은 장소에서 몇 가지 다른 에피소드가 이야기될 때도 있다. 즉 심령 스폿으로 찾아가는 사람이 반드시 같은 에피소드를 공유하는 것은 아니다.

이는 통상적 콘텐츠 투어리즘 현장에서도 일어날 수 있는 일이다.

그 장소가 복수의 작품 무대가 되거나, 작품 팬과 작품의 존재마저 모르는 사람들이 같은 장소를 관광하는 상황은 실제로 볼 수 있다. 그러나 심령 스폿의 경우는 그러한 상황과는 달리 콘텐츠 형태가 원인이 되고 있다.

제3자 체험담이나 소문은 구전이나 미디어를 통해 전파된다. 구전되는 경우는 기억의 오류 등에 의해 내용에 다소의 개변이 일어나는 일이 발생하기 쉽고, 전파 과정에서 에피소드에 변화가 일어나기 쉽다. 또한 미디어 경우는 기록에 남기 때문에 전파 단계에서 그러한 변화가 일어날 가능성은 적지만, 정보가 발신되는 단계에서 이미 원전과는 다른 에피소드가 되거나 다소의 연출이나 각색이 이루어지기도 함으로써, 다른 정보가 전달될 가능성은 있을 수 있다.

특히 인터넷 보급에 의해 누구나 쉽게 정보를 발신할 수 있게 된 것에서, 평소에는 미디어에서 다룰 수 없는 로컬 에피소드라도 순식간에 광범위하게 전파될 수 있게 되었다.

이상과 같은 정보 전달 속에서 공포 에피소드는 대단히 불안정한 형태로 전파되어, 결과적으로 같은 장소를 찾더라도 에피소드는 공유되지 않는 상황이 일어나기 쉬워진다.

다만 심령 스폿을 찾는 사람들 대부분은 담력 테스트가 목적이며, 에피소드의 공유보다 오히려 그 장소에 공포 에피소드가 존재한다는 것과, 공포 에피소드와 같은 비일상적 현상이 일어날 수 있다고 느끼게 만드는 이계적 분위기가 필요하다.

요시다(吉田, 2014)는 젊은이들의 담력 테스트를 매너가 나쁜 행동으로 비난받기 쉽다고 하면서도, 이계로 가는 접촉기회인 담력 테스트는 젊은이에서 어른으로 성장하는 통과의례이며, '죽음이 멀게 느껴지고 미지의 어둠도 적어진 현대 사회에서, 젊은이들이 자주적으로 이계와의 접촉을 추구하는 것은 오히려 자연스러운 일일지도 모른다'고 했다.

즉 심령 스폿을 찾는 사람은 거기에서 이계적인 비일상 공간을 찾는 것이다. 그것을 답습하면, 출입이 금지된 장소에 무단으로 침입하거나 기물을 파손하는 등의 매너 나쁜 행위도, 밤의 심령 폐허와 같은 이계적 비일상 공간에서 일상적으로는 금지되어 있는 행위를 함으로써, 비일상성을 보다 깊이 체감하려는 것의 표현이라고 생각할 수 있다.

콘텐츠가 부여된 지역에서 콘텐츠를 즐기는 방식은 팬에 따라 다양하며, 또 콘텐츠에 따라서도 다르다. 심령 스폿 돌기는 콘텐츠도 포함한 장소의 분위기 그 자체를 비일상 체험으로 찾는 것이다.

또 최근 경향으로서 인터넷을 통한 촉구에 부응하는 형태로, 모르는 사람들끼리 심령 스폿을 찾는 행동을 많이 볼 수 있다. 그 모습은 동영상 사이트나 게시판 등에서 중계 및 보고되고 있으며 새로운 여행 즐기기를 보여준다고 할 수 있다.

무라키 이오리(村木伊織)

참고문헌

무라키 이오리(2011), 「콘텐츠 투어리즘으로서의 심령 스폿 돌기」〔村木伊織(2011), 「コンテンツツーリズムとしての心霊スポット巡り」, 『コンテンツツーリズム研究創刊準備号』, pp.78~83〕.

무라키 이오리(2013), 「여행과 저주 ― 영적 콘텐츠 투어리즘에 관한 연구 노트」〔村木伊織(2013), 「旅と呪い ― 霊的コンテンツツーリズムに関する研究」, 『コンテンツツーリズム論叢』 3, pp.148~154〕.

요시다 유키(2014), 『호러 스폿 탐방 내비』〔吉田悠軌(2014), 『ホラースポット探訪ナビ』, 学研パブリッシング〕.

73 지역 역사와 콘텐츠 투어리즘

▌지역 역사와의 관련

콘텐츠가 특정 지역을 무대로 하는 이상 그 무대가 된 지역의 역사를 무시하고 생각할 수는 없다. 지역사회는 대단히 다면적인 공간이며, 현재진행형 사안이지만, 지역의 역사성에서 완전히 일탈할 수는 없다. 콘텐츠 투어리즘을 중심으로 한 이야기 문화는 다면적으로 진전되고 있으며 미디어 환경, 역사에 의한 영향뿐 아니라 무대가 된 장소의 지리적 환경, 교통 상황, 콘텐츠 발신자, 제작자의 문화적 배경이 중심에 존재하고, 나아가 콘텐츠와는 일견 관계가 없어 보이는 무대가 된 지역 자체의 역사도 종축으로 하여 관계되는 것이다. 즉 지역의 역사와 더불어 작품과 관련된 미디어 환경이 복잡하게 얽혀 있는 것이다.

▌미디어 환경의 변화

콘텐츠 투어리즘 자체가 미디어에 의해 큰 영향을 받는 사례는 곳곳에서 보인다. 특히 NHK의 대하드라마나 아침 연속 텔레비전소설, 또한 영화 등의 무대가 됨으로써 많은 시청자들이 그 지역을 찾게 된다. 그러나 많은 작품들이 단년도로 방송이 끝나 버리고, 계속적으로 투어리즘 현상이 일어나는 일은 적다. 이는 영화나 텔레비전이라는 미디어에 의거하기 때문에 그 영향력이 저하된 경우에 동조해버리기 때문이다.

그 점에서 인터넷 미디어가 투어리즘에 크게 영향을 주는 애니메이션 성지순례는 비교적, 계속되는 케이스를 볼 수 있다. 이유로는 인터넷 미디어를 활용하는 것은 제작자나 발신자 측만이 아니라, 작품 수용자인 시청자 측이기도 하다는 점이다. 시청자가 방문할 때의 사진을 SNS 등의 웹 공간에 업로드하고, 그것을 본 다른 시청자가 같은 장소를 찾는다는 연쇄 반응을 볼 수 있다. 그러나 인터넷 공간도 또한 늘 변화하며, 시청자층, 나아가 애니메이션 성지순례를 하는 층도, 또한 늘 변화하는 것을 유의해야 한다. 콘텐츠 투어리즘이 확대됨으로써 라이트 유저처럼, 이미 게시된 장소로 간단히 액세스할 수 있는 것을 바라는 층도 나온다는 것을 생각할 필요가 있다. 또 무대가 된 장소도 현상을 계속 유지하기 위해 작품 이외에 의거하는 투어리즘으로 확대를 모색하고 있다(오카모토[岡本], 2010).

▌지역의 역사를 생각하다

기술한 것처럼 작품 자체가 실제 장소를 무대로 하는 이상, 그 지역의 역사와 무관계할 수는 없다. 이는 대하드라마와 같은 역사 자체를 그린 작품은 당연하고, 애니메이션이나 만화라는 콘텐츠에서도 마찬가지이다. 미디어의 역사를 생각할 필요가 있다고 쓴 것은, 예를 들어 오노미치(尾道)처럼 오즈 야스지로(小津安二郎)[1] 작품이나 오바야시 노부히코(大林宣彦)[2] 작품, 그리고 많은 애니메이션, 만화 작품 등이

---

1 [역] 오즈 야스지로(小津安二郎, 1903~1963). 일본을 대표하는 영화 감독으로 무성 영화 시절부터 54편을 감독했고, 부자 관계나 가족의 해체를 테마로 한 작품성은 국제적으로 평가가 높다.

등장하고, 그에 대해 오노미치의 지역 자체가 영화의 마을로 투어리즘을 받아들이며 필름 커미션이나 영화제를 개최해가는 것처럼, 미디어 환경의 변화 자체가 토지의 양식 자체에 영향을 주는, 즉 토지의 역사로서 승화되는 사례가 확인되기 때문이다. 물론 그 바탕으로 에도 시대로부터 이어지는 신사나 사찰 참배나 풍광의 수려함이 배경에 존재한다는 것을 무시해서는 안 된다.

이러한 미디어 발신에 의한 투어리즘이 정착하고, 지역에서 역사적으로 양조되어 가는 것은 오노미치에 한정된 이야기가 아니다. 나쓰메 소세키(夏目漱石)[3]의 『도련님(坊っちゃん)』의 무대인 에히메현(愛媛県) 마쓰야마시(松山市)는 '도련님' 이름을 붙인 토산물, 문학상, 야구장을 만들어내고 있는 것처럼, 관광지로서 성공을 거두고 있다(사토 · 사이토 · 히라이[佐藤 · 斎藤 · 平居], 2011; 다마이[玉井], 2009).

이렇게 콘텐츠 투어리즘을 보아가다 보면 지역성보다도 콘텐츠가 발표된 미디어 매체에 완전히 의존하는 것처럼 생각할 수도 있다. 그러나 미디어와 지역은 단순히 이항적으로 파악할 수 있는 것이 아니라 쌍방향적으로 서로 관계하고 유기적으로 결합하면서, 지역의 역사를 만들어온 것이다. 따라서 거꾸로 지역성만을 중시하고 그 지역 특유의 현상을 단독으로 성립한다고 생각하기란 매우 어렵다(다마이[玉井], 2012)

다마이 다쓰야(玉井建也)

---

2 [역] 오바야시 노부히코(大林宣彦, 1938~2020). 자주제작영화의 선구자이자 CM 디렉터로도 유명하고 일본 영상사의 최첨단에 섰던 '영상의 마술사'라 일컬어진 감독이다.

3 [역] 나쓰메 소세키(夏目漱石, 1867~1916). 근대 일본문학의 대표적인 문호로 영국 유학 후 도쿄제국대학 강사와 신문사를 거쳐 소설가가 되었다. 『나는 고양이로소이다』(1905~1906), 『도련님』(1906), 『산시로』(1908), 『마음』(1914) 등의 소설을 통해 근대인의 고독과 에고이즘을 추구하였다.

참고문헌

오카모토 다케시(2010), 「콘텐츠·인듀스트·투어리즘 ── 콘텐츠로 생각하는 정보사
　　회의 여행 행동」〔岡本健(2010), 「コンテンツ·インデュースト·ツーリズム ── コン
　　テンツから考える情報社会の旅行行動」, 『コンテンツ文化史研究』 3, pp.48~68〕.
사토 기시미쓰·사이토 아키코·히라이 겐(2011), 『관광의 노른자 ── 이야기를 살린
　　지역　여행』〔佐藤喜子光·斎藤明子·平居謙(2011), 『観光の目玉 ── 物語を生か
　　した地域旅』, 学芸出版社〕.
다마이 다쓰야(2009), 「'성지'로 이르는 오노미치라는 필드 ── 우타마쿠라에서 『가미
　　추!』로」〔玉井建也(2009), 「「聖地」へと至る尾道というフィールド ── 歌枕から『か
　　みちゅ!』へ」, 『コンテンツ文化史研究』 1, pp.22~34〕.
다마이 다쓰야(2012), 「지역사로 보는 풍속·문화·'서브 컬처' ── '성지순례'를 사례로」
　　〔玉井建也(2012), 「地域史地域史からみる風俗·文化·「サブカルチャー」 ── 「聖地
　　巡礼」を事例として」, 『風俗史学』 44, pp.41~62〕.

74 콘텐츠 투어리즘과 문화유산 가치에 대한 접근

　유네스코 기념물 및 유적 보호에 관한 자문기관인 국제적 전문가집단인 비정부조직 ICOMOS(국제기념물유적회의)는, 1999년에 "International Cultural Tourism Charter"(국제문화관광헌장)을 종합하여 세계를 향해 공개했다. 이것은 투어리즘과 문화유산(장소와 수집, 수장품으로서의 문화유산)과의 다이나믹한 관계성을 적절히 관리, 활용해가기 위한 기본원리, 원칙을 가이드라인 형태로 보인 것이다. 종래의 건축, 고고유산에 관한 연구 성과뿐만 아니라, 문화유산의 관리, 활용에 관련된 투어리즘 연구나 문화인류학 분야 등의 성과, 나아가 선주민의 권리나 인권에 관한 국제적 논의 성과 등을 널리 답습한, 집대성적, 획기적 헌장이다. 따라서 그 내용도 단순한 문화유산보호 관점뿐 아니라, 그 관광 측면의 활용 틀로서도 극히 유용한 것이다.

　이번 장에서는 이 책의 다른 논의들과는 약간 이질적이지만, 지면을 할애하여 이 '국제문화관광헌장'을 다루고, 우선 투어리즘의 기본적이고 본질적인 사고방식에 관하여 정리해 두고자 한다. 이는 이 헌장에서 주장하는 내용에는 콘텐츠 투어리즘이 지역 문화유산을 활성화하는 가능성을 생각하는 데에 있어서 극히 중요한 사고, 논점이 포함되어 있기 때문이다.

▌ '가장 중요한 문화교류 수단의 하나' 로서의 투어리즘

맨 먼저 이 헌장이 내세우는 투어리즘의 정의에 관하여 보자. 일반적으로 투어리즘이란 경제활동이며, 산업의 한 형태라고 여겨진다. 물론 이 헌장에서도 투어리즘의 그러한 측면은 부정하지 않는다. 그러나 이 헌장에서 중요한 것은 그것만이 아니라, 보다 중요한 본질을 제시한다. 그것은 투어리즘은 '가장 중요한 문화 교류 수단의 하나'라는 점이다. 이하는 그 원문이다.

> Domestic and international tourism is <u>one of the foremost vehicles of cultural exchange,</u> providing personal experience of that which has survived from the past as well as the contemporary life and society of others.[1]
>
> (ICOMOS, 2002:2, 밑줄 집필자)

국내, 국제 관광은 타자의 현대생활이나 사회, 과거에서 계승되어 온 것 등을 개인적으로 경험하는 기회를 제공하는, 문화 교류의 가장 중요한 수단의 하나이다.

▌ 문화유산 활용의 첫 번째 목적은 '팬 서포터 만들기'

이 헌장에서는 또한 문화유산을 관리하고 투어리즘에서 활용하는 것의 목적을 다음과 같이 명확히 보이고 있다.

---

1 [역] 이 헌장은 2022년 개정되었으며, 개정 헌장은 다음에서 다운로드하여 볼 수 있다. https://www.icomos.org/images/DOCUMENTS/Secretariat/2023/CSI/eng-franc_ICHTCharter.pdf

A primary objective for managing heritage is to communicate its significance and need for its conservation <u>to its host community and to visitors</u>. Reasonable and well managed <u>physical, intellectual and/or emotive access</u> to heritage and cultural development is both a tight and a privilege. It brings with it a duty of respect for the heritage values, interests and equity of the present-day host community, indigenous custodians or owners of historic property and for the landscapes and cultures from which that heritage evolved.

(ICOMOS, 2002:4, 밑줄 집필자)

문화유산을 관리, 활용하는 첫 번째 목적은 그 중요성과 보호의 필요성을 <u>호스트 커뮤니티와 비지터 쌍방에</u> 전달하고 이해를 구하는 것에 있다. 문화 유산 및 문화의 발전에 관하여 적절한 형태로 <u>물리적, 지적, 감성적으로 접근</u>할 수 있는 것은, 모든 사람들에게 보장되어야 할 권리이다. 이러한 접근은 문화 유산 가치에 대한 경의를 낳고, 문화유산에 관한 현재의 호스트 커뮤니티(거기에 살고 있는 사람들), 선주민족(그 문화유산을 창조한 사람들과 그 자손), 소유자(법적 소유자), 각각의 이익과 평등에 관한 경의, 그 문화유산을 육성해 온 주변 경관과 문화에 관한 경의를 낳는다.

(밑줄 집필자. 괄호 안은 집필자에 의한 부기)

즉 문화유산의 관리, 활용, 공개의 첫 번째 목적은 그 문화유산 ── 선인들로부터 이어 받아 차세대로 이어줄 문화유산 ── 의 중요성과 보호 필요성을 호스트 커뮤니티 및 비지터 쌍방에게 물리적, 지적, 감성적으로 접근하도록 하고 이해받는 것이다.

더 알기 쉽게 바꿔 말한다면, 문화유산을 활용한 투어리즘 진흥이란 그 문화유산의 보호, 계승을 향한 '팬 서포터 만들기'인 것이다.

이 점에 관해서는 관련된 중요한 기술로서 동 헌장의 이하의 부분을
발췌해 두고자 한다.

> ······Unless there is public awareness and public support for
> cultural heritage places, the whole conservation process will be
> marginalised and not gain the critical levels of funding or public
> and political support so necessary for its survival.
>
> (ICOMOS, 2002: 2)

> ······유산에 관한 일반 대중의 인지, 그리고 서포트가 없으면 보호
> 프로세스는 과소 평가되고, 필요최소한의 재정 지원도 공적, 정치적
> 지원도 얻을 수 없게 되어 버릴 것이다.

즉 문화유산을 계승하기 위한 재정 지원이나 사회적 지지나 정치적
지지를 얻기 위해서는, 사회 일반의 이해를 얻는 것이 지극히 중요하다.
투어리즘이란 문화유산의 중요성, 보호의 필요성을 전문가로부터가
아니라 사회 일반, 일반 대중으로부터 이해받기 위한 중요한 수단이다.
투어리즘을 수단으로 파악하고 문화유산의 보호, 계승을 위해 그러한
수단을 보다 적극적, 전략적으로 이용해갈 필요가 있는 것이다.

▌ 액세스의 세 양식

여기에서 앞에 나온 접근이라는 사고방식에 착목해 보자. 왜냐하
면 이 헌장에서 매우 특징적 사고방식의 하나가 액세스의 양식을 세
가지로 나누어 생각한다는 점에 있기 때문이다. 즉 앞에서 말한 대로
①신체적(물리적) 액세스(physical access), ②지적 액세스(intellectual

access), ③감성적 액세스(emotive access) 세 가지이며, 각각의 사고방식은 [표 74-1]에 보이는 대로이다(ICOMOS, 2002: 21).

[표 74-1] 액세스의 세 가지 양식
(ICOMOS(2002), p.21을 근거로 집필자 작성)

① physical access 신체적 접근	physical access, where the visitor experience the place in person (현장에서의 신체적 체험)
② intellectual access 지적 접근	intellectual access, where the visitor or others learn about the place, without possibly ever actually visiting it (장소의 가치, 중요성에 관하여 학습하는 것. 현장을 실제로 방문하지 않고 행하는 학습도 있을 수 있다)
③ emotive access 감성적 접근	emotive access where the sense of being there is felt, again even if a visit is never undertaken (거기에 있다는 실감을 얻는 것. 이것도 현장을 실제로 방문하지 않고 느끼는 경우도 있을 수 있다)

원문이라면 상당히 이해하기 어렵지만, 이하와 같이 생각하면 타당할 것이다. 우선 ①신체적 접근(physical access)은 to experience, 즉 체감, 실체험하는 것. 실제로 현지로 가서 거기에서 문화유산을 직접 보고 듣고 접하는 등 물리적으로 체험하는 것이다. 이어서 ②지적 접근(intellectual access)은 to learn=배우는 것. 지식 정보에 대한 접근이다. 사전에 책이나 가이드북, 인터넷 등에서 해당 문화유산에 관한 지식을 얻거나, 현지에서 안내판이나 가이드에 따른 인터프리테이션을 통해 지식을 얻는 형태로 정보에 접근한다. 그리고 ③감성적 접근(emotive access)은 to feel, 즉 느끼는 것. 이것은 가장 낯설게 들리는 개념이겠지만, 굳이 가까운 의미를 찾는다면 그 장소에 있다는 것을 절절히 실감한다는 감각, 문화유산에 대한 친숙과 친근감, 즐거움 등의 감각이라고 할까? 물리적인 체험도 아니고, 지식 정보도

아니며, 마음으로 문화유산의 존재, 그 특질과 가치 등을 '느끼는' 것이다.

어느 것이든 투어리즘에서 중요한 것은 이 세 가지 접근을 밸런스 좋게 제공할 수 있는 시스템이다. 종래의 투어리즘에 관한 논의에서는 ①과 ②에 관한 논의는 활발히 이루어졌다. 예를 들어 교통 접근의 정비나 시설 정비에 관한 논의는 ①에 관한 것이며, 가이드 시스템이나 인터프리테이션 양태에 관한 논의는 ②에 관한 사항이었다. 그 한편으로 ③의 감각적 문제는 어뮤즈먼트 파크라면 몰라도, 문화유산 활용에 관해서는 거의 무시되어온 문제이다.

그러나 앞에서도 말한 것처럼 문화유산을 활용한 투어리즘 진흥을 그 문화유산의 보호, 계승을 향한 '팬 서포터 만들기'라고 생각한다면 ①, ②와 나란히 ③이 매우 중요한 과제라는 것을 알 수 있다.

어쨌든 이 세 가지 접근을 균형 있게 확보할 수 있도록 투어리즘 방식을 생각해야 한다. 그저 단순히 현지에서 구경하고 돌아다니는 것이 아니고, 단순히 지식을 채워넣는 것만도 아니며, 단순히 즐기고 마는 것만도 아닌 것이다.

▌콘텐츠 투어리즘의 가능성 = 적절하고 자극적, 현대적 수법에 의한 접근 제공

또한 ②와 ③에 관해서는 '현장을 실제로 방문하지 않는' 경우도 상정되어 있다. 도입이 길어졌지만 콘텐츠 투어리즘이 관련되어야 하는 중요한 부분이 여기다.

즉 지식이나 친근감을 얻기 위해서는 현장 이외의 접근도 있을 수 있다는 점이다. 이점에 있어서는 인터넷에 의한 정보 공개나 미디어 작품의 문화유산 이미지 형성과 같은 사항도 대단히 중요한 과제가 된다. 여행자 행동의 프로세스에 따라서 말하자면, 여행중의 체험, 학습, 실감만이 아니라, 여행 전과 여행 후의 학습, 실감의 시스템에 관해서도 검토가 필요한 것이다.

이러한 점에 관해서도 관련 기술이 이 헌장에 있다.

Individual aspects of natural and cultural heritage have differing levels of significance, some with universal values, others of national, regional or local importance. Interpretation programmes should present that significance in a relevant and accessible manner to the host community and the visitor, with appropriate, stimulating and contemporary forms of education, media, technology and personal explanation of historical, environmental and cultural information.

(ICOMOS, 2002: 7)

자연, 문화유산 개개의 중요성에는 다양한 레벨이 있다. 어떤 것은 보편적 가치를 갖고 어떤 것은 국가적 가치를 갖는다. 그리고 어떤 것은 지역적인 혹은 로컬한 가치를 갖는다. 인터프리테이션의 프로그램은 그러한 중요성을 호스트 커뮤니티, 비지터 쌍방 입장에서 적절히, 접근하기 쉬운 방법으로 제공해야 한다. 그리고 이들 중요성의 제시는 역사적, 환경적, 문화적 정보에 관하여 적절하고 자극적, 현대적인 교육, 미디어, 기술, 개인 이야기를 통해 제공되어야 한다.

(밑줄 집필자)

즉 접근은 적절히 자극적인 형태로 현대적 수법을 이용해서 제시되어야 한다고 한다. 이것도 널리 일반 대중에게 문화유산의 가치를 이해하게 하고, 보호 서포터가 되도록 한다는 점에서 생각하면 그 유효성을 수긍할 수 있을 것이다.

이러한 문맥에서는 투어리즘을 통해 문화유산의 가치를 전달하고, 공감해 줄 상대로서 전문가나 원래 대상에 흥미를 가진 사람들 이상으로 일반 대중, 특히 지금까지 그다지 해당 문화유산에 흥미, 관심을 가지지 않았던 층이 중요해질 것이다.

애니메이션 〈케이온!〉을 본 팬들 대부분이 도요사토(豊郷)소학교 옛 교사 건물들의 문화유산으로서의 가치를 인식하고, 그 보호활동에 이해를 드러낸 과정은, 특히 ③의 emotive access 면에서 애니메이션을 통해 지역의 문화유산 팬을 증가시킨 좋은 예이다.

사실 애니메이션이 계기가 되어 지역 진흥과 결합한 지역에 공통되는 것은, 애니메이션을 계기로 하여 지역의 역사 자원 재발견, 재평가가 이루어지고, 그에 따라 지역 자원의 재활성화가 유발된다는 과정이다. 이쪽은 앞으로 문화유산 연구 방면에서도 어프로치해도 좋을 테마이다.

야마무라 다카요시(山村高淑)

참고문헌

ICOMOS(1999), *International Cultural Heritage Tourism Charter(8TH Draft for Adoption by ICOMOS at the 12th General Assembly, Mexico, October)*, ICOMOS International Scientific Committee on Cultural Tourism.

ICOMOS(2002), *International Cultural Heritage Tourism Charter*, ICOMOS International Cultural Tourism Committee.

75 콘텐츠 투어리즘과 사회·문화·지역 창조

콘텐츠 투어리즘에서 볼 수 있던 것은 관광정보가 관광 프로듀서나 콘텐츠 프로듀서뿐 아니라 다양한 주체, 특히 투어리스트나 지역 주민 등의 개인이 발신한 정보에 의해 구축되는 상황이다(오카모토[岡本], 2010). 또한 쌍방향적 정보교환도 볼 수 있다. 그 사람 입장에서 흥미, 관심을 갖기 쉬운 '콘텐츠'에 관한 정보를 탐색하는 동안 관광 동기로 이어지는 정보를 얻고, 현실 공간 상의 관광을 하는 흐름이다 (오카모토[岡本], 2013a). 인터넷은 흥미, 관심을 같이 하는 사람들끼리를 잇기 쉽다. 그것은 폐쇄적, 배타적인 커뮤니티를 낳는 위험성을 내포함과 동시에 지리적인 원근을 초월한 새로운 커뮤니티로 이어지는 가능성도 갖추고 있다.

▌ '콘텐츠'에 대한 관심에서 지역으로

콘텐츠에 대한 흥미, 관심을 동기로 삼아 지역을 찾는 콘텐츠의 팬들은, 지역의 경관에 시선이 향하게 된다. 일반적 관광에서 여행자와 정주자의 시선에 관해 고찰한 니시다(西田, 2011)는 처음에 풍경을 발견하는 시선은 '외부 시선'이라고 한다([그림 75-1]). 거기에 사는 사람들은 '내부의 시선'을 가지고 일상적 생활 풍경을 보고 있지만 평소에는 주시하지 않는다. 외부 여행자는 비일상적인 풍경을 탐승하는 경치로 주시하고(①), 지역 사람들 입장의 생활 풍경에도 시선을 향한다(②). 이렇게 해서 여행자들의 시선에 따라 풍경이 가치를 부여받고, 지역주민도 일상적 풍경을 주시하게 된다(③). 같은 일이 콘텐츠 투어리즘에서도 일어난다. 예를 들면 오마치(大町)에서 볼 수 있는 것처럼, 지역주민이 애니메이션에서 그려진 지역의 풍경을 보거나, 팬에게 촉구되는 형태로 일상적 풍경을 새삼 주시하고, 그 가치를 알게 된다[→39].

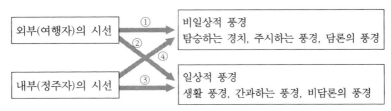

[그림 75-1] 콘텐츠 투어리즘의 풍경과 시선이 관계

더욱이 콘텐츠 투어리즘에서는 새로운 방향의 시선도 볼 수 있다. 와시노미야나 도요사토를 위시한 콘텐츠 팬이 외부에서 가지고 들어온 콘텐츠 문화를 내부의 시선이 즐기는 모습이다(④)(오카모토[岡本], 2013b).

▌다양한 사람들에 의한 문화 창조와 사회 구축

관광 정보뿐 아니라 관광 문화도 다양한 사람들의 손에 의해 만들어지며, 각각의 입장에서 그것을 즐기는 모습을 볼 수 있었다. 와시노미야에서는 '러키☆스타 신여'[→41], 도요사토에서는 '뛰어나오는 여고생'[→43]이 팬과 지역주민의 교류 속에서 생겼다. 오아라이(大洗)

에서는 지역주민이 콘텐츠 작품을 시청하고, 팬과 공통 화제를 갖도록 했다[→50]. 고모로(小諸)나 다카야마(高山)에서는 '그 파스타'[→47]나 '이키비나 마쓰리'[→49]와 같은 관광문화를 계기로 지역의 문화에 관심이 향하는 모습을 볼 수 있었다. 이들은 콘텐츠 문화와 지역 문화가 혼효된 관광 문화가 만들어지고, 그것이 미디어성을 띠며, 서로 관계될 리 없던 사항들이 이어지는 현상이라고 할 수 있다. 뒤집어서 생각하면 사실은 '콘텐츠' 그 자체가 지역 문화를 가지고 들어와서 만들어진 것을 알 수 있다(오카모토[岡本], 2014). 다카야마에서 현저하듯 작품에는 작가가 산 지역의 영향력이 드러난다. 콘텐츠가 현실 공간 상에서 사는 인간에 의해 만들어진 것이라면, 반드시 지역으로부터 영향을 받게 된다.

콘텐츠 투어리즘은 새로운 사회적 자본 구축의 방식을 제시한다고 할 수 있다. 사람들이 흥미, 관심을 매개로 모일 경우, 동질성이 높은 사람들과 이어질 가능성이 높은데, 여기에 '관광'이라는 특정 장소에 신체적으로 향하는 행동이 들어감으로써 '불확정성'과 '우연성'이 끌려들어온다. 당초에는 콘텐츠에 대한 관심이 주된 동기였는데, 관광 목적지에서 만난 타자와 우연히 관계성을 가지고, 그것이 계속되는 경우도 있다(오카모토[岡本], 2013a). 그렇게 하면 '지역을 초월한 커뮤니티'에 의해 지역 창조가 이루어지는 방식도 구상이 가능해진다(오카모토[岡本], 2012).

오카모토 다케시(岡本健)

참고문헌

오카모토 다케시(2010), 「콘텐츠·인듀스트·투어리즘 —— 콘텐츠로 생각하는 정보사
회의 여행 행동」〔岡本健(2010), 「コンテンツ·インデュースト·ツーリズム —— コン
テンツから考える情報社会の旅行行動」, 『コンテンツ文化史研究』 3, pp.48~68〕.

오카모토 다케시(2012), 「관광·지역 디자인 2.0과 관광정보학 —— 애니메이션 성지순
례로 관광의 새로운 양식을 생각하다」〔岡本健(2012), 「観光·地域デザイン2.0と
観光情報学 —— アニメ聖地巡礼から観光の新たなあり方を考える」, 『観光と情報』
8(1), pp.15~26〕.

오카모토 다케시(2013a), 『n차 창작 관광 —— 애니메이션 성지순례/콘텐츠 투어리즘
/관광사회학의 가능성』〔岡本健(2013a), 『n次創作観光 —— アニメ聖地巡礼/コン
テンツツーリズム/観光社会学の可能性』, 北海道冒険芸術出版〕.

오카모토 다케시(2013b), 「콘텐츠 투어리즘의 경관론 —— 애니메이션 성지순례/확장
현실 경관/오타쿠 스케이프」〔岡本健(2013b), 「コンテンツツーリズムの景観論 —
— アニメ聖地巡礼/拡張現実景観/オタクスケープ」, 『ランドスケープ研究』 77(3),
pp.222~225〕.

오카모토 다케시(2014), 「콘텐츠와 신사·신화의 관계성 —— 관광자원으로서의 이야기
·지역·문화」〔岡本健(2014), 「コンテンツと神社·神話の関係性 —— 観光資源とし
ての物語·地域·文化」, 『コンテンツツーリズム論叢』 5, pp.28~35〕.

니시다 마사노리(2011), 『자연의 풍경론』〔西田正憲(2011), 『自然の風景論』, 清水弘
文堂書房〕.

76 콘텐츠 투어리즘 연구의 확장

이 책에서는 다양한 측면에서 콘텐츠 투어리즘 연구에 접근해 보았다. 콘텐츠 투어리즘에는 수많은 요소가 관련되고 관점도 다양했다. 그렇지만 콘텐츠 투어리즘 연구는 막 시작된 연구분야이며, 향후 착수해야 할 연구 테마가 많이 남아 있다.

▌다양한 콘텐츠 투어리즘 연구

이 책에서 소개한 것 이외의 분야에서도 콘텐츠 투어리즘은 연구되고 있다. 예를 들어 종교사회학적 연구가 그러하다(호시노[星野]외, 2012; 야마나카[山中], 2012; 이마이[今井], 2018). 이러한 분야에서는 종교적 성지순례와 애니메이션 성지순례에 관하여 그 차이점이나 유사점에 관하여 분석이 이루어졌다. 오카모토 료스케(岡本亮輔)는 예로부터 이루어지던 성지순례는 물론 파워 스폿이나 애니메이션 성지순례 등의 '종래의 종교와는 다른 문맥 속에서 만들어지는 성지'도 포함하여 분석을 하고, 그 '공동성'에 관하여 고찰하며, 새로운 형태의 종교와 사회의 관계성을 지적하고 있다(오카모토[岡本], 2015).

사회학 분야에서도 콘텐츠 투어리즘은 빈번히 논의되고 있다. 다니무라 가나메(谷村要)는 애니메이션 성지순례자나 애니메이션 송에 맞추어 춤을 추는 팬 커뮤니티에 주목하고, 취미로 하는 커뮤니티로부터 지역 커뮤니티나 타자와의 관계성 문제로 접어들고 있다(다니무라[谷村], 2011, 2012, 2014 외). 그리고 엔도 히데키(遠藤英樹)는 신체적 이동 등의 '관광적 요소'가 팝 컬처의 존재방식 그 자체에 영향을 주고, 사람들의 욕망, 희망, 꿈을 의미하는 '문화적 상상력'의 변용과도 연결될 수 있다는 것을 지적하고 있다(엔도[遠藤], 2015). 나아가 스즈키 겐스케(鈴木謙介)는 현대 웹사회의 존재방식을 고찰하는 가운데 콘텐츠 투어리즘을 다루고 있다. 스즈키는 웹사회의 특징으로서 '다공화(多孔化)'를 거론한다. 다공화란, '현실공간에 열린 구멍으로부터 다른 장소의 정보나 커뮤니케이션이 들어와서 그것들과 현실 공간의 사건의 우선순위가 혼동되는' 상황을 말한다(스즈키[鈴木], 2013). 이러한 '현실과 웹이 융합하는 시대'에 사람들이 어떻게 살 수 있을지 고찰하는 것이다. 사람들이 콘텐츠에서 의미를 얻고, 현실 공간으로 향하며, 정보 공간이나 허구 공간을 포함하여 왕래하는 콘텐츠 투어리즘은 실로 이러한 문제를 고찰하는 대상으로 가장 적절한 것이다.

▎ 콘텐츠 투어리즘 연구의 향후

콘텐츠 투어리즘 연구는 그 문화에 관한 자기 이야기에 빠지기 쉽다. 이에 관하여 히라이 도모히사(平井智尚)는 자기 이야기나 자기만족으로 끝나 버릴 것이 아니라 연구 대상이 사회과학 대상으로 적합한 것임을 설득적으로 논해가는 것의 중요성을 지적한 다음, 미디어 연구의 이론에서 콘텐츠 투어리즘을 분석하고, 기존 연구분야와의 접속을 지향하고 있다(히라이[平井], 2011). 이러한 이론적 고찰도 앞으로 활발하게 되어야 할 것이다.

이 책에서 분명해진 것은, 다양한 사물이 콘텐츠화할 수 있는 상황인 현재, 일반화 가능한 사항도 다수 포함되어 있을 것이라는 점이다. 콘텐츠 투어리즘 연구란 사람이 '흥미', '관심', '호기심'을 느끼는 정보, 즉 '콘텐츠'의 양태란 무엇인가를 추구함과 동시에, 콘텐츠를 통해 정신적, 물리적 이동을 하고, 사람이나 사물, 장소, 일과 상호작용하는 가운데 사람은 어떻게 살아야 하는가, 이것을 생각해가는 틀이라고 할 수 있다.

이미 본 것처럼 콘텐츠 투어리즘 연구가 활발히 이루어지고, 지금도 다양한 방향에 확장을 보이고 있다. 이 책의 내용은 물론 본문에서 인용한 각종 참고문헌이나 참고자료로서 소개한 문헌, 그리고 '전자정보원을 활용한 선행연구 찾는 법'[→20,21] 등을 참고로 다양한 연구를 찾아서 읽기 바란다. 그리고 그것을 자기자신의 양식으로 삼아 연구와 실천을 축적해간다면, 콘텐츠 투어리즘 연구는 더욱 자극적이고 재미있는 분야가 될 것이다.

오카모토 다케시(岡本健)

참고문헌

이마이 노부하루(2018), 『오타쿠 문화와 종교의 임계 ― 정보·소비·장소를 둘러싼 종교사회학적 연구』〔今井信治(2018), 『オタク文化と宗教の臨界 ― 情報·消費·場所をめぐる宗教社会学的研究』, 晃洋書房〕.

엔도 히데키(2015), 「관광을 사랑하는 팝 컬처 ― 팝 컬처 연구의 '관광론적 전회'」, 엔도 히데키·마쓰모토 겐타로(편)(2015), 『공간과 미디어 ― 장소의 기억·이동·리얼리티』〔遠藤英樹(2015), 「観光に恋するポップカルチャー ― ポップカルチャー研究の「観光論的転回」」, 遠藤英樹·松本健太郎(編), 『空間とメディア ― 場所の記憶·移動·リアリティ』, ナカニシヤ出版, pp.215~237〕.

오카모토 료스케(2013), 『성지순례 ― 세계유산으로부터 애니메이션의 무대까지』〔岡本亮輔(2013), 『聖地巡礼 ― 世界遺産からアニメの舞台まで』, 中央公論新社〕.

스즈키 겐스케(2013), 『웹 사회의 행방 — '다공화'한 현실 속에서』〔鈴木謙介(2013), 『ウェブ社会のゆくえ — 「多孔化」した現実のなかで』, NHK出版〕.

다니무라 가나메(2011), 「마쓰리의 커뮤니티」에 의한 '만남'의 가능성 — '하루히 댄스'와 '애니메이션 성지'를 사례로」〔谷村要(2011), 「「祭りのコミュニティ」による「出会い」の可能性 — 「ハルヒダンス」と「アニメ聖地」を事例として」, 『社会学批評 — KG/GP sociological review別冊』, pp.97~109〕.

다니무라 가나메(2012), 「'지모트형 커뮤니티'의 부상」〔谷村要(2012), 「ジモト型コミュニティ」の浮上」, 『日本情報経営学会誌』 32(3), pp.72~83〕.

다니무라 가나메(2014), 「취미의 포섭이 낳는 지역 활성화 — 애니메이션 성지로 보는 타자의 수용으로부터」〔谷村要(2014), 「趣味の包摂が生む地域活性化 — アニメ聖地に見る他者の受け入れから」, 『ノモス』 35, pp.35~46〕.

히라이 도모히사(2011), 「성지순례의 이론적 고찰 — 미디어 연구에서의 어프로치」〔平井智尚(2011), 「聖地巡礼の理論的考察 — メディア研究からのアプローチ」, 『コンテンツ文化史研究』 5, pp.51~61〕.

호시노 에이키·야마나카 히로시·오카모토 료스케(편)(2012), 『성지순례 투어리즘』〔星野英紀·山中弘·岡本亮輔(編)(2012), 『聖地巡礼ツーリズム』, 弘文堂〕.

야마나카 히로시(편)(2012), 『종교와 투어리즘 — 성스러운 것의 변용과 지속』〔山中弘(編)(2012), 『宗教とツーリズム — 聖なるものの変容と持続』, 世界思想社〕.

자료 일람

콘텐츠 투어리즘 주요 관련 서적

가키자키 슌도(2005), 『성지순례 ── 애니메이션·만화 열두 곳 돌기』〔柿崎俊道(2005), 『聖地巡礼 ── アニメ·マンガ12ヶ所めぐり』, キルタイムコミュニケーション〕.

하세가와 후미오·미도리가와 가즈오(2005), 『콘텐츠·비즈니스가 지역을 바꾼다』〔長谷川文雄·水鳥川和夫(2005), 『コンテンツ·ビジネスが地域を変える』, NTT出版〕.

홋카이도대학 관광학 고등연구센터 문화자원 매니지먼트 연구팀(2009), 『미디어 콘텐츠와 투어리즘 ── 와시노미야초의 경험에서 생각하는 문화창조형 교류의 가능성(CATS총서 제1호)』〔北海道大学観光学高等研究センター文化資源マネジメント研究チーム(2009), 『メディアコンテンツとツーリズム ── 鷲宮町の経験から考える文化創造型交流の可能性(CATS叢書第1号)』, 北海道大学観光学高等研究センター〕.

야마무라 다카요시·오카모토 다케시(2010), 『차세대 마을 진흥과 투어리즘 ── 와시노미야초·삿테시로 보는 상점가 진흥의 미래(CATS총서 제4호)』〔山村高淑·岡本健(2010), 『次世代まちおこしとツーリズム ── 鷲宮町·幸手市に見る商店街振興の未来(CATS叢書 第4号)』, 北海道大学観光学高等研究センター〕.

마스부치 도시유키(2010), 『이야기를 여행하는 사람들 ── 콘텐츠 투어리즘이란 무엇인가』〔増淵敏之(2010), 『物語を旅するひとびと ── コンテンツ·ツーリズムとは何か』, 彩流社〕.

야마무라 다카요시(2011), 『애니메이션·만화로 지역 진흥 ── 도시의 팬을 낳는 콘텐츠 투어리즘 개발법』〔山村高淑(2011), 『アニメ·マンガで地域振興 ── まちのファンを生むコンテンツツーリズム開発法』, 東京法令出版〕.

마스부치 도시유키(2011), 『이야기를 여행하는 사람들2 ── 해당 지역 좀비의 걷는 방식』〔増淵敏之(2011), 『物語を旅するひとびと2 ── ご当地ソングの歩き方』, 彩流社〕.

야마무라 다카요시·오카모토 다케시(2012), 『관광 자원으로 콘텐츠를 생각하다 ── 정보사회의 여행 행동 제상으로부터 CATS총서 제7호』〔山村高淑·岡本健(2012), 『観光資源としてのコンテンツを考える ── 情報社会における旅行行動の諸相から CATS叢書 第7号』, 北海道大学観光学高等研究センター〕.

오카모토 다케시(2013), 『n차 창작 관광 ── 애니메이션 성지순례/콘텐츠 투어리즘/관광사회학의 가능성』〔岡本健(2013), 『n次創作観光 ── アニメ聖地巡礼/コンテンツツーリズム/観光社会学の可能性』, 北海道冒険芸術出版〕.

오카모토 다케시 감수(2014), 『신사순례 ── 만화·애니메이션으로 인기 '성지'를 돌

다』〔岡本健 監修(2014), 『神社巡礼 ─ マンガ・アニメで人気の「聖地」をめぐる』, エクスナレッジ〕.

요시타니 히로야·사토 기쿠이치로(2014), 『서브컬처 성지순례 ─ 애니메이션 성지와 전국 사적』〔由谷裕哉·佐藤喜久一郎(2014), 『サブカルチャー聖地巡礼 ─ アニメ聖地と戦国史蹟』, 岩田書院〕.

마스부치 도시유키(2014), 『이야기를 여행하는 사람들3 ─ 콘텐츠 투어리즘으로서의 문학 순례』〔増淵敏之(2014), 『物語を旅するひとびと3 ─ コンテンツツーリズムとしての文学巡り』, 彩流社〕.

콘텐츠 투어리즘 학회(2014), 『콘텐츠 투어리즘 입문』〔コンテンツツーリズム学会(2014), 『コンテンツツーリズム入門』, 古今書院〕.

사카이 도루(2016), 『애니메이션이 지방을 구한다!? ─ '성지순례'의 경제적 효과를 생각하다』〔酒井亨(2016), 『アニメが地方を救う!? ─ 「聖地巡礼」の経済効果を考える』, ワニブックス〕.

Seaton, P., and Yamamura, T.(2016), *Japanese popular culture and contents tourism*, Routledge.

Seaton, P., Yamamura, T., and Sugawa-Shimada, A.(2017), *Contents tourism in Japan: pilgrimages to "sacred sites" of popular culture*, Cambria Press.

이마이 노부하루(2018), 『오타쿠 문화와 종교의 임계 ─ 정보·소비·장소를 둘러싼 종교사회학적 연구』〔今井信治(2018), 『オタク文化と宗教の臨界 ─ 情報·消費·場所をめぐる宗教社会学的研究』, 晃洋書房〕.

오카모토 다케시(2018), 『애니메이션 성지순례의 관광사회학 ─ 콘텐츠 투어리즘의 미디어·커뮤니케이션 분석』〔岡本健(2018), 『アニメ聖地巡礼の観光社会学 ─ コンテンツツーリズムのメディア·コミュニケーション分析』, 法律文化社〕.

마스부치 도시유키(2018), 『로컬 콘텐츠와 지역 재생 ─ 관광 창출에서 산업 진흥으로』〔増淵敏之(2018), 『ローカルコンテンツと地域再生 ─ 観光創出から産業振興へ』, 水曜社〕.

오타니 나오유키·마쓰모토 아쓰시·야마무라 다카요시(2018), 『콘텐츠가 개척하는 지역의 가능성 ─ 콘텐츠 제작자·지역 사회·팬 3자 만족을 이루는 애니메이션 성지순례』〔大谷尚之·松本淳·山村高淑(2018), 『コンテンツが拓く地域の可能性 ─ コンテンツ製作者·地域社会·ファンの三方良しをかなえるアニメ聖地巡礼』, 同文舘出版〕.

오카모토 다케시·마쓰이 히로시(편)(2018), 『포스트 정보 미디어론』〔岡本健·松井広志(編)(2018), 『ポスト情報メディア論』, ナカニシヤ出版〕.

오카모토 다케시(2018), 『순례 비즈니스 ─ 팝 컬처가 관광자산이 되는 시대』〔岡本健

(2018), 『巡礼ビジネス ── ポップカルチャーが観光資産になる時代』, KADOKAWA〕.
오이시 겐·곤도 슈고·스기모토 게이고·다니구치 시게노리·니시다 다카마사·니시
　타니 히로시·후로모토 다케노리·요코하마 유지(2019), 『지역×애니메이션 ──
　콘텐츠 투어리즘으로부터의 전개』〔大石玄·近藤周吾·杉本圭吾·谷口重徳·西田
　隆政·西田谷洋·風呂本武典·横濱雄二(2019), 『地域×アニメ ── コンテンツツーリ
　ズムからの展開』, 成山堂書店〕.

찾아보기

집필자 일람

이름 및 소속(2019년 기준)	담당 부분
오카모토 다케시(岡本健) 긴키대학 종합사회학부	01, 05, 11, 12, 13, 19, 23, 28, 30, 31, 32, 33, 35, 39, 41, 43, 46, 47, 48, 49, 50, 57, 60, 67, 75, 76
가타야마 아키히사(片山明久) 교토분쿄대학 종합사회학부	45, 52, 66
가바타 다카시(嘉幡貴至) 고베대학대학원국제문화학연구과	06, 26
가마이시 나오히로(釜石直裕) 홋카이도대학대학원 국제홍보미디어·관광학원 관광창조전공 석사과정 수료	47, 50, 67
가와구치 미쓰오(河口充勇) 데즈카야마대학 문학부	64
가와시마 다로(河嶋太郎) 성지순례 저널리스트	51
간다 고지(神田孝治) 리쓰메이칸대학 문학부	40
기쿠치 에이키(菊地映輝) 도쿄공업대학 리버럴아츠연구교육원	59
기무라 메구미(木村めぐみ) 히토쓰바시대학 이노베이션연구센터 특임강사	18, 65
사이카 레이(雑賀玲衣) 와세다대학대학원 인간과학연구과	07, 31, 32, 49
사카이 도루(酒井亨) 공립고마쓰대학 국제문화교류학부	15
사토 쇼(佐藤翔) 도시샤대학 면허자격과정센터	09, 20, 21, 25
스가와 아키코(須川亜紀子) 요코하마국립대학대학원 도시이노베이션연구원	14, 24, 36
세이케 아키토시(清家彰敏) 도야마대학 명예교수, 콘텐츠 투어리즘 연구학회 회장	02
다이라 유코(平侑子) 홋카이도대학대학원 국제홍보미디어·관광학원 관광창조전공	63
다지마 유키(田島悠来) 데이쿄대학 문학부	56
다니구치 시게노리(谷口重德) 히로시마국제학원대학 정보문화학부	62
다마이 다쓰야(玉井建也) 도호쿠예술공과대학 예술학부	10, 22, 73

편저자 **오카모토 다케시(岡本健)**

긴키대학(近畿大学) 종합사회학부 준교수. 1983년 나라시(奈良市) 출생. 2007년 3월 홋카이도대학(北海道大学) 문학부 졸업, 인지심리학 전공. 2012년 3월 홋카이도대학대학원 국제홍보미디어·관광학원 박사후기과정 수료. 관광학 박사. 2012년 4월 교토분쿄대학 종합사회학부 특임강사. 2013년 4월 나라현립대학 지역창조학부 전임강사. 2015년 4월 동대학 준교수. 2019년 4월부터 현직. 전공은 관광사회학, 콘텐츠 투어리즘학, 미디어·콘텐츠학. 주요 저작에『좀비학(ゾンビ学)』(人文書院),『애니메이션 성지순례의 관광사회학—콘텐츠 투어리즘의 미디어·커뮤니케이션 분석(アニメ聖地巡礼の観光社会学—コンテンツツーリズムのメディア·コミュニケーション分析)』(法律文化社),『순례 비즈니스—팝 컬처가 관광 자산이 되는 시대(巡礼ビジネス—ポップカルチャーが観光資産になる時代)』(KADOKAWA) 등 다수.

역자 **엄인경(嚴仁卿)**

고려대학교 글로벌일본연구원 교수. 한국일본학회 산하 일본문학회 회장. 고려대학교 일어일문학과와 같은 대학원에서 일본문학 연구로 학위를 취득. 문학박사.
20세기의 '외지' 일본어 문학, 전통 시가문학의 현재성, 한일 비교문화 및 일본의 문화콘텐츠 산업 등에 관심을 가지고 번역과 연구를 진행 중.
저서에『문학잡지 國民詩歌와 한반도의 일본어 시가문학』,『한반도와 일본어 시가문학』,『조선의 미를 찾다—아사카와 노리타카의 재조명』(공저) 등. 역서에『쓰레즈레구사』,『몽중문답』,『단카로 보는 경성 풍경』,『요시노 구즈』,『어느 가문의 비극』,『염소의 노래』,『흙담에 그리다』,『이시카와 다쿠보쿠 단카집』,『나카지마 아쓰시의 남양 소설집』,『까치』,『자바 사라사』 등 다수.

일본대중문화총서 01

콘텐츠 투어리즘 연구

2023년 9월 8일 초판 1쇄 펴냄

편저자 오카모토 다케시
옮긴이 엄인경
펴낸이 김흥국
펴낸곳 보고사

책임편집 이경민
표지디자인 김규범

등록 1990년 12월 13일 제6-0429호
주소 경기도 파주시 회동길 337-15 보고사
전화 031-955-9797
팩스 02-922-6990
메일 bogosabooks@naver.com
http://www.bogosabooks.co.kr

ISBN 979-11-6587-556-5 94300
　　　979-11-6587-555-8 94080 (set)
ⓒ 엄인경, 2023

정가 28,000원